GÉRARD HADDAD

EL DÍA QUE LACAN ME ADOPTÓ

MI ANÁLISIS CON LACAN

Relato

Colección Testimonios

Haddad, Gérard
El día que Lacan me adoptó ; Mi análisis con Lacan – 1° ed. – Buenos Aires : Letra Viva, 2006.
284 p. ; 23 x 16 cm.

ISBN 978-950-649-128-4

1. Psicoánalisis. I. Título
CDD 150.195

Esta obra, publicada en el marco del Programa de Ayuda a la Publicación Victoria Ocampo, cuenta con el apoyo del Ministerio de Asuntos Extranjeros y del Servicio Cultural de la Embajada de Francia en la Argentina.

Cet ouvrage publié dans le cadre du Programme d'Aide à la Publication Victoria Ocampo, bénéficie du soutien du Ministère des Affaires Étrangères et du Service Culturel de l'Ambassade de France en Argentine.

Edición al cuidado de Leandro Salgado
Revisión de la presente edición de Gabriel Roel

© 2006, Letra Viva, Librería y Editorial
Av. Coronel Díaz 1837, (1425) Buenos Aires, Argentina
www.letraviva.elsigma.com
letraviva@arnet.com.ar

por esta segunda edición:
© 2009, Letra Viva, Librería y Editorial

por la edición en Francés:
© 2002, Éditions Grasset & Fasquelle, París

Título original: *Le jour où Lacan m'a adopté*
ISBN de la edición original: 2-246-42911-0

Traducción: Jacques Algassi
Supervisión y corrección: Nicolás Gelormini y Raimundo Salgado

Primera edición: abril de 2006
Segunda edición: enero de 2009

Impreso en Argentina – *Printed in Argentina*
Queda hecho el depósito que marca la Ley 11.723

Índice

Índice

A la memoria de mi padre.

*Mis observaciones de enfermos
se leen como novelas.*

Sigmund Freud

*No dejaré discípulos. No soy un maestro.
No soy más que un testigo.
El testigo se mantiene solitario.*

Aimé Pallière

Memorias de una transferencia

¿Habría escrito estas páginas sin la insistencia de mi amigo Richard Figuier, maestro en mayéutica?

"Usted lleva dentro suyo una obra importante", me decía en cada uno de nuestros encuentros el hombre que estudiaría el lugar que ocupa el judaísmo en el pensamiento y la obra de Jacques Lacan.

Resistí durante mucho tiempo, tenía otros proyectos y aquel me molestaba por razones que hubiera sido necesario analizar. Viejos recuerdos, viejas penas mal curadas de la época en que lancé, a contracorriente y recurriendo a la nota equivocada en el concierto de las ideas psicoanalíticas admitidas, esta piedra al mar: hay textos judíos en la trastienda del psicoanálisis. No el texto de la Cábala, esotérico, fascinante con su misterio, sino el texto talmúdico trivial, el de Maimónides, antepasado del discurso de las Luces. Aquello que Lacan había percibido antes que yo y me había transmitido. Yo enuncié y desarrollé esta tesis en dos obras, escritas casi en su totalidad mientras Lacan vivía, y bajo su supervisión.[1]

Por otro lado, en un siglo en el que la cuestión judía ocupa el lugar que conocemos en Europa, en su cultura y en sus tragedias, cuando autores importantes (desde Sartre a Hanna Arendt) le han consagrado reflexiones que hicieron época, ¿por qué el psicoanálisis, y más en particular Lacan, que en alguna ocasión cita esa obra de Sartre para criticarla, tendrían que estar fuera de este movimiento histórico de ideas? ¿Qué universo intelectual habitaría el psicoanálisis?

Más allá de vanas disputas que remiten a un tiempo acabado, otros motivos me detuvieron durante un tiempo, antes de lanzarme a esta pe-

---

1. *L'Enfant illégitime*, Hachette Littérature, 1981; *Manger le livre*, Grasset, 1984 [Trad. esp.: *El hijo ilegítimo*, Nueva Visión, 1996; *Comer el libro*, De la Equis / Milá, 1996].

sada investigación. La obra de Lacan, aunque hoy en día esté atravesando su purgatorio, dio lugar, sin embargo, con el correr de los años, a una cantidad impresionante de comentarios, lecturas especializadas, y bien documentadas tesis universitarias. Ninguno de estos análisis altamente autorizados da cuenta, que yo sepa, de interés alguno por parte de Lacan respecto al judaísmo, menos aún de una verdadera pertinencia de la cuestión, algo que yo sigo sosteniendo.

Por lo tanto, ¿en nombre de qué cometer "esta insoportable falta de consideración"? ¿Qué me autoriza a llevar a cabo esta lectura singular? En realidad, se trata de una sola justificación, muy poco académica: me autorizo por mi propio análisis, por mi vínculo personal con Lacan, cotidiano, y mantenido en el curso de doce años.

En seguida me pareció necesario —como paso previo al imprescindible y ya iniciado estudio académico de los textos, de la totalidad de los veinticuatro seminarios, del grueso volumen de los *Escritos*, y de algunas otras publicaciones— realizar el relato de mi análisis. Mi análisis con Lacan, a pesar del tiempo transcurrido, sigue siendo el acontecimiento fundamental de mi vida. Por lo tanto, relataré mi metamorfosis de ingeniero agrónomo, cuyos sentido y recorrido de vida parecían firmemente trazados, en psicoanalista. En el comienzo soy un reconocido técnico del cultivo del arroz como arma contra el hambre del mundo, con una sólida ideología marxista-leninista, para colmo en su versión tropical; estoy totalmente desvinculado de cualquier interés, bajo la forma que sea, de la cosa judía, una particularidad obsoleta a los ojos del universalismo proletario. Y he aquí que me veo conducido, en medio del hervidero de la caldera freudiana, no sólo a hacer toda la carrera de medicina, incluida la especialidad, cosa que en un principio no exige otra cosa que una perseverancia sostenida, sino también a sufrir un tembladeral ideológico total cuyas manifestaciones externas serían el estudio del hebreo, la asistencia a escuelas talmúdicas, algunos años de estadía en Israel, y el retorno al lugar de mi nacimiento subjetivo, el judaísmo. Metamorfosis que sólo me concernía a mí pero cuya onda expansiva alcanzó a toda la familia que había fundado. Se podrán intuir los escollos colectivos que debieron ser atravesados y verificar, de paso, el aporte del psicoanálisis según el cual la familia constituye la infraestructura, a menudo inconfortable, de nuestra vida psíquica, y en este caso, de nuestras producciones teóricas.

Este preámbulo al estudio del judaísmo en la obra de Lacan, el relato de mi análisis, ocuparía, según mi opinión, algunas decenas de páginas, cosa que el editor aceptó. Pero una vez empezada la obra, estos prolegómenos se extenderían a centenares de páginas que adquirieron, en relación con el proyecto inicial, una plena autonomía. Empresa de la memoria relativa a una experiencia vivenciada hace treinta años, con sus referencias temporales y cronológicas ya desdibujadas, papeles personales, fichas de pago, recibos de alquiler, fechas de inscripción en la facultad, tratando de colmar a duras penas numerosas fallas de la memoria. Es cierto, nunca tomé una sola nota en el curso de mi análisis, por estar demasiado implicado en el mismo, en una inmersión total que no me permitía esta distancia subjetiva que me hubiera hecho pensar en la confección de un diario.

Freud observa en varias oportunidades que el relato completo de un análisis remite a lo imposible. Imposible reforzado cuando se trata de dar cuenta de lo que equivocadamente se llama "análisis didáctico", a saber el recorrido singular mediante el cual alguien se convierte algún día en *psicoanalista*.

El relato de un análisis, el recuento de sus efectos, constituye, después de algunos éxitos de librería y de teatro, un género literario en sí, a veces con muy buena recepción. ¿Acaso no encierra algún perfume de investigación policial, de novela, algo picante que atrae el interés?

En mi opinión, y hasta el día de hoy, ningún analista ha tenido la osadía de relatar en detalle su propio análisis. Pues esto significaría despojarse del aura de misterio y, por lo tanto, de la distancia necesaria que se debe conservar respecto a los pacientes, una oportunidad para caerse del propio imaginario. "Emprendo una obra de la que no hay ejemplo y que no tendrá imitadores", escribía J.J. Rousseau en el inicio de sus *Confesiones*, y yo pienso, por mi parte, ser el primero en intentar esta experiencia.

Sin duda alguna, estoy alentado por el ejemplo del fundador. Sigmund Freud no vaciló en usar sus propios sueños, sus actos fallidos, sus síntomas, como material privilegiado de análisis. Pero desde aquel entonces, se prefirió bajar la cortina, y el manto que se utilizó para tapar la desnudez de Noé ya no oculta las debilidades de nuestro progenitor, sino las propias. El costado formal y eclesiástico de nuestra comunidad encuentra allí su equivalencia. En una época obscena, en la cual el exhibicionismo no parece tener límites, la confesión sincera, púdica, el testimonio, ¿serían los únicos considerados como fuera de contexto?

El tiempo que vivimos, probable crepúsculo del psicoanálisis, me parece imponer esta revelación. Desde sus primeros pasos, el psicoanálisis selló una estrecha alianza con la cultura de su tiempo, y Lacan contribuyó brillantemente al reforzamiento de este vínculo que hoy en día parece ser un poco débil y quizás ya esté roto. El psicoanálisis ya no dialoga mucho con las otras disciplinas, llamadas equivocadamente "ciencias humanas", tampoco con la literatura o la filosofía. Ya no aparece claramente qué intenta decir a través de su discurso, el cual vacila entre la palabra inefable y la herramienta paramédica. He tratado de restaurar este vínculo, en cada una de mis obras, de acuerdo a mis posibilidades, y sigo con esta ambición. El intento que se va a leer, aunque predestinado a cierto fracaso propio de toda obra, me pareció útil y deseable. Se sabrá, pues, de esta manera concreta, que existe una extraña y eficaz práctica, que puede cambiar radicalmente un destino, e incluso aliviar algunos sufrimientos particulares.

Un día intenté, fuertemente alentado por Lacan, dar testimonio entonces frente a mis pares de la experiencia que acababa de atravesar, que él llamaba el *pase*. No fui comprendido. Veinte años más tarde, hago al lector depositario de esta confesión.

De todas maneras, este relato es sobre todo un homenaje al psicoanalista que fue Jacques Lacan, hombre admirable que una biografía malintencionada trató recientemente de pobre perro,[2] un intento de dar vivo testimonio de su arte, de su estilo. Lacan fue, por cierto, un personaje irritante, sus elecciones en la técnica psicoanalítica parecen a veces insostenibles y a algunos le resultaron escandalosas (no ocultaré nada de esto en las páginas que siguen). Pero también fue en Francia el promotor de una experiencia intelectual única, auténtica, donde la posibilidad de hacer trampas era mínima y donde uno se jugaba la vida, a veces hasta morir. Por mi parte, encontré el camino en el que quería y *debía* vivir, y que por lo tanto podría dejar algún día sin demasiado pesar, ya que iba a tener un "resarcimiento con los días vividos". Semejantes aventuras no abundan, si es que existen en la Francia actual.

Por lo tanto, este intento inédito de revelar la intimidad de un proceso singular que me llevó, asombrado, a ser *un* psicoanalista, constituye una hazaña exotérica en contra del esoterismo que reina hasta ahora en esta materia. El espíritu perspicaz adivinará, por detrás del carácter novelesco de un relato, una intervención teórica, en todo caso un homenaje quizá último a una disciplina apasionadamente amada, de la cual soy gran deudor y que creo en peligro de extinción.

---

2. La única existente, la de Élisabeth Roudinesco, quien, sin embargo, cuando Lacan estaba vivo, mostraba hacia él —yo fui testigo más de una vez— una particular obsecuencia.

Una vocación precoz

Muy tempranamente, en Túnez, donde yo nací, en las primeras horas dolorosas de mi adolescencia, tomé la decisión: *seré psicoanalista*. Mi padre lo había determinado, quizás antes de que yo hubiera nacido: el hijo mayor sería médico, sería la revancha social de un humilde empleado. Tantas historias judías que recorren el mundo nos relatan esta historia. Esta elección fue tomada por mí como propia, sin vacilación, con alegría y seriedad, desde la escuela primaria. Me encontraba tan cómodo en este molde preestablecido que a menudo me cargaban con el apodo "pequeño doctor".

Pero era necesario dejar la impronta de mi joven singularidad sobre esta voluntad paterna contra la que pronto levantaría el estandarte de la rebelión. No sería un simple médico, sino un psiquiatra, "médico de los locos" como se decía, frase que resonaba ya como una provocación, una desvalorización del hermoso título. Pero era muy pronto para tomar en serio las proclamaciones altisonantes de un adolescente difícil.

En verdad, esta elección llegaba a lo más profundo de mi alma, en la intimidad de mi dolor psíquico del cual nadie se preocupaba a pesar de las numerosas señales que yo producía. Desde mi más tierna infancia yo sufría, además de frecuentes apariciones de un acné que me torturaba, de lo que más tarde aprendería a llamar neurosis obsesiva. Pequeño judío entregado a las oraciones, con mucho fervor religioso, estaba invadido por momentos de pensamientos llenos de blasfemias, que me aplastaban sobre el muro mental de la vergüenza y de la desesperanza. Adolescente que había descubierto el ateísmo, me resultaba muy elegante proclamar que era ateo, lo que en una lógica perfecta vaciaba de sentido cualquier pensamiento blasfematorio.

No ganaba mucho con eso. Y además otra temática obsesiva se había superpuesto a la precedente, representaciones de contenido sexual, que me hundían en una vergüenza inexpresable y un insoportable dolor.

Niño precoz —en mi clase había adolescentes más grandes— yo era objeto de chistes homosexuales, que pertenecen al fondo de la cultura mediterránea. Mi "identidad" sexual se encontró amenazada por sugerencias escabrosas que hacían que de mi vida un infierno y que ocuparían de ahora en adelante todo el espacio canceroso de la neurosis. Era, según mi propia visión, un monstruo infame para suscitar semejantes comentarios y tener esta clase de pensamientos.

No podía confiar mi dolor a nadie, ni siquiera a un compañero. Menos aún a mis padres. El sexo era tabú en el hipócrita discurso familiar. Mi monstruosidad, sin duda ya bastante transparente, no tenía que ser descubierta. Estaba convencido de que era el único ser humano que podía albergar semejantes pensamientos asquerosos. ¿Cómo podría yo revelar esa tortura? La lucha contra estas representaciones me agotaba, y yo alternaba momentos de brillantes éxitos escolares con difíciles momentos de depresión que nadie en mi entorno parecía entender.

Pero un día descubrí, con un alivio inmenso y una alegría inconcebible, el nombre de Freud y los rudimentos de su pensamiento. Sobre todo la idea de que lo sexual marca muy tempranamente al niño al rojo vivo. Se podía hablar, entonces, de estas cosas; yo no era un monstruo único en su horror. Más aún, veía en esta buena noticia la posibilidad de curar este sufrimiento. Emprender un psicoanálisis se transformó en un sueño, una verdadera tierra prometida en la que esperaba entrar algún día.

Fue así que mi elección tomó forma. Al amparo de los estudios de medicina y psiquiatría, yo emprendería mi propio análisis, que me liberaría de la desgracia. De este modo llegué a Freud por la puerta del síntoma.

Quizás sorprenda que semejante idea naciera en la mente de un niño de ese país subdesarrollado y poco poblado que era Túnez entonces. ¿Cómo el nombre de Freud había podido alcanzar las orillas de esa África colonizada, con un brillo tal que se transformó en la estrella que guió mi existencia?

La historia y sus azares jugaron su papel en todo esto.

Un sábado a la noche del año 1954. Terminado el *Shabat*, prendemos la radio como de costumbre. Esta vez una voz nasal, desconocida, pronuncia extrañas palabras. Pierre Mendès France acaba de aterrizar en Túnez y anuncia el reconocimiento por parte de Francia de la autonomía interna del país. Dos años más tarde, esta autonomía se transformaría en independencia. No podíamos adivinar en este momento en qué medida este discurso sorpresivo transformaría nuestras vidas. Mendès France era judío, esto nos tranquilizaba y nos llenaba de orgullo; y con un amor igual queríamos a nuestro país, Túnez, y a Francia, ya reconciliados.

Pronto, empezó a soplar un viento nuevo sobre el antiguo protectorado despertado de su sueño colonial. El país salía bruscamente de su cascarón, y acorde con la orientación de su visionario dirigente, Burguiba, se abrió al mundo y a la modernidad. Vimos desembarcar en gran cantidad nuevos docentes y nuevos técnicos, llegados para contribuir a la modernización del país. Cambió la atmósfera del país, su clima cultural se encontró aliviado del peso del orgullo colonial que reinaba hasta ese momento. Tiempo del neocolonialismo. Túnez experimentó en aquellos años un verdadero hervidero intelectual, del cual participó la elite de su población local, donde se confundían todas las etnias. Los conciertos sinfónicos, las representaciones teatrales brindadas a menudo por elencos locales que juntaban docentes y alumnos de los liceos, las conferencias brillantes, eran moneda corriente. Aquellos años eran los años de mi adolescencia torturada.

Yo cursaba entonces mis estudios secundarios, empezados en una escuela de la Alianza Israelita, y continuados en el colegio Alaoui, frecuentado por una mayoría de tunesinos musulmanes y gente de habla árabe. El liceo Carnot, establecimiento todavía controlado por Francia, tan remiso hasta ese momento a admitir alumnos autóctonos, abrió ampliamente sus puertas, en especial a los niños judíos. Rechacé esta elección por fidelidad a mi sentimiento nacional, y porque me sentía muy bien en este colegio Alaoui, donde había conocido tantos buenos docentes. Uno de ellos, Sicard, tuvo un papel especial en mi formación. El mismo día del comienzo del año lectivo (me faltaban dos años para el bachillerato), presa de una extraña agitación, nos hizo una declaración sorprendente: el siglo XX era uno de los siglos más importantes de la historia de la literatura. Consideraba entonces la posibilidad de reducir el programa consagrado a Molière, Racine, Corneille, sin duda inmensos genios, para hacerle un sitio a la literatura del siglo XX.

Ahora bien, siempre en aquellos años, otro acontecimiento, en apariencia menor, esta vez un hecho editorial, contribuiría a la animación cultural de Túnez: la aparición del libro de bolsillo, con centenares de títulos editados a un precio razonable.

Sicard nos propuso crear una biblioteca en la clase, compuesta únicamente de obras contemporáneas. Cada uno de nosotros tenía que contribuir a la misma con algún aporte económico, y el mismo Sicard iba a hacer su generosa contribución. Una tarde soleada de octubre, nos fuimos todos juntos, con nuestro docente a la cabeza, para visitar la gran librería de la ciudad, y comprar por decenas estos libros de bolsillo, que nos fascinaban con su tapa brillante, con colores violentos. Un verdadero saqueo cultural.

Es así que descubrí a Malraux y Camus, Bernanos y Sartre, pero sobre todo, entre tantas obras, *La introducción al psicoanálisis* de Freud. La lectura de este libro, desde las primeras páginas, me conmovió profundamente. Supe a partir de estas pocas páginas que mi destino iba a estar ligado a esta nueva disciplina.

Nuestro docente había tenido otra idea extraña, la de dedicar una hora de clase, cada lunes a la mañana, a la lectura de los grandes diarios literarios, tan numerosos en estos años. *Les Lettres françaises, Le Figaro littéraire, Arts et Spectacles.* Nos informábamos de las últimas producciones del pensamiento, literatura, poesía, ensayo.

La cabeza llena con estas lecturas recién descubiertas, mal asimiladas, pero que nos llenaban de exaltación, algunos de nosotros nos juntábamos, y paseando hasta avanzada la noche, debajo de la arboleda espesa de la Avenida, y en medio de los gritos estridentes de los gorriones, nos dedicábamos a rehacer la filosofía, la literatura, la política, la economía, y el mundo en su conjunto, que esperábamos iba a ser socialista. Lanzábamos al aire, inexperimentados juglares, todas estas ideas. El pensamiento de Camus me había seducido, mi amigo Dédé defendía la posición de Sartre. La guerra de Argelia ya hacía estragos.

Quizás la mayoría de los jóvenes judíos de mi generación eran más proclives a los encantos de la playa, la emoción de los primeros flirteos, y las partidas de póker. La ventaja de la neurosis, y de hecho tiene algunos beneficios, fue mantenerme distante de esta estéril ociosidad.

La fiebre de mi adolescencia fue vivir en simbiosis con los debates del Barrio Latino parisino, del cual Túnez era el suburbio imaginario, de manera tal que llegado a París algunos años más tarde, me orienté rápidamente y no tuve una gran sensación de exilio.

Descubrí también, gracias a las Juventudes Musicales, en las audiciones de discos que se brindaban todos los viernes a la noche en un confortable auditorio armado en un ala del liceo Carnot, la gran música clásica, Beethoven, Schoenberg, Stravinski, música que empecé a amar apasionadamente, y que acompaña desde entonces cada día de mi vida.

La metamorfosis estética que la música clásica me hizo conocer tuvo un papel importante, no me cabe ninguna duda,[3] en mi devenir intelectual.

3. Ver mi libro *Freud en Italie*, Albin Michel, 1994. La pintura del renacimiento italiano jugó el mismo papel para Freud.

Pero este hervidero de ideas, estas emociones tan fuertes y cotidianas, los conflictos de todo tipo que cobijaba, los que tenían que ver con mi identidad, con mi neurosis, el abismo cada vez más profundo que se llevaba a cabo entre mi familia y yo, ponía a dura prueba mis nervios. Atravesaba momentos difíciles que mis padres atribuían a la música, a mis nuevas lecturas, fuentes de una soledad cada vez más acentuada, y querían, vanamente, privarme de estos placeres.

Temía volverme loco. Sin embargo, mis estudios, a pesar de inevitables irregularidades, me deparaban muchos éxitos. El título de bachiller estaba al alcance de la mano. En algunos meses más, empezaría mis estudios de medicina, comenzaría mi análisis, y estaría liberado de los tormentos. Iba avanzando en una vía regia, sin obstáculos, salvo los que provenían de mis fuerzas psíquicas, en permanente conflicto. Sin embargo, aquello no aconteció, mi camino iba a tener un desvío sorpresivo.

El año anterior durante una estadía en París que mi padre me había regalado como recompensa por mis resultados en la primera parte del bachillerato, había conocido a una joven alemana. Conocí con S. mi primera emoción amorosa compartida, muy casta por lo demás. Después de algunos paseos tomados de la mano en las calles del Barrio Latino volvimos a nuestros respectivos países prometiéndonos que mantendríamos correspondencia y nos veríamos nuevamente el verano siguiente en Baviera.

Nuestra correspondencia fue muy escueta. S. tenía muy pocas nociones del francés, y mi alemán, que empezaba a aprender en el Instituto Goethe de Túnez, era muy rudimentario.

Al acercarse el verano, las cartas breves que me mandaba S. se volvieron cada vez más extrañas, inquietantes. "Ya no tienes que soñar en nuestras hermosas vacaciones juntos" fue el contenido de su última carta. Había puesto tantas expectativas en este viaje que no quería renunciar al mismo, y emprendí el viaje, con mi título y algunas pocas monedas en el bolsillo, hacia la pequeña localidad de Weiden, cercana de Nuremberg donde residía S.

Ir de Túnez a Nuremberg, atravesar el Mediterráneo casi sin dinero no es una empresa sencilla. Pero la dificultad me pareció muy pequeña, y al cabo de unos pocos días, haciendo dedo, recorrí una distancia de varios miles de kilómetros. Entonces me enteré, por su propio padre, que S. había sido internada en el hospital psiquiátrico de Múnich. La noticia me aplastó. Inmediatamente volví a cargar mi mochila para viajar, siempre a dedo, a Munich. Llegué de noche y dormí en el Kolpinghaus con sus cuchetas, una suerte de hogar para viajeros pobres. No pude cerrar el ojo. Esperaba con mucha angustia el momento de poder ir a ese hospital psiquiátrico, y las horas me parecían interminables. Finalmente, llegué al hospital, una imponente construcción gris, austera, con su inquietante limpieza semejante a la de las cárceles, tan distinta a los hospitales psiquiátricos franceses que conocería más adelante.

El padre de S. me había dado una nota para el médico tratante de su hija, de manera tal que fui autorizado a visitarla. Ella se encontraba, por algún error o por falta de lugar, en el pabellón de los locos graves, que gritaban desaforadamente. Fue para mí una experiencia horrible, un impacto tremendo.

El día siguiente y los días sucesivos, pasé, pues, de una visita al hospital a horas de postración, sentado en el mismo banco. Este estado duró una semana. Mientras tanto, había conseguido que S. dejara el pabellón de los locos graves. Por mi parte, había encontrado un refugio en el Albergue de la Juventud de Munich. Conocí a un alegre grupo de italianos, con quienes establecí una amistad. El verano era magnífico. Poco a poco, mi tristeza iba disminuyendo. Si la visita por la tarde al hospital era sagrada, de todos modos me quedaba el tiempo suficiente para frecuentar en agradable compañía las cervecerías de Munich.

Sin embargo, percibía que una fractura se había abierto en mí. Esta primera confrontación con la enfermedad mental, la locura que cada hombre posee en su interior, me había aterrorizado. Quedé convencido de no poseer las fuerzas suficientes para llevar a cabo semejante combate, y arrojé las armas antes de adueñarme de las mismas. Tomaba en abundancia, me reía, hostigaba con una falsa alegría a las chicas alemanas, pero me vivenciaba interiormente como muerto, una especie de *zombie*.

Pero tenía que tomar una decisión: ¿qué camino tomar, qué estudios llevar a cabo? Sentado en el banco, frente a este hospital siniestro, tomé la decisión de sacrificar mis aspiraciones intelectuales en beneficio de mi salud mental. Renuncié, con lágrimas, a la medicina, pero sobre todo al psicoanálisis, a la filosofía, en definitiva a todas mis ambiciones, para orientarme hacia una vida más humilde, más sana. Me anotaría en la escuela de los técnicos en agricultura de Túnez, isla de paz en los alrededores de la ciudad, con sus naranjos y sus frondosos árboles.

¿De dónde provenía esta atracción sorpresiva por la agricultura? De mis años de militante en varios movimientos de juventud sionista, en donde me habían repetido una y otra vez que el trabajo agrícola era de ahora en adelante el nuevo ideal judío, la vía de su redención. Oscuros pensadores sionistas habían proclamado que la regeneración del hombre judío, como si este fuese un degenerado, pasaba por el trabajo agrícola cooperativo. ¡Que así sea! La vida al aire libre, en contacto con el mundo rural sencillo y robusto, iba a brindar seguramente la paz a mi alma, que la especulación intelectual me había quitado. Ya no era sionista, sino un convencido patriota tunesino. Me pondría pues humildemente al servicio de la joven república, mientras iba a luchar para el advenimiento del socialismo, solución para todos los problemas de la humanidad y para los míos en particular. En aquel momento, y durante los años siguientes, este esquema de vida me tranquilizó.

El tiempo de estas extrañas vacaciones estaba finalizando. Volví a mi casa. Mi padre me esperaba en el aeropuerto de Túnez. "Llegó la hora de que te inscribas en primer año de medicina", me dijo.

Lo hice partícipe, sin ningún tapujo, de mi decisión: renunciaba a la medicina, y consideraba la posibilidad de inscribirme a la Escuela de Agricultura de Túnez. Fue para él un golpe terrible, el derrumbe de su sueño que había sido también el mío. No trató de entender lo que pudo causar esta suerte de suicidio mental. Prefirió dar rienda suelta a una rabia violenta. Fue el infierno durante varios días. Querían que reviera mi decisión, que me quebrara. Mis padres no habían entendido precisamente que me había quebrado, que estaba tirado en el suelo, incapaz de levantarme. Una noche, junté fuerzas y sabiendo que mi padre estaba solo, sentado en la terraza de un bar, fui a hablar con él. "Esta guerra es inútil —le dije—. Me supera. Mi hermano podrá empezar sus estudios de medicina dentro de un año. Dejen de atormentarme."

Mi discurso produjo cierto efecto. A la tarde del día siguiente fui a la Facultad de Agronomía de Túnez para inscribirme.

Una extraña providencia siempre atemperó mis más graves errores. Fui recibido por una persona con quien me había cruzado varias veces últimamente, el animador del auditórium de las JMF que yo frecuentaba asiduamente, un melómano, apasionado por la música de Ravel. Pero ignoraba cuál era su verdadera actividad. Descubría de repente que este hombre amable y culto era un ingeniero agrónomo, uno de estos ayudantes técnicos recién llegados. Luego de haber examinado mi expediente, mis brillantes resultados en el bachillerato, me miró sonriendo. "Esta escuela no es para usted —me dijo—. Ella forma buenos técnicos en agricultura, pero usted tiene que prepararse para ingresar al Agro." ¿Qué era este Agro? Me explicó. Podía concederme una bolsa, suficiente para conseguir mi autonomía financiera. Tenía que ir a Francia y apuntar a un nivel más alto.

Esta simpatía me conmovió, me sacó de mi estado depresivo. Ser agrónomo me pareció de repente mágico, y esta charla relatada en familia actuó como un bálsamo en la herida moral de mi padre, que recuperó la sonrisa. La idea de tener un hijo campesino, un *fellah* como se dice en árabe, había sido para él una humillación insoportable. Pero se había asesorado de todos modos, y los informes obtenidos le habían devuelto su orgullo paterno. Había que moverse rápidamente. En primer lugar, obtenida la bolsa, había que encontrar un curso preparatorio al Agro en algún liceo francés. Escribí a una buena cantidad de colegios, que estaban en París y en las grandes ciudades de la provincia. Fueron, una tras otra, respuestas negativas. Algunos liceos me proponían una preparación para las escuelas de veterinaria, otra vez la medicina. Estos rechazos tenían su razón de ser. Ya que me preparaba para estudiar medicina, no había considerado que podía haberme sido útil preparar un bachillerato con especialidad en matemáticas.

Finalmente, recibí la respuesta que ya no esperaba. El liceo Montaigne, de Burdeos, me aceptaba para mi preparación al Agro. Era hora. Estábamos a mitad de octubre, y había empezado ya el año lectivo. Tomé el primer barco para Marsella, y luego el tren para Burdeos. Dejaba Túnez por varios meses, sin saber que esta partida era definitiva.

Un agrónomo en formación

Llegué al pensionado del liceo Montaigne, en Burdeos, una noche de mediados de octubre de 1958. Llevaba una valija pesada de cartón, toda agujereada, y un objeto extraño, mi violín. Desde hacía algunos años ensayaba este instrumento y no me había resignado a dejarlo en Túnez.

Equipado de esta manera, no podía causar peor impresión, sobre todo en medio del período dedicado a infligir molestias a los recién llegados, molestias que en este liceo se llevaban a cabo con una particular brutalidad. Seis meses antes había tenido lugar la rebelión de los militares en Argel, que había llevado al poder a De Gaulle, que en aquel momento se consideraba como un partidario de la Argelia francesa. Por mi parte estaba afiliado a la causa de Argelia independiente, y en poco tiempo iba a hacer conocer mi posición al respecto.

En verdad, no tenía idea del lugar ni del contexto histórico en medio del cual había aterrizado. Mis torpezas, mis provocaciones irrisorias, transformaron en pesadilla mi retorno a la realidad.

Pero por otro lado encontré en este liceo excelentes personas, buenos compañeros que trataron de ayudarme al incitarme amablemente a tener más diplomacia: Michel Jarrige, mi compañero de estudio, que me ayudó a copiar los quince días de curso que me había perdido, Mounoulou, que se convertiría en un brillante científico, De Robert, quien luego de haber ingresado al Agro, renunció para dedicarse a la teología. Sobre todo, establecí una amistad con Salah el Amami, mi padrino de promoción, futuro agrónomo tunesino, cuya enfermedad iba a provocar su desaparición prematura. Entre estos rudos descendientes de la áspera y generosa provincia de Gascogne y yo, terminó instalándose una cierta afinidad. Pero las primeras semanas de esta vida de internado fueron terribles.

Sin embargo, lo más terrible fueron la intensidad y el ritmo desenfrenado de los estudios. Estaba lejos de llegar al nivel medio requerido en matemáticas, una disciplina que sin embargo me interesaba mucho.

Tomé clases particulares, me aferraba. Había que estudiar día y noche, sin pausa, sin fin de semana, sin vacaciones. Nadie que no haya estado en un curso preparatorio puede imaginar el esfuerzo que se exige a estos jóvenes con la promesa de que algún día, al ser parte íntegra de la gran Escuela de sus sueños, pertenecerán a la elite de la sociedad.

Con semejante presión, tuve que aflojar en varias oportunidades. De manera tal que al cabo de cada trimestre, volvía exhausto a mi ciudad de Túnez, para buscar algún alivio. Mi padre aprovechaba mi desamparo para incitarme a renunciar a mi proyecto insensato, y volver a mi primera vocación de médico. Pero nunca fui proclive a rendirme por la adversidad.

De alguna manera pude terminar este primer año de preparación. Sin embargo, el ritmo del segundo año resultó todavía más terrible. Ya no soportaba el internado, verdadero reducto militar. Me convertí en un alumno externo, pero sin el incentivo del estudio colectivo, la calidad de mi trabajo disminuyó considerablemente. Volví al internado con la indulgencia del rector que me atendió en su oficina para tratar de comprender qué era lo que me perturbaba tanto: "Ya no soporto el sonido de su reloj de pared. Cada hora que suena me lleva a tomar la medida de mi atraso abismal."

Hacia el mes de marzo, a dos meses del examen definitivo, tuve que aflojar. Ya no daba más. Mientras que mis compañeros hacían el último esfuerzo, descubrí... la belleza de la literatura norteamericana. De manera tal que leí con pasión *El sonido y la furia* de Faulkner, cosa que irritaba profundamente a mis compañeros de estudio.

Pero era incapaz de estudiar o de memorizar cualquier cosa. Flotaba en medio de un extraño vacío de la memoria. Solamente las matemáticas seguían despertando mi interés. Estudiar una función, resolver una ecuación diferencial, resultaba para mí un placentero juego del espíritu.

A todas estas dificultades objetivas se agregaban mis problemas neuróticos, agravados por una relación tormentosa. El amor, del cual esperaba un alivio, no hizo otra cosa que incrementar mis tormentos.

Sin embargo, cuando el momento del examen se hacía inminente, tuve un sobresalto. Volví a estudiar de manera febril, estudiaba al azar ciertas partes de los cursos, y sobre todo me decidí a "pelear, a combatir hasta mi último aliento", sin saber muy bien lo que significaban estas palabras.

Abordé el primer examen con esta moral paradojal de triunfador y de sometido, fue el examen de admisión a la escuela de Grignon, ya que la fusión con la escuela del Agro aún no había tenido lugar.

Las dos pruebas de francés, que valían mucho, me aseguraron un pequeño capital en el puntaje, incrementado por la prueba de matemáticas. Pude evitar una eliminación en física y biología hurgando en mi memoria... y ayudándome con algunas miradas furtivas dirigidas al examen de mi vecino.

Una semana más tarde, para el examen de admisión a la Escuela del Agro, repetí la misma estrategia, a pesar de la gran dificultad de las pruebas.

Un mes más tarde, nos mandaron los resultados por telegramas.

Había aprobado los dos exámenes, podía presentarme en las dos pruebas orales, lo que suscitó una sorpresa general, incluyendo al rector, sorpresa mezclada con cierta bronca. Pero ya que no se me podía reprochar ninguna maniobra desleal, ninguna trampa de importancia, cada uno tragó su despecho, y recibí algunas felicitaciones amistosas.

Para las pruebas orales había que ir a París. Las de las escuelas de agricultura eran las primeras. Nuevamente, sentí ese espíritu triunfador que me había sostenido durante las pruebas escritas, esa energía que me daba la capacidad de utilizar la más mínima parcela de mi memoria, de mi saber. Logré un puntaje que me permitía ingresar a la mejor de las escuelas, la de Grignon.

Pero luego de haber hurgado en mis últimas energías, el cansancio empezó a invadirme, cansancio acompañado por mis fantasmas familiares. Mi prueba oral en el Instituto de Agronomía fue mediocre, y terminé este exámen con una clasificación muy baja. En verdad, estaba sometido a ese ritmo del humor que la neurosis imprimía a mis capacidades, haciendo alternar los momentos de energía fuera de lo común con momentos de abatimiento, montaña rusa de mi espíritu, que más tarde, sin el recurso a ninguna terapia química, mi análisis erradicaría.

* * *

Grignon representaba, de todos modos, un lindo consuelo. Tres meses más tarde, llegué a la apacible escuela, acurrucada en un hermoso valle, con su castillo, su bosque de senderos bien trazados, sus grandes campos de trigo y alfalfa, que sumergían de repente en una dulce ensoñación bucólica el alma menos campesina.

Quise mucho a esta escuela y a todo lo que recibí como enseñanza. La formación de los estudios de agronomía es, a mis ojos, una de las más completas, por su riqueza y su variedad, donde la biología bajo todos sus aspectos se mezcla con la economía, la industria, y el manejo de máquinas, y el valor dominante es la primacía del sentido común, algo que me hacía falta considerablemente en aquella época. La influencia profunda de estos estudios nunca me abandonó. De todos modos, iba a ser sorprendido algunos años más tarde cuando leí en la introducción al *Seminario 11*, que Lacan dictó en el año 1964, que el psicoanálisis tenía similitudes con... la agronomía precisamente, ya que ambas disciplinas ponen en juego una gran cantidad de conocimientos muy diferentes, conocimientos que hay que saber utilizar en forma simultánea. La idea tenía aparentemente su importancia para Lacan, ya que la volvió a repetir en 1972, en una de sus conferencias que tuvo lugar en la capilla del hospital Sainte-Anne con el título de *El saber del psicoanalista*. Pero aquel año 1960, en que ingresé a la escuela Grignon, el nombre de Lacan me resultaba totalmente desconocido, y ninguna locura de la imaginación podía dejarme adivinar cuál sería mi recorrido.

Esta paz de la naturaleza, a la cual aspiraba y que fue decisiva en la elección de mi profesión, ¿acaso finalmente apaciguaría el desgarro de mi alma? Nada de esto pasó. Mi neurosis, que expresaba mis cambios de humor, mi conducta torpe e irritante, no tardó mucho en retomar el poder. Fases de trabajo intensivo, apasionado, alternando con momentos de abulia, cuando se acercaba la fecha de los exámenes.

Experimentaba una cruel insatisfacción, un vacío afectivo que me impedía conseguir cierta quietud.

Desde algunos años, estaba experimentando otra vía de salvación. Una segunda vocación, la de la escritura —que germinó, ella también, en mi infancia, y que nunca me abandonaría— me hacía compañía. Había escrito algunos poemas, antes de decidir lanzarme en un gran proyecto: relatar mi adolescencia, sus tormentos, sus peripecias.

Al no tener la escucha atenta del analista que me hubiera ayudado a desenredar la madeja de mis sufrimientos, volcaba a estos últimos en el papel, escribiendo una novela que era esencialmente autobiográfica. Tenía en aquel entonces quince años. Lamentablemente, el colegio y luego la preparación al bachillerato no me dejaban ningún momento libre para dedicarme a mi novela, con la excepción de las vacaciones de verano que fueron dedicadas a llevar a cabo esta tarea durante tres años seguidos, en el calor intenso del verano tunesino, dejando a la gente de mi edad los placeres de la playa y de los primeros amores. Sobre todo, tenía que sobrellevar los sarcasmos familiares, y los de mis compañeros: escribir una novela, ¡qué vanidad estúpida!

Los estudios en Grignon me dejaban finalmente más tiempo libre, y mi obra avanzaba parcialmente en cada período de vacaciones. Es así que transcurrieron mis primeras vacaciones de navidad, en la escuela abandonada por todos sus alumnos.

Sin embargo, una noche del 31 de diciembre, experimenté de repente la necesidad imperiosa de un momento de festividad, y me tomé el tren que llegaba a París, a la estación Montparnasse. En seguida, me encontré caminando por el bulevar Saint Michel, buscando alguna aventura. Justamente, en la entrada de un pequeño hotel de la calle Victor-Cousin, una mujer joven, con la piel muy oscura, me sonreía. Respondí a esta sonrisa, una sonrisa "profesional" a mi criterio. Me acerqué a ella. A partir de las primeras palabras, entendí mi malentendido. La muchacha hablaba francés bastante mal. Estaba esperando a unos amigos latinoamericanos, con quienes pensaba festejar el año nuevo. De una manera espontánea, me propuso agregarme al grupo, si no tenía algo mejor para hacer. En efecto, los amigos no tardaron en aparecer, entre los cuales un cubano, muy amigo de Fidel Castro. Como mucha gente de mi generación, me había llenado de entusiasmo por la Revolución Cubana, y esta presencia me regocijó. Mi nueva amiga era brasileña. Se llamaba Helena Tavares. Pasé pues en esta alegre compañía el Año Nuevo, a las órdenes de la bella Helena. "¿Conoce usted a Jean-Paul Sartre?", me preguntó de repente. ¿Qué pregunta? ¡Por supuesto, de nombre!

"¿Le gustaría encontrase con él?" ¿Acaso se trataba de un chiste? Helena me comentó que era la hija de un rico médico brasileño, y que su familia había hospedado recientemente, y durante algunas semanas, a Simone de Beauvoir y a Jean-Paul Sartre, que acababan de hacer un largo viaje por América Latina, especialmente a Cuba, pero también a Brasil. En el curso de esta estadía, Simone de Beauvoir se había enfermado gravemente, y la familia Tavares la había hospedado y atendido durante varias semanas. Helena había recogido sus amargas confesiones, las que pronto iba a volcar en su libro, *La fuerza de las cosas*. Le había dicho que hubiera querido intensamente tener un hijo con Sartre, pero este se había opuesto siempre al proyecto. La paternidad era inconciliable aparentemente con las brumas de su doctrina de la libertad.

Intercambiando confesiones, le conté a Helena mi pequeño secreto, sintiendo el temor que el mismo podía parecer ridículo: estaba escribiendo un libro. "Voy a hacer una visita a Sartre pasado mañana, ¿por qué no me acompaña?"

¿Cómo rehusar semejante oportunidad, la que por otro lado no me parecía totalmente creíble?

Sartre vivía en aquel entonces con su madre, una persona anciana, en el último piso de un edificio de la plaza Saint-Germain-des-Prés, esquina calle Bonaparte. Helena me pidió que la esperara en un bar que había en el mismo edificio, para poder avisar a su huésped sobre mi presencia. Esperé así largos minutos, parado frente al bar, anhelando desesperadamente escuchar sonar el teléfono. El teléfono no sonaba. ¿Qué hacer? ¡Forzar al destino! Junté fuerzas, y me fui a tocar el timbre de la puerta de la casa de Sartre. Él mismo me abrió. Me iban a llamar me dijo, mientras que me hacía pasar muy cortésmente a su escritorio donde estaba Helena y Simone de Beauvoir. Fue ella que me sorprendió y me impactó muchísimo. Me había fabricado una imagen de mujer extravagante, y me encontraba frente a una aristócrata con el rostro serio, el cabello sabiamente recogido en una toca impecable.

Sartre hablaba todo el tiempo. Contaba su encuentro con Fidel Castro, mientras fumaba habanos, y ofreciéndonos el ron que le había regalado el *Líder Máximo*.[4] Tenía mucha bronca por no haber sido perseguido, encarcelado, como los otros miembros de la red Jeanson, los "121" que habían ofrecido una ayuda concreta al FLN argelino, y a quienes les habían brindado públicamente su apoyo. Sabemos que conocer la prisión era su fantasma preferido, el sello de la verdad finalmente colocado a su filosofía.

Me resultó evidentemente muy difícil introducirme en este monólogo dirigido a Helena. Sin embargo, logré poner de manifiesto mi admiración por Castro, a mi criterio el ejemplo a seguir para los países subdesarrollados como Túnez. Helena aprovechó un momento de silencio para hablar de mi proyecto de un libro que yo estaba escribiendo. Los dos eminentes filósofos estuvieron atentos, y me invitaron cortésmente a mostrarles mi manuscrito una vez terminado. Quizás podían publicarlo.

Luego de una hora de conversación, nos despedimos, y tanto Sartre como Beauvoir me renovaron su propuesta.

Al día siguiente, Helena volvió a Brasil, y nunca más tuve noticias de esta persona encantadora. Dos sombras se habían cruzado en este gran cruce de caminos que es París. No supe, llegado el momento, aprovechar este encuentro con esta famosa pareja. Cuando algunos meses más tarde, mi manuscrito estaba terminado, no tuve la astucia de mandárselo a Sartre. En el ínterin, su casa había sido objeto de un atentado, y se había mudado. Extraviado en medio de mis campos de maíz y de remolacha de Grignon, no supe cómo encontrar su nueva dirección. Además, yo mismo había estado librado a nuevos y peligrosos torbellinos. De to-

4. En castellano en el original. [N. de T.]

dos modos, mi relación con Simone de Beauvoir tendrá algún desarrollo posterior.

Este breve encuentro dejó si embargo en mí una profunda impronta. Me liberó de mis inhibiciones. De manera que no era imposible para un judío sin importancia, recién llegado desde una modesta colonia, los pies todavía en el barro del campo, encontrar los personajes más eminentes de la inteligencia parisina. Algunos años más tarde, iba a intercambiar una correspondencia con Althusser, y mi deseo inconsciente no iba a tener que franquear, para encontrarme con Lacan, obstáculos insuperables. Mi proyecto de libro, hasta ahora tan hipotético, adquiriría de repente una nueva consistencia. Empecé a creer en él, a trabajar más activamente en su concreción, y luego de algunos meses, en los primeros días de las vacaciones de verano, terminé con la primera versión de la obra. Tenía que escribir ahora, a partir de este primer esbozo, la versión definitiva.

Mi primer año en Grignon se terminaba, y me disponía a volver a mi país cuando estalló el asunto trágico de Bizerte. Burguiba quería que esta última presencia militar francesa desapareciera de Túnez. Una inmensa manifestación pacífica, una marea humana sin armas, se dirigió hacia la base naval. El ejército francés hizo fuego sobre la multitud. Fue una carnicería espantosa. Se contaron millares de muertos y heridos.

Mi padre me mandó un telegrama pidiéndome que me quedara en París. En Túnez, reinaba una extrema tensión. Pero una vez más, me rehusé a seguir el consejo de mi padre. Si el país estaba en peligro, ¿acaso no era el momento para nosotros judíos de Túnez, sospechados de hacer un guiño a Francia, como malos patriotas, de mostrar nuestro apego a la tierra natal? Quería ser útil, alistarme en alguna unidad. Me puse a buscar pues algún barco, algún avión que me llevara a Túnez. Pero todas las comunicaciones con Túnez estaban cortadas.

Tuve que resignarme. Alquilé una habitación chica en un hotel modesto, más bien un tugurio, cerca de la calle de la Huchette, y allí dedicaba mis noches y mis días a la versión definitiva de mi libro. Más de un tercio del mismo fue redactado en esta circunstancia.

Transcurrió un mes hasta que el primer barco dejara Marsella con destino a Túnez, y yo fui uno de sus pasajeros. Un tren nocturno tenía que llevarme a Marsella. Saqué mi equipaje de mi habitación, y lo dejé por algunas horas en la recepción del hotel.

Cuando llegó la noche, volví al hotel para recuperar mis dos valijas, una grande y otra pequeña. Allí sufrí un tremendo impacto. La valija pequeña, la que contenía mi manuscrito definitivo, había desaparecido. El encargado de hotel negó el hecho. No había dejado otra cosa que mi valija grande y desvencijada. Se ponía agresivo, y tuve que irme rápidamente, arrastrando la pesada valija que me había quedado. Estaba desesperado. Cinco años de trabajo, arrancado a mis vacaciones, a mi tiempo libre, habían sido destruidos de esta manera. No tenía ganas de nada, me quería morir, tirarme al Sena tan cercano.

Por suerte, y por motivos de reparto de peso, el borrador completo estaba en la valija que quedó en mi poder. Sentado en el tren que me conducía a Marsella, en medio del sueño agitado que se había apoderado de mí, la desazón disminuyó un poco. Habrá que apretar los dientes y recomenzar la tarea. ¡Pero qué dolor! (Años más tarde, me robarán otra pequeña valija, con partes del manuscrito de mi libro *Freud en Italia*, y nuevamente yo experimentaría ese terrible dolor.)

Llegado a Túnez, me esperaban otros sufrimientos. "¿Por qué has vuelto?" Así fue la bienvenida, habitual en la forma que adquiría, de mi padre. "¿Acaso estás enterado que los estudiantes tunesinos no quieren volver a Francia?" Como siempre, mi padre no entendía nada de mis motivaciones.

El mismo día de mi llegada, fui a la Unión de los estudiantes tunesinos, para ofrecerme como voluntario. ¿Pero voluntario de qué? Luego, como de costumbre, una largo paseo por las dos grandes avenidas de Túnez iba a permitirme encontrarme con mis amigos, musulmanes en su mayoría. De lejos, divisé la silueta de mi amigo Noureddine. Lo agarré del brazo. "¿Pero qué pasa Noureddine? ¿Ya no quieres tratar conmigo?" Noureddine había decidido no dirigir la palabra... a los judíos. ¿Pero qué habíamos hecho? Algunos judíos habían ofrecido un poco de agua a algunos paracaidistas franceses. Los judíos habían colaborado... con los franceses ¡Y yo que había vuelto para poner de manifiesto mi solidaridad, mi presencia!

Una gran sospecha pesaba sobre los judíos, los que por supuesto no tenían ninguna responsabilidad en el asunto. Es verdad que muchos judíos se preguntaban si tenían todavía algún futuro en un Túnez musulmán, y hacían un guiño a Francia. En los meses y los años que iban a seguir, Túnez iba a quedarse sin la mayoría de sus judíos, verdaderos autóctonos sin embargo, tan arraigados al suelo natal. El resto que quedaba también dejaría Túnez, cuando estalló la Guerra de los Seis Días. Una verdadera e indolora purificación étnica.

Ese día se desgarró mi sentimiento nacional. Hiciera lo que hiciera era un traidor en potencia. ¿Podría vivir con semejante sospecha, soportar los insultos racistas en los transportes públicos? Mi patriotismo era una conquista de la dignidad. Si ésta era ilusoria, ¿qué sentido tenía este patriotismo?

En todo caso, por el momento, me encontraba en una encrucijada. Imposible volver a París y retomar mis estudios. Aproveché la oportunidad para seguir con mi tarea, la escritura. Durante horas, sobre una mesita incomoda, en medio de un calor agobiante, con las ventanas cerradas para no ser interrumpido por los ruidos de la calle, escribía decenas de páginas. La versión conservada se convirtió en una ayuda importante, y el trabajo de redacción que había llevado a cabo recientemente volvía con facilidad a mi memoria.

Hacia fines de septiembre, Burguiba decidió poner paños fríos a la situación y establecer una reconciliación con Francia. La tensión, la fiebre nacionalista, se aplacó de un día para otro, y los estudiantes tunesinos fueron autorizados a retomar sus estudios en Francia. No hizo falta que me lo dijeran dos veces.

Mientras tanto, descubría que la escritura tenía sus límites. El relato más sincero no es una terapia, y la literatura no alivia en forma duradera ningún sufrimiento. Permite a lo sumo una supervivencia. La literatura pertenece a otro registro. En otros términos, mi neurosis había retomado su acción torturante. Tenía que imaginar otras estrategias. Se me ocurrió tener una vida de pareja estable, con la satisfacción sexual y el apaciguamiento que trae aparejados. Quizás calmaría este dolor que no paraba de atormentarme. Ignoraba en aquel entonces que el encuentro con una mujer, este encuentro enigmático en el cual un destino se anuda o se desata en el seno de la sombra misteriosa del inconsciente, resulta semejante, de acuerdo a la metáfora acertada de Kafka, a un cuchillo que puede en la ocasión exponer las tripas al aire de los personajes involucrados, y desgarrar una comodidad narcisista, por más imperfecta que sea la misma.

Este encuentro anhelado no tardó en producirse el mismo día de mi retorno a París. Durante mi última estadía en Túnez, había entablado una amistad con algunos jóvenes que seguían sus estudios en París, y habíamos acordado volver a encontrarnos en París. Una persona de este grupo me presentó a su amiga, A., una estudiante italiana. Algo inaudito, explosivo, se produciría, una aceleración sin precedentes del curso de mi existencia.

Extraño discurso fue el que dirigí a A. durante nuestro primer paseo por este Barrio Latino donde ella vivía. Le di una clase insólita hablán-

31

dole de los axiomas de Peano: "Todo número tiene uno anterior y otro posterior", le dije, sin darme cuenta que enunciaba la esencia del misterio de la paternidad. En seguida, hicimos proyectos definitivos.

Mi futuro libro ocupaba un gran espacio en la pareja que ya formábamos con A. Había que tipear el manuscrito, y para esto había que recurrir a nuestras escasas reservas. A. tenía una amiga "lectora en una importante editorial" a quien entregó un ejemplar del manuscrito. Algunas semanas más tarde, ya en el extremo punto de mi ansiedad, recibí el veredicto de la "lectora", que decía sustancialmente: mi texto era demasiado mediocre para que la dama mancille su reputación al presentarlo a su editor. A. y yo nos quedamos profundamente abatidos. Yo había hecho de la edición del libro una cuestión vital. Hablé al respecto con un amigo, como yo militante del partido comunista. ¿Por qué no mostrarlo a Pierre Gamarra, secretario de la revista *Europa*?, me dijo mi amigo. Seguí el consejo. Algunas semanas más tarde, ya leído el manuscrito, Gamarra me recibió. "Usted sabe —me dijo después de las cortesías habituales—, los cajones de todo escritor están llenos de manuscritos impublicables. Siga escribiendo." Estaba convocado, en una palabra, a llenar mis cajones.

Abatido, dejé la oficina del camarada. El pavimento de París ondulaba bajo mis pies, el cielo tenía un extraño color amarillo, toda realidad parecía envuelta en la bruma, disuelta en esta melancolía que era mía desde varios meses, desde el momento en que mi libro había adquirido un contorno de realidad, y que se veía ahora confrontado con una imposible publicación. El espectro de la locura parecía nuevamente sobrevolar sobre mi cabeza.

Tenía que recorrer hasta el final este calvario. Me vino la idea de proponer mi texto a la editorial Julliard, grandes descubridores de talentos en formación en aquellos años, desde el reciente triunfo de las novelas de Françoise Sagan.

Me fui, pues, al hermoso edificio de la calle de la Universidad, para presentar cándidamente y sin ninguna recomendación mi manuscrito ya arrugado. En la entrada, una secretaria me informó que la recepción de manuscritos se hacía en otro lugar. ¿Dónde? Allá, en esta salida de coches, ocupada por un camión del cual se descargaban cajas de libros, un gran depósito, en realidad, donde había un encargado con un uniforme gris.

"Es por un manuscrito." Tuve la audacia de pronunciar estas palabras, dirigidas al empleado poco amable, ocupado en descargar las cajas del camión, y que había tenido que ver en su trabajo una cantidad infinita de manuscritos.

—Lo puede dejar allá —me contestó el hombre sin siquiera mirarme—, allá sobre esta mesita... le van a escribir.

—¿Pero cómo sabrán a dónde dirigirse?

—¡Anote su dirección en la cubierta!

Le hice caso, convencido de la inutilidad de mi intento, una botella tirada al océano de manuscritos que nadie leerá. Dejé con el corazón destrozado mi pobre carpeta de cartón sobre una mesita llena de polvo.

Es verdad que en el ínterin otros acontecimientos me había tocado de cerca. La breve luna de miel de mi pareja recién estrenada se había transformado en una mueca fea, en la forma donde mi neurosis cristalizaría definitivamente. Un incidente, insignificante en su apariencia, desencadenó mi mal íntimo, parte obscena de mi existencia: una humillación gratuita, hecha en público por un ex compañero del curso preparatorio al examen de admisión, respecto a quien yo había pensado ingenuamente que su origen marroquí nos acercaría, pequeño canalla antisemita, humillación en la cual mi compañera, sin querer, estuvo involucrada. Sorprendido, no supe qué contestar, totalmente paralizado, pensando que la respuesta más adecuada a mi ideología del tercer mundo era fingir indiferencia, allí donde una buena piña hubiera sido lo más indicado. Como el padre de Freud, "recogí mi sombrero caído en la vereda". Luego del incidente, quedé mudo de dolor varios días seguidos, antes que el síntoma patológico tomara su forma. Algo así como el espejo que sostenía mi presencia en el mundo había estallado en mil pedazos de modo irremediable.

¿Cómo nombrar este dolor espantoso que se apoderaría de mi alma y no la soltaría más, paralizando mis energías, hundiéndome en una tristeza sin consuelo, soportable únicamente con la perspectiva de poner fin a mi vida? Sin embargo, fue esta obscena bofetada la que me llevó al psicoanálisis y me ayudó a encontrar mi camino, perdido desde hacía tantos años.

La lectura de la famosa novela de Albert Cohen, *Bella del Señor*, me permitió dar a este mal que me perseguía un nombre alusivo, nombre que los numerosos lectores de este libro comprenderán: *el síndrome de Solal*, esos celos espantosos organizados alrededor de la persona amada, celos que otorgan a quienes los experimentan un irresistible deseo de muerte, un mal funesto que termina por deglutir a los dos amantes. Por lo demás, agrego que no me gusta para nada ese libro ni entiendo el motivo de su fama. No hay en Albert Cohen ningún eco de esa ternura que se llama paternidad y filiación, por no mencionar la repetición de increíbles críticas al más sublime de los músicos, Juan Sebastián Bach. Sin embargo, la descripción del mal que padece Solal, propiamente clínica por su precisión, coincide perfectamente con el padecimiento que me golpeó a la edad de veintiún años.

Sé hoy que sin este sufrimiento, sin el combate de todos los días para enfrentarlo, nunca hubiera llevado a cabo ese corto camino que justifica mi existencia. Lacan podrá justificadamente repetir esta reflexión que había pergeñado: lo mejor que puede acontecer a un ser humano son los destrozos de su existencia.

Precisamente la muerte, la muerte concreta, era lo que yo iba a conocer de cerca. La guerra de Argelia, en ese invierno de 1962, llegaba a su fin, y la OAS, movimiento fascista, multiplicaba sus atentados en el mismo corazón de París. El Partido Comunista llamó a una gran manifestación que fue prohibida. La convocatoria, sin embargo, se mantuvo, y yo fui al lugar de reunión, la plaza de la República. Me encontraba de repente en medio de un inmensa columna. En los gritos de los militantes flotaba un perfume de insurrección, tenue y embriagador. Para mí, ya era el principio de la gran Revolución. Al rato, la columna detuvo. A nuestra derecha, en el cruce de los bulevares Voltaire y Richard-Lenoir, venía otra inmensa columna desde la cercana Plaza de la Bastilla. La dejamos pasar, aplaudiendo con todas nuestras fuerzas este refuerzo. Ignorábamos que, algunos minutos más tarde, esta marea humana sería nuestro escudo salvador. Luego, retomamos nuestra marcha hacia la Plaza de la Nación, con un paso acelerado, entusiasmados por las palabras que gritábamos, estableciendo entre nosotros una comunicación a través de las consignas: *¡Paz en Argelia! ¡OAS, asesinos!* Pero de repente, cuando acabábamos de pasar por la plaza Léon Blum, la muchedumbre empezó a retroceder, presa de un pánico atroz. La gente corría en todas las direcciones. Algunos más temerarios, rompían las verjas de los árboles y armados con ellas se lanzaban hacia delante. De repente, a algunos metros, la forma monstruosa de hombres con cascos, vestidos de negro: los CRS, que cargaban con sus bastones cuando ya era de noche. Tuve el reflejo de esconderme en la entrada de un edificio donde otros manifestantes habían encontrado un refugio. A través de la puerta, apenas entreabierta, contemplábamos, impotentes, un policía que hostigaba a un hombre muy joven. La escena duró unos segundos que me parecieron una eternidad. Luego, se estableció una relativa calma. Alguien ayudó a levantarse al muchacho herido, un estudiante. Un poco de sangre manchaba su pelo rubio. Le propuse acompañarlo hasta su casa, cerca del bulevar Saint-Michel. La tormenta parecía aplacarse. Sin embargo, de regreso a la pequeña habitación que compartía con mi compañera, me quebré. El impacto había sido tremendo, y fui consciente de él solamente cuando me encontré a resguardo. A la mañana siguiente, no pude sacarme de encima el episodio traumático que acababa de vivir, y fui a la escuela Grignon, donde seguían los cursos.

Solo en mi habitación, prendí la radio. Me enteré entonces cuán dramática había sido la manifestación de la noche anterior, cuánta violencia se había vivido. Hubo nueve muertos entre los manifestantes, y decenas de heridos, entre los que habían sido mis compañeros por una noche. El choque más violento se había producido en el subte Charonne, a doscientos metros del lugar donde había estado; allí había sido aniquilada la columna que nosostros habíamos dejado pasar. Algunos días más tarde se realizaron los funerales de las víctimas. Asistieron más de un millón de personas, muchedumbre silenciosa que afirmaba que la guerra de Argelia no podía seguir más tiempo.

Todos estos acontecimientos que se habían juntado, estos traumas múltiples, me quebraron. Postrado, carcomido por los celos, invadido por un sentimiento de persecución, tenía que encontrar una solución, consultar con alguien. ¿Acaso había llegado la hora de encontrarme con el psicoanálisis?

Sin medios financieros, me dirigí al dispensario de los estudiantes, el BAPU. Mi depresión era espectacular, los sollozos me oprimían el pecho. Fui recibido por el Dr. G., que me recetó unos calmantes. Hubiera preferido más escucha. ¿Pero tenía la posibilidad de elegir? La medicación, que no produjo ningún efecto en mi estado, estaba sin embargo acompañada por una "psicoterapia de inspiración analítica". Extraño vocablo, y extraña práctica. Me tenía que recostar sobre una banqueta más parecida a una mesa para un examen médico que al diván de Freud, y tenía que hablar. Había que involucrarse con el dispositivo, y entré en el juego que esperaba desde hacía muchos años.

En una de las primeras sesiones, fui muy feliz por relatar un sueño, señal indudable de que mi análisis había comenzado bien. G. me detuvo inmediatamente:

"Los sueños son muy importantes en análisis. Pero lo que hacemos aquí no es más que una terapia con inspiración psicoanalítica."

A partir de este día, mis sesiones se convirtieron en largos momentos de silencio. No tenía realmente nada que decir, la cabeza vacía, confundida por este extraño dispositivo. Pagaba una suma simbólica por cada sesión. Sin embargo, me aferré a este simulacro de cura, como un naúfrago a los restos de la nave.

Los acontecimientos seguían trastornándome. Algunos días después de esta crisis aguda que me había obligado a hacer una consulta, mi compañera me anunció, completamente confundida, que estaba embarazada. ¿De qué manera asumir semejante responsabilidad con nuestra situación material, dos estudiantes que vivían en una habitación minúscula, con la finalización de los estudios todavía lejana, y yo en plena descomposición psíquica? Se trataba, por lo tanto, de una locura. Sin embargo, no vacilé un instante. Algo en mí —y sólo tenía que ver conmigo— rechazaba la idea del aborto. Este acto me repugna, lo tengo que confesar. Comenzar de esta manera una vida amorosa lleva frecuentemente a su disolución o a algo peor aún. Propuse entonces a mi compañera, que dudaba de seguir adelante con el embarazo, casarnos y recibir a ese niño en medio de nuestra miseria.

Ahora, con la distancia establecida y el saber adquirido desde entonces, me parece que este embarazo, sospechado antes incluso de su manifestación, fue quizás la causa de la tormenta psíquica que yo atravesaba. El anuncio de una paternidad siempre provoca en toda mente masculina una profunda movilización, a veces un derrumbe psicótico. Muchos pueblos acompañan este fenómeno con ritos de conjura llamados *couvade*.[5]

Así se decidió nuestro casamiento. Pero este anuncio provocó en mis padres una nueva tempestad. El hijo mayor se iba a casar con una *goy*, una no judía. Recibieron la noticia como si se tratara de la peor tragedia. Una mañana se presentaron en París sin aviso previo, para intentar que yo reviera mi decisión. Pero el ruido y el furor presentes en sus cartas no tuvieron una prolongación en esta visita intempestiva. En menos de una hora, fueron conquistados por el encanto y la dulzura de mi compañera. Sin embargo, era necesario salvar las apariencias, organizar una conversión y un simulacro de matrimonio religioso. Una vez cumplido esto, se volvieron a Túnez.

Pero el matrimonio civil fue sorpresivamente mucho más difícil de llevar a cabo. La burocracia de nuestros dos países, Italia y Túnez, sumaban las complicaciones. Hicieron falta por lo menos dos meses para juntar, traducir y sellar los papeles.

5. Ver, Theodor Reik, *Le ritual*, trad. fr. Denoël [Trad. esp.: *El ritual*, Buenos Aires, Acme, 1999].

Pero mientras tanto, la noticia más sorpresiva y maravillosa había llegado para aliviar el peso de estos acontecimientos que se sucedían sin interrupción. Una noche de ese mismo invierno, antes de subir por la escalera de servicio que nos conducía a nuestra pequeña habitación, en el sexto piso del edificio, nuestra atención fue captada por un sobre a mi nombre, todo arrugado, un especie de telegrama, pegado al medidor de gas. Impreso en el sobre, el nombre del remitente: Ediciones Julliard. Incluso antes de abrirlo, sospechaba el contenido favorable del sobre: si no, ¿por qué un telegrama? Con los dedos enfervorizados, retiré del sobre una nota. Recuerdo todavía las palabras que temblaban frente a mis ojos. "Informes de los lectores muy favorable… venga a verme lo más rápidamente posible, para una entrevista cuyo desenlace no puede ser menos que favorable… René Javet, Director Literario".

Exactamente cuatro semanas después haber dejado en un depósito lleno de polvo mi pobre carpeta con sus hojas mal tipeadas, Julliard me publicaba. Fue la felicidad más sublime que pudiera experimentar. Convencer a un editor de publicar un libro sigue siendo para mí una de las alegrías más puras, más bellas, verdaderas nupcias renovadas como las que tuvieron lugar esa noche, en mi escalera de servicio, cuando apretaba en mi mano el sobre mágico mientras abrazaba A.

Al día siguiente, a una hora razonable, llamaba al editor, y una cita fue concertada rápidamente.

El director de Ediciones Julliard, Javet, me recibió con mucha calidez. Estaba hundido en el medio de un confortable sillón, en su amplio escritorio. Me ofreció una bebida, un cigarro. "Los informes de los lectores son muy favorables", me dijo. No podía creerlo. Sin perder tiempo, Javet me ofreció un contrato con un adelanto que me pareció suntuoso, comparativamente con mi bolsa de estudiante. (Este adelanto fue destinado en su totalidad a la compra de mi primera máquina de escribir.)

Seis meses más tarde apareció el libro. Envié un ejemplar a Simone de Beauvoir y a Sartre. La respuesta de Simone de Beauvoir no se hizo esperar. En su carta llena de elogios, me preguntaba si había escrito otros textos, y si era así, se ofrecía a publicarlos en *Los tiempos modernos*. Me informaba también que Sartre estaba leyendo mi libro, que le gustaba mucho y seguramente me escribiría apenas terminada su lectura. Nunca recibí esa carta. Al año siguiente, Sartre publicaba su propia autobiografía, *Las palabras*. El relato de mi propia infancia, que había por lo tanto leído el año anterior, ¿acaso había despertado en él el deseo de escribir su propia autobiografía? Me complace a veces acariciar esta hipótesis.

Le envié a Simone de Beauvoir una novela que acababa de escribir, y que le pareció legítimamente insuficiente. Nuestras relaciones epistolares terminaron de esta manera.

Seguía como podía mis entrevistas semanales con el Dr. G., o más bien mis sesiones conformadas con silencios, ausencias, aceptando o rechazando la posibilidad de recostarme en el objeto supuestamente llamado diván. Ignoraba en aquel momento la crisis que en aquella época desgarraba el movimiento psicoanalítico francés. Gracias al Dr. G., escuché pronunciar por primera vez el nombre de Lacan, y percibí la admiración que él mismo le tenía, a pesar de haber elegido el campo de sus adversarios.

Poco a poco, me estaba recuperando. Mi dolor estaba siempre presente, pero adormecido, mantenido a distancia. Evidentemente, iba a pagar el costo del desgraciado año escolar que acababa de terminar. Tuve que volver a cursar mi segundo año. Mi hijo había nacido, y mi libro había sido publicado. Vivíamos ahora en la residencia universitaria de Anthony, lo que mejoró nuestras condiciones de vida. Ya no más habitaciones minúsculas, ni el sótano mal calentado donde habíamos pasado algunos meses.

Yo estudiaba en Grignon, a más de treinta kilómetros de nuestra casa. Pensaba suprimir esta distancia comprando un automóvil viejo y desvencijado, y así reapartir mejor mi tiempo entre los dos domicilios.

En el mes de diciembre de 1962, una ruta llena de nieve, frenos defectuosos y un camión casi ponen punto final a mi mediocre existencia. Llevado sin consciencia al hospital Vaugirard, descubrí, una vez recuperado el conocimiento, una de las últimas y sórdidas salas comunes en donde decenas de enfermos mezclaban sus sufrimientos. En la madrugada, uno de mis vecinos fue llevado en un carro de color marrón oscuro, el vehículo que conducía a la morgue. Después de una semana de hospital, todavía con las piernas tambaleando, volví a mi casa.

Poco a poco superaba esos golpes a los que yo mismo me había expuesto.

Un nuevo proyecto había surgido en mi mente, sobre las cenizas del duelo de mi patriotismo tunecino. El futuro en el país natal parecía irremediablemente comprometido para nosotros, judíos, condenados a la suerte de ciudadanos de segunda categoría. Mis padres también, tan arraigados a su país, habían elegido como muchos de sus compatriotas el exilio parisino. Tenía pues que dar vuelta a la página tunesina, tan esencial en mi existencia. ¿Qué haría con mis conocimientos de agronomía? Decidí ofrecer mis servicios a la joven república socialista de Cuba, que aparecía entonces como una utopía finalmente realizada, un verdadero paraíso fraterno y soleado.

El tiempo que mediaba entre el surgimiento mental de una idea y su cumplimiento nunca fue muy largo en mi vida. Me fui pues al consulado de Cuba, cerca de la Ópera, donde fui recibido por el encargado comercial, a quien presenté mi candidatura. La acogió con simpatía. A partir de ese día, recibí regularmente una cierta cantidad de publicaciones, por supuesto material de propaganda. ¿Pero qué otra cosa leía yo entonces, entre la literatura del PC, el diario *L'Humanité*, las obras de Marx y de Lenin? Periódicamente, me encontraba con mi encargado comercial cubano. Me informaba que luego del estudio de mi expediente, mi candidatura era cuestión de las autoridades cubanas, y que de ahora en más había que esperar la finalización de mis estudios.

Naturalmente, elegí la especialidad en agronomía tropical. Los cursos de esta especialidad tenían lugar en Nogent-sur-Marne, lo que por lo tanto dejaba sin efecto la dolorosa separación entre mi domicilio en Anthony y mi necesaria presencia en Grignon. Seguí ese año la enseñanza de René Dumont, que más tarde se convertiría en el porta voz del movimiento ecologista francés. Dumont nos fascinaba. Analizaba, delante nuestro, a partir de sabrosas anécdotas extraídas de sus viajes, los sistemas agrícolas llamados socialistas, los de Cuba y de China principalmente. Este análisis era más bien crítico, y al mismo tiempo estaba teñido de simpatía para estas experiencias destinadas desde el vamos al fracaso. A pesar de su carisma personal, la enseñanza de Dumont me parecía anecdótica, sin relación con la envergadura de los problemas. Yo tenía mas inclinación a los sistemas que al pragmatismo.

La estadía en Anthony permanece en mi memoria como el período fastuoso de mi formación universitaria. La residencia era uno de los bastiones de los estudiantes comunistas, y me convertí en un militante activo. En ese "hervidero" que era la residencia, fuimos varios los que cultivaron nuestra primera formación política. Jospin y Allègre militaban en las secciones rivales del partido socialista. El domingo a la mañana, semana por medio, yo vendía *L'Humanité-Dimanche*, acompañado por mi amigo Olivier Kahn.

Pero Anthony no era solamente un lugar altamente politizado, era también un espacio de cultura, un foro permanente de intercambios entre estudiantes de las más diversas formaciones. Establecí pues amistad con Paul Méfano, mi vecino de cuarto, que me inició en la música contemporánea. Me confesó que su vocación musical le había aparecido tardíamente, luego del bachillerato. Más tarde se convertiría en uno de los jóvenes compositores más prometedores, reconocido por Daruis Milhaud y Pierre Boulez. A partir de estas conversaciones, en mi mente se grabó la idea de que se podía cambiar de orientación aunque fuera tardíamente.

Mi estadía en Anthony duró tres años. Ese clima de vida simultáneamente sereno y bullicioso me permitió reconstruirme. Es en ese período que nació mi segundo hijo.

Tenía que concluir finalmente mis años de estudios con una tesis. Elegí como tema una extraña experiencia de asentamiento y de "desarrollo" —palabra clave en los estudios que realizaba— que había tenido lugar en Madagascar, en la región de Sakay. La idea había germinado en la mente de un administrador colonial luego de la gran rebelión, ahogada en sangre, del año 1947. Se trataba de agregar un contrapeso demográfico a la población de Madagascar, que se había vuelto poco segura, instalando cerca de Tananative millares de "pequeños blancos" viviendo en las alturas superpobladas de la isla de la Reunión, muy cerca de Madagascar. El modelo de cooperativa agrícola judío, que había desembocado en la creación del Estado de Israel servía de referencia, y quizás fue una motivación inconsciente para esta extraña elección. Esta tuvo una consecuencia inesperada.

El proyecto de Sakay lamentablemente fracasó, pero dio lugar a una cantidad impresionante de informes y de archivos que tomé el trabajo de consultar. Ahora bien, en la masa insípida de esta bibliografía administrativa, una referencia volvía con frecuencia: *Psychologie de la colonisation*, de Octave Mannoni.[6] Su título no me agradaba, poco marxista, hasta reaccionario. Sin embargo, decidí leerlo. Fue un impacto. En medio del desierto de los informes repetidos, finalmente encontraba una lectura enriquecedora que daba voz a mis verdaderos intereses, todavía escondidos. ¿Podía sospechar, leyendo el título, y en semejante contexto, que se trataba del ensayo de un psicoanalista? Y sabiéndolo, ¿lo hubiera leído? Tantos textos de psicoanálisis que había intentado leer en esos últimos años me habían resultado de poco interés. La emoción experimentada en la primera lectura de los textos de Freud ya había quedado atrás. Y de repente, volvía a encontrar aquella emoción en este libro. Fue también mi segundo encuentro con el nombre, misterioso y dotado de un inmenso prestigio, de Lacan, con quien Mannoni había estado en análisis; la obra llevaba el trazo transferencial de este análisis. Existía pues otro psicoanálisis, apasionante, muy diferente de las insípidas obras de psicoanálisis que a veces leía, y muy distinto de mis aburridas sesiones de psicoterapia.

6. Reeditado en 1997 bajo el título *Le racisme revisité*, Denoël. No realicé la comparación entre el original y la reedición.

Más tarde, después de mi primera estadía en África, logré encontrarme con Octave Mannoni. Le dije cuán importante había sido su libro para mí, y que, de alguna manera, su lectura me había vivificado. Me escuchaba, más bien distante y distraído. Entonces, sin saber de qué manera la cosa sería posible, le pedí que me tomara en análisis. "¿Cómo me pide eso cuando usted vive en África?"

Lacan, en su lugar, habría encontrado otras palabras, quizás me hubiera propuesto que le escribiera, tener algunas entrevistas durante mis períodos de vacaciones. El asunto no prosperó. Mannoni, en definitiva, no entendía nada de mi camino, del sendero que yo intentaba recorrer al modo de un ciego que anda a tientas.

Años más tarde, y siendo los dos miembros de la Escuela Freudiana, nos tocó encontrarnos en oportunidad de algún congreso. Pero no me reconoció, y yo no encontré ningún motivo para recordarle este episodio. Los libros a menudo valen más que sus autores.

Finalmente fui poseedor de un hermoso diploma de ingeniero agrónomo, acompañado por un certificado de especialización en agronomía tropical. Llevé entonces a cabo los últimos trámites para mi gran viaje a Cuba. El consulado me informó que un pasaje de avión me esperaba en la embajada, avenida Foch. Me fui a la embajada, y me entregaron el pasaje. ¿Pero qué pasaba con los pasajes de mi mujer y de mis dos hijos? Se me explicó que era preferible que viajara solo, para poder preparar la llegada de mi familia en mejores condiciones. Esta separación me pareció cruel, pero el argumento parecía coherente, y lo acepté.

Sin embargo, esa suerte de providencia que se manifiesta cuando mis pasos me llevan a algún abismo, hizo nuevamente su aparición. Tenía que tomar el avión para la Habana una semana más tarde, cuando el periódico *L'Humanité*, mi lectura cotidiana, empezó la publicación de un apasionante reportaje sobre Cuba, escrito por Jacques Arnault, un miembro del Comité Central, por otro lado responsable de la revista *La Nueva Crítica*, y con quien un día me había cruzado en el contexto de mis actividades militantes. Estos largos artículos confirmaban la representación que me hacía de Cuba, la realización, finalmente lograda, de la utopía socialista, en resumen, el paraíso terrestre. Mi exaltación militante se encontró reforzada. Yo era un feliz *homo viator*, que pronto pisaría el suelo de esa tierra bendita. Hice partícipe de mis ideas a Michel Dion, un compañero de Anthony, estudiante en sociología, cuyo sentido común y amistad yo había apreciado en varias oportunidades. "¿Por qué no pides una cita con Jacques Arnault, y le hablas de tu viaje? Quizás te puede dar algunos consejos."

Le confesé que no se me había ocurrido. Todo me parecía tan claro, tan luminoso. Pero el amigo Dion había sido convincente, y llamé por teléfono a Arnault, que me recibió el día siguiente.

Lo felicité por sus hermosos artículos, escritos sin ese discurso seco que desfiguraba generalmente la prosa del Partido. Luego, hablé de mi próxima partida. Arnault se sobresaltó.

—¿Eres soltero?

—No, casado y padre de dos hijos chicos.

—¿Y te acompañan?

—No, se van a juntar conmigo una vez que yo me haya instalado

Estas últimas palabras parecieron causarle horror, ya que su discurso tomó de repente otro rumbo.

—¡Infeliz! —me gritó—. ¡No vas a ver nunca más a tu mujer ni a tus hijos! No te puedes imaginar la situación de Cuba.

—Pero tus artículos… tan entusiastas… tan alentadores…

—¡Mis artículos son una cosa y la realidad es otra! —me confesó con mucho coraje. Luego, recapacitó, retomó el lenguaje prudente del militante, y agregó:

—Tienes que entender, los camaradas allá tienen muchos problemas. El imperialismo no les regala nada.

—Justamente, deseo llevar alguna ayuda a los camaradas.

Arnault habría comprendido con qué ingenuo atontado estaba tratando. Pero el buen hombre había decidido que me tenía que salvar. En efecto, ¿qué hubiera pasado, en el caos que reinaba en la isla, conmigo, ciudadano de Túnez que había roto con su gobierno? Si hubiera sido ciudadano francés, habría podido recibir alguna ayuda de la embajada de Francia, en caso de un eventual retorno. Arnault recurrió entonces a la astucia. "Te puedes ir, si quieres. Pero yo en tu lugar, pondría una condición: que te acompañe tu familia. Si no, debes devolver tu pasaje."

Arnault me había recibido en los locales de *L'Humanité*, era un miembro dirigente del partido. Su consejo, sonaba, pues como una consigna política que decidí acatar, siendo disciplinado como siempre, a pesar de algunas torpes rebeliones.

Volví a la embajada de Cuba, y exigí los pasajes para mi familia. Me dijeron que la cosa era imposible. Entonces, devolví el mío. Todo ocurrió en el lapso de algunos minutos, en una banalidad sin ninguna aspereza. Un sueño anhelado desde hacía varios años se derrumbaba sin que nada en el orden del mundo se viera afectado. Yo seguía huérfano respecto a mi deseo de servir.

En África

De ahí en adelante yo debí ganarme la vida con un empleo trivial, convertirme en un "agente del neocolonialismo", dejar la residencia universitaria de Anthony y encontrar un alojamiento.

Encontré mi primer trabajo de ingeniero en las oficinas parisinas del Instituto de Investigación de Oleaginosas, en la sección de palmeras aceiteras. Este cultivo, llevado a cabo con las mejores técnicas de la agronomía, me recordaba los bellos árboles de dátiles de mi infancia y a mi nostalgia latente. Ollagnier, el director del instituto, era una persona extraña. Encerrado en su escritorio mal iluminado y lleno de humo, dirigía desde París, con una inteligencia excepcional, el conjunto de las investigaciones en África. Se decía que estaba provisto de un sexto sentido, una suerte de telepatía con las plantas que crecían a miles de kilómetros, una locura poco común. Con un pucho eternamente colocado entre sus labios, buscaba en el discurso de su interlocutor, que miraba en silencio, la falla de razonamiento. Una vez encontrada, su rostro se aclaraba con la sonrisa de Mefistófeles, antes de colocar un dedo cruel e infalible sobre dicha falla. El hombre me fascinaba, y al mismo tiempo me aterrorizaba. Temía y también deseaba los momentos en los cuales me convocaba a su oficina, ya que el despliegue de su inteligencia era realmente mágico.

Alguna satisfacción pudo experimentar conmigo, ya que luego de los tres meses de prueba reglamentaria, me anunció que tenía el empleo y que me otorgaba un pequeño aumento. Después de tantos años de estudio mi salario era miserable, apenas suficiente para pagar el alquiler del pequeño departamento que ocupábamos en Meudon-la-Forêt. Así yo le había expresado mi deseo de ser enviado como investigador a África, apenas quedara libre algún puesto, ya que allá los salarios eran más altos. Una vez obtenido mi puesto titular, me lancé al curioso proyecto de crear en este instituto, heredero de las grandes tradiciones coloniales de grandes plantaciones de heveas y palmeras aceiteras, una sección de la Confederación General del Trabajo, y ponía de manifiesto mis opiniones comunistas.

No duré mucho en este trabajo. Un mes después de haber conseguido el puesto oficialmente, me anunciaron mi despido. Pero la sangre no llegó al río. Ya que yo quería tanto conocer África, me iban a mandar al continente… pero por cuenta de otro instituto, el Instituto de Cultivos Alimenticios. La torpeza que había cometido se convirtió en una de las más grandes oportunidades de mi vida.

La recepción y las condiciones de trabajo que encontré allí fueron mucho más agradables. Se había terminado el ambiente de sospecha y la presión constante, acompañada por el sentimiento de estar siempre en falta.

Fui recibido amablemente por el director adjunto, Sr. Van Poorten. Éste quería definir conmigo la especialidad a la cual me dedicaría, teniendo en cuenta las necesidades del instituto. Van Poorten puso sobre el tapete varias opciones.

—No creo que le interese el cultivo del arroz.

—Sí, precisamente me interesa —le contesté con entusiasmo.

En efecto, en el curso de mis estudios en Nogent, la cultura del arroz me había interesado sobremanera. ¿Acaso no era el más importante de todos los cereales, no era el alimento principal de millones de hombres, el que requería además de una rica combinación de técnicas, del uso de la irrigación? ¿El cultivo del arroz no constituía la infraestructura económica de varias civilizaciones complejas?

—¡Esto nos viene muy bien! Nos faltan especialistas en arroz. Ahora debemos planear su formación. Hará una primera pasantía en el Senegal, en la estación de Richard Toll, y luego pasará algún tiempo en Madagascar, antes de ocupar su primer puesto, quizás en la Costa de Marfil.

Pasantías, un sueldo mucho más alto, no esperaba tantos beneficios. En apenas segundos me había transformado en un adepto entusiasta de esta pequeña planta, *Oryza sativa*, el arroz, al punto tal que me identificaba con ella, le otorgaba un alma, la mía. Pronto tendría por el cultivo del arroz, la más linda de las especialidades en agronomía, una verdadera pasión de la cual todavía conservo cierta nostalgia. El espectáculo de un campo de arroz, cuyo follaje verde pálido no se parece a ningún otro, todavía hoy puede conmoverme.

Algunos días más tarde, esta vez acompañado por toda mi familia, tomé el avión para Dakar. Hice mis primeras armas en Richard Toll, en el norte de Senegal, bajo la autoridad benévola de Couey, un jovial vietnamita, que había pertenecido, según se decía, a la familia del emperador destronado Bao Daï. Vivía con un buen espíritu su exilio en esta región ingrata del globo.

Couey había concebido el proyecto de "endurecerme". "Es demasiado tierno", decía a los que les llamaba la atención el hecho de que se me asignaran, apenas llegado, las tareas más duras. Esta "ternura" se esfumaría rápidamente bajo el efecto de los despertares al alba para realizar implantes experimentales en el delta del río, situado a una decena de kilómetros de Richard Toll, bañado con el sudor de todo mi cuerpo, debajo del sol impiadoso de esa franja meridional del Sahara hasta altas horas de la tarde. No había un solo árbol con su sombra benefactora en estas tierras inundadas regularmente durante la crecida. Entonces le tenía rencor a este verdugo chino, cuyos conocimientos en agronomía no me habían convencido. No percibía el verdadero afecto que me tenía ni el hecho de que esas escasas miserias me permitirían enfrentar mejor la difícil profesión. Seis meses de este régimen, y me convertí efectivamente en un aguerrido cultivador de arroz. El pobre Couey moriría dos años más tarde en un accidente en la ruta, en las mortíferas ondulaciones africanas.

Luego me fui a Madagascar, solo. Mi mujer esperaba el nacimiento de nuestro tercer hijo. No me había gustado para nada Richard Toll, la vieja casa en ruinas donde nos tocó vivir, las impiadosas nubes de mosquitos, el paisaje ingrato, los campos de arroz mal cuidados, plagados de hierbas malas, pero quedé fascinado por la belleza de la gran isla, con su pintoresca capital, y la dulzura femenina de las curvas de sus paisajes.

Mi estadía en Tananarive fue breve. Mi pasantía tendría lugar en la gran estación del lago Alaotra. Llegué al sitio en un tren desvencijado, luego de un viaje interminable. Mezclado con la población local, hubiera podido apreciar este pintoresco viaje entre las colinas llamadas *tanety*, con las frecuentes paradas del tren en esas estaciones pequeñas y de curioso diseño, con sus vendedores de frutas tropicales, papas hervidas y pollos, que se amontonaban en la puerta del vagón para ofrecer sus productos. Pero yo no estaba de humor. Estaba allí para trabajar. Más tarde, como turista, me llamaría la atención el haber permanecido insensible frente a tantas bellezas. Por el momento, quería que se acabara ese traqueteo antes de la noche.

Llegado a destino, me enteré de que me iban a asignar una función particular. Mi estadía de tres meses fue un largo período de muy escasa actividad. Compartía la habitación y la mesa con un joven técnico expatriado, que tenía a su servicio un excelente cocinero oriundo de Madagascar, cuyo nombre curioso era Fet'Nat', por haber nacido un 14 de Julio.[7] Al conluir mi estadía, me enteré del nacimiento de mi tercer hijo.

Mi año de formación ya se había terminado, y esperaba con serenidad mi primera asignación. Debía ser, según lo prometido, la rica Costa de Marfil. Había que crear en la ciudad de Bouaké una primera estación de investigación del cultivo de arroz. Por lo tanto, una buena perspectiva. Sin embargo, a último momento se pensó que yo no era lo suficientemente aguerrido para semejante responsabilidad, y se decidió confiar el puesto a otro investigador, que estaba estancado desde hacía varios años en una pequeña estación perdida en la selva del sur del Senegal, Sefa. Ahore me tocaba a mí estancarme en su puesto.

Fue una gran frustración. Conocía la estación de Sefa por haber estado allí durante algunos días en mi pasantía anterior en el Senegal. No me había gustado el lugar ni el equipo que trabajaba allí.

Pero tuve que tragar mi amargura. Mejor aún, decidí, en contra de la opinión de mis superiores, enfrentar el desafío y convertir el arroz del período de lluvias, considerado como una maldición en el Senegal, en una nueva oportunidad. En efecto, este nombramiento frustrante iba a revelarse, retrospectivamente, como la gran suerte que me tocó en mi carrera en la agronomía. "Lo mejor que puede suceder al hombre son los destrozos de su vida", sentencia lacaniana cuya veracidad comprobé hasta las últimas consecuencias. Tomé, pues, el avión con mis tres hijos, el menor de los culaes apenas tenía dos meses, con destino a este puesto perdido, rezando que ningún trastorno de salud nos pudiera tocar en suerte. Efectivamente, estábamos separados, sea de Dakar o sea de Ziguinchor, por un río que solamente atravesaban, luego de interminables esperas, viejas embarcaciones.

Sefa pertenecía a un importante complejo de agronomía industrial, la CGOT, creado después de la Segunda Guerra Mundial por el poder colonial. A Francia le hacían falta oleaginosas, y para compensar este déficit, se habían limpiado varios millares de hectáreas de bosques del Casamance a fin de cultivar maní. Fue un desastre agronómico. Entonces se planeó la idea de intercalar, en cultivos rotativos, el arroz de lluvia, un arroz que no sería cultivado en arrozal clásico, sumergido, sino a la manera del trigo en Europa, en grandes extensiones sembradas y recolectadas mecánicamente.

7. Fet' Nat' alude a *fête national*, "fiesta nacional". [N. de T.]

Los rendimientos de este arroz de lluvia fueron muy mediocres. Se echó la culpa a un *déficit de agua*. En efecto, el arroz está íntimamente ligado en el imaginario popular con el cultivo en parcelas sumergidas.

Las ideas preconcebidas me han irritado siempre. Decidí, pues, formarme mi propia opinión al respecto: ¿era la falta de agua responsable del bajo rendimiento? Mi intuición me indicaba que no era así. Por lo tanto, concebí un ensayo en el que unas parcelas de arroz recibirían, con riego, un suplemento de agua, y otras no; yo iba a comparar los rendimientos respectivos. Quería demostrar que ese suplemento, en esa región de bosques bien regada, tenía escasa influencia sobre los cultivos de arroz, y que por lo tanto había que buscar en otro lado el factor limitante. Si la naturaleza me otorgó un don, es efectivamente el don, irritante para mi entorno, de practicar la paradoja. Cuando muchos experimentan un impasse, lo mejor es elegir la solución opuesta.

Mis colegas —éramos tres ingenieros en esa pequeña estación— me tildaron de loco. Yo gastaba las pequeñas reservas que teníamos para la investigación, y esto causaba en ellos un enojo permanente. Yo ponía en ridículo al centro de investigación. La atmósfera pronto se tornó irrespirable, y frente a la idiotez a gran escala mi desenfado puede alcanzar alturas insospechadas.

Puse en marcha otros ensayos, a partir de ideas simples. Así intentaba dividir el problema en sus elementos constituyentes. Quizá los suelos eran demasiado pobres, quizas estaban lavados por la erosión. Verificaría la hipótesis al proveer a los suelos de importantes dosis de abono. Por otro lado, el prejuicio con respecto a las supuestas enormes necesidades en agua del arroz llevaba a emprender su cultivo tardíamente, cuando las abundantes lluvias tropicales estaban bien instaladas. Ahora bien, estas trombas de agua tenían como efecto privar a los suelos de sus elementos nutritivos, hecho que daba cuenta de la pobreza en la vegetación. Asumí pues el riesgo de sembrar el arroz muy precozmente. Finalmente, hice experiencias con nuevas variedades de arroz. Era necesario, frente al apuro, determinar el factor limitante, el motivo por el cual la vegetación era tan escasa. Mi impaciencia tenía, sin duda, otros motivos; otros encuentros existenciales me estaban esperando, pero yo aún lo ignoraba.

Ese año, 1966, y también el año siguiente, fueron años de sequía. Lo que me pareció una catástrofe resultó ser una oportunidad suplementaria. El cielo, luego de algunas buenas lluvias que hicieron crecer mis semillas, se mantuvo azul inalterable. Yo ya no dormía. El más mínimo ruido, la hoja más pequeña que cayera sobre la chapa ondulada del techo de mi casa me despertaba sobresaltado: ¿llovía finalmente?

Para gran sorpresa mía, mis valientes brotes de arroz, impecablemente alineados, resistían. Se enrollaban cuando el sol estaba en el zénit, y se desplegaban con el rocío del alba. Luego, las lluvias finalmente se instalaron. El arroz creció magníficamente en medio de una vegetación abundante.

Llegó el momento de la cosecha. Frente a mi asombro, luego de semejante sequía, y mi gran alegría, las diferencias de rendimiento entre las parcelas irrigadas y las que no habían recibido el suplemento del agua no resultaban muy significativas, ni tampoco fue significativo el hecho del aporte masivo de abono. Por lo tanto, el factor limitante no era ni el agua ni la fertilidad de los suelos. Estaba, sin duda, misteriosos, en la variedad de arroz tradicional que utilizábamos.

A algunos kilómetros de nuestra estación había una granja experimental, creada dos años ante por un grupo de agrónomos taiwaneses, y cuyo cultivo principal era el arroz. Mis prejuicios políticos, de tinte maoísta, me hacían desconfiar de esos chinos, seguramente reaccionarios. Sin embargo, fui a visitar la granja en compañía de un colega. Las distracciones eran tan escasas en Sefa. La visita fue un impacto. Los chinos habían convertido un pobre valle en un magnífico jardín. Nunca había visto cultivos de arroz tan hermosos. Las espigas eran tan numerosas, apretadas unas contra otras, tan llenas de granos que los cercados, que rodeaban las parcelas, parecían a punto de quebrarse. Ellos obtenían rendimientos que triplicaban los nuestros, y repetían la proeza dos veces por año. La cordialidad de su recibimiento me conmovió. Estaba hechizado por semejante maravilla, nunca vista bajo los cielos africanos.

Entonces, mi colega francés pronunció estas infortunadas palabras:

—Tú mismo lo ves, lo que hace esta gente no se adapta a este lugar. Es una experiencia artificial, inaplicable.

—¿Y sus variedades?

—Tienen valor únicamente en su sistema de cultivo. ¡En otro no servirían!

Estas palabras eran características de la disposición mental de los agrónomos franceses enviados al Senegal como ayudantes técnicos, disposición mental frente a la cual pronto me rebelaría. Las variedades "sin interés" que los chinos cultivaban pronto invadirían el mundo bajo el estandarte de la "revolución verde".

Nuestro instituto de investigación tenía como base principal la gran estación de Bambey, situada al este de Dakar. Sumas considerables de dinero habían sido despilfarradas allí sin ningún resultado concreto. Un grave prejuicio paralizaba la investigación: todo aquello que se llevaba a cabo en otro lado, fuera a través de los trabajos del INRA en Francia, fuera en los grandes centros financiados por los norteamericanos en México o en las Filipinas, era por definición inaplicable en África. Había que inventar técnicas parecidas a las del campesino africano. Bambey se parecía a un ghetto donde al mismo tiempo había felicitaciones mutuas y envidias banales, manifestación pura del autismo científico. Debajo de este error estratégico, se ocultaba un prejuicio colonial. Me parecía evidente que, dados los medios limitados que tenían, los campesinos africanos explotaban de la mejor manera los pobres suelos lateríticos, agotados por la erosión. ¿Cómo lo haríamos mejor nosotros, si no cambiábamos los datos agronómicos de base?

Esa disposición mental me irritaba aún más por el hecho de haber descubierto casualmente (la casualidad ha sido sin lugar a duda, a lo largo de toda mi existencia, mi mejor aliado) los notables trabajos de los investigadores japoneses y chinos reunidos en el Instituto del Arroz de Manila por las grande fundaciones Ford y Rockefeller, trabajos que conducirían a la "revolución verde". Escribí al instituto, que no demoró en hacerme llegar los informes de sus trabajos, como así también las nuevas variedades enanas, adaptadas a los países tropicales, que este instituto acababa de poner a punto, y que proporcionaban fabulosos rendimientos. Las variedades tradicionales, con sus grandes tallos y su follaje exuberante, brindaban poca utilidad. Decidí introducir estas nuevas ideas en mi investigación.

Pero tuve que pagar rápidamente el costo de mi espíritu rebelde, de mi constante voluntad por adoptar la posición contraria a las ideas admitidas, y este costo era la soledad intelectual. Los dos otros ingenieros del centro me tomaron aversión. Yo no era otra cosa que un loco peligroso, la vergüenza del centro. Vivir a contrapelo no resulta siempre fácil. Pero en un contexto hermético y hostil, la situación resultó pronto intolerable.

Un nuevo acontecimiento casual, sin embargo, alivió mi soledad, y contribuyó a los grandes cambios que se producirían.

Desde hacía muchos años yo había enterrado mis aspiraciones intelectuales, mi inclinación por lo libros, y ya no leía otra cosa que manuales técnicos o revistas. En este contexto de marasmo espiritual, una extraña experiencia, insignificante y mágica, cambiaría mi destino a través de un largo proceso subterráneo.

De paso por Dakar luego de una visita obligada a Bambey, entré en una librería para comprar algunos diarios, y tener algunas noticias del mundo del cual había sido separado. Recorría, pues, con la mirada los estantes de los diarios, cuando de repente sentí una presencia detrás de mi espalda. Esto puede parecer loco, increíble. Sin embargo, guardé del episodio una vivencia extraña. Me di vuelta, y lo que alcancé a ver fue un libro con una tapa gris. Leí el título: *La revolución teórica de Marx*, de Louis Althusser. El nombre del filósofo me resultaba conocido. Estudiante comunista, había leído con mucho interés algunos de los textos de Althusser en *La nouvelle critique*.

Compré el libro con la intención de regalárselo a mi esposa en su próximo cumpleaños. Pero algunos minutos más tarde, de vuelta a mi habitación del hotel, no pude resistir a las enormes ganas de abrilo. Fue una revelación. Yo, que había perdido el placer de leer obras teóricas, sentía que mi mente se despertaba rápidamente luego de un letargo de muchos años.

En los meses que siguieron a esta lectura, se despertó en mí un interés por las "ciencias humanas", y traté de conseguir rápidamente algunas obras que tenían mucha repercusión en los semanarios culturales parisinos: por ejemplo, evidentemente, *Para leer El Capital* de Althusser, a quien yo acababa de elegir, en uno de mis impulsos insensatos a los cuales estaba acostumbrado, como "mi maestro del pensamiento", *Las palabras y las cosas* de Michel Foucault, pero también los *Escritos* de Lacan, y revistas, entre otras *Cahiers pour l'analyse*. Todas estas obras se acumulaban en mi mesita de luz antes de reconstruir mi biblioteca tan disminuida.

Después de diez meses de vida africana, en muchos aspectos agotadora e irreal, en medio de la fiebre de investigación y la más extrema soledad moral, yo extrañaba París, a mis antiguos amigos, en su mayoría camaradas del Partido, y necesitaba reencontrar el punto de referencia como un marino luego de una larga travesía solitaria.

Me esperaban dos meses de vacaciones, la verdadera vida más allá de este paréntesis africano. Esta esperanza se convirtió rápidamente en una pesadilla.

En ese final de invierno, París tenía el rostro pálido de los interminables días de lluvia. Yo ya no pertenecía a ese paisaje. Mis antiguos amigos estudiantes habían integrado una vida activa en la cual yo no tenía lugar. Algo en mí se derrumbó. Durante varias semanas, viví en una suerte de crepúsculo en el cual hasta las referencias temporales se desdibujaron. Llegué a confundir la mañana y la noche. Vivía en el medio de una bruma que había invadido mi espíritu, con una angustia intensa y un mareo constante.

Pronto se me hizo casi imposible salir, para evitar esa extraña irrealidad de las cosas y de los lugares, y casi no podía dejar mi cama. En mis mejores días, vagaba sin rumbo alrededor de la *gare du Nord*, dejando el suburbio sórdido donde vivían mis padres y donde nos habían alojado.

En una agencia de viajes, una mujer joven reparó en mi rostro asustado. Tuvo el coraje de hablarme. La volví a encontrar en dos o tres oportunidades frente a una taza de café. Volví a encontrar a mi amigo Oliver Kahn, que empezaba su carrera de investigador. Poco a poco, se reanudaban los hilos que me vinculaban al mundo.

De esta crisis surgió, como en varios otros momentos de mi vida, una intensa necesidad de poesía. Me puse a escribir febrilmente poemas, pequeños textos en prosa. Pronto, estos textos adquirieron la forma de un diálogo con mi "maestro en pensamiento", Louis Althusser, a quien le otorgaba el seudónimo de "Pierre Mario". Elegido aparentemente al azar, este nombre "Mario" no era del todo inocente. Algunos meses más tarde, yo publicaría un artículo en la revista del Partido, *France nouvelle*, y nuevamente aparecería el seudónimo de Mario, esta vez precedido de Gérard. Mi relación con Althusser encontraba de esta manera su explicación, por lo menos parcial, como búsqueda de una filiación, esa filiación *intelectual* que me hacía tanta falta, búsqueda que finalmente me llevaría al análisis.

Pronto estos textos conformarían una compilación que titulé *El retorno del no-Ulises*, ya que yo también había llevado a cabo un largo viaje, aunque mi retorno me dejaba destrozado.

Me recuperé así, espontáneamente. El trabajo de escritura me había ayudado a salir del abismo. Quizá esta crisis señalaba también las profundas transformaciones que se operaban en mí, según atestiguaba la referencia a Althusser, cuyo papel en mi existencia y sin que él lo supiera, fue de pasador.

Retomé, liberada la mente, el camino de África, de Sefa, sumergida entre sus flamantes y coloridas plantas trepadoras, el camino de mis parcelas de arroz. Pero esta vez acompañado del deseo renovado de escribir. Los períodos sombríos de mi existencia, ¿no son acaso aquellos en las cuales el deseo se agota?

Dedicaba mis horas de siesta a darle forma definitiva a mi compilación, y la mandé al editor P.J.O. cuya dirección había encontrado en una atractiva publicidad de un diario literario. Algunas semanas más tarde, recibí la respuesta, llena de elogios. Mis textos estaban aceptados; claro está, yo debía pagar la publicación. La calidad de mis textos, me explicaron, justificaba un tiraje importante. (Descubrí más adelante que el editor se contentaría con un centenar de ejemplares.)

Por otro lado, me lanzaba a una nueva serie de experimentos, utilizando generosamente las variedades taiwanesas y las que el Instituto de Manila me había mandado. Encontraba de ahora en adelante un sostén en la presencia de un joven agrónomo lleno de dinamismo, Lucien Séguy, que se convirtió en mi amigo. Mis plantaciones eran magníficas, de un verde intenso, y pasaba horas admirándolas. En apenas dos años de investigaciones, mis hipótesis de trabajo se confirmaban. El arroz de lluvia no sufría una falta de agua, sino técnicas equivocadas y variedades poco productivas. Los rendimientos se habían duplicado. Yo ya estaba realizando un programa de mejoría de las variedades locales, produciendo una especie híbrida con las variedades taiwanesas. El asunto hizo bastante ruido para que Francis Bour, patrón carismático de nuestro instituto, pero también dirigente de una sociedad de desarrollo que divulgaba los resultados de nuestras investigaciones (SATEC), nos visitara durante una estadía en el Senegal. Le impresionó el trabajo que se había llevado a cabo:

—¿Usted considera que podríamos extender sus pequeñas parcelas experimentales hacia una operación de gran envergadura? —me preguntó.

—Nuestros resultados son todavía muy frágiles, y nuestras técnicas exigen un personal bien capacitado —dije a modo de respuesta—. Me inclinaría más bien a hacer una operación piloto en algunas decenas de hectáreas para formar al personal, y luego extender progresivamente la operación.

Ya reflexionaba "al modo taiwanés".

Pero Bour estaba buscando con urgencia nuevas ideas que le permitieran emprender grandes proyectos financiados por el Fondo Europeo o el Banco Mundial, proyectos que emplearían una gran cantidad de ingenieros y técnicos. La cooperación con África estaba en crisis. Bour finalmente no escuchó mis prudentes consejos y lanzó dos años más tarde, con la financiación del Banco Mundial, una gran operación de arroz pluvial en Casamance, que fracasó.

Por mi parte, desde hacía un año, acumulaba dos tareas. Por un lado seguía con las investigaciones prometedoras del cultivo del arroz de lluvia en la Baja Casamance, mientras trataba de extender el mismo en otras regiones del Senegal. Por otro lado, tenía la responsabilidad de crear un nuevo centro de investigación, esta vez con el arroz tradicional de agua. Este centro se encontraba en Ziguinchor, capital de Casamance, y allí establecí mi residencia.

El cultivo del arroz sumergido era tradicional en la Baja Casamance. Los valientes campesinos *diolas*, armados con una azada impresionante, parecida a un gran remo, el *cayando*, habían instalado desde hacía decenas de años cultivos de arroz sobre el suelo pantanoso de las tierras empobrecidas. El rendimiento era irrisorio.

El programa de trabajo que yo había establecido era agotador. Actuaba en dos frentes, situados a más de cien kilómetros uno del otro, sin resignarme a sacrificar o a disminuir una u otra actividad. A pesar de la toma regular de *Nivaquine*, conocí los tormentos del paludismo.

Me sentía horriblemente solo, y no encontraba ningún encanto a la vida colonial, a sus borracheras, sus partidas de caza, sus expediciones en el cabo Skiring. Me atormentaba el deseo insaciable de una verdadera vida intelectual. Los tormentos de mi "síndrome de Solal" tampoco me habían abandonado.

Fue entonces cuando apareció mi libro de poemas. Dirigí un ejemplar a su inspirador, Louis Althusser. Algunas semanas transcurrieron, cuando, de regreso de los campos a mi oficina, encontré entre la correspondencia un sobre con la dirección de la prestigiosa Escuela Normal Superior. Abrí el sobre temblando. Me lo mandaba efectivamente el filósofo que había captado el homenaje enmascarado de mi pequeño libro de poemas. Me invitaba a visitarlo en mi próxima estadía en París. Algunos meses más tarde, respondí a la invitación. Althusser me recibió en su amplia oficina de la calle Ulm. Yo estaba muy impresionado. Hablamos de mi trabajo de investigador, pero también de mi trabajo de adaptador de técnicas. Lo hice partícipe de una reflexión, nacida a través del contacto con los campesinos del Senegal. Entre las técnicas que intentábamos promover, algunas de ellas encontraban una resistencia incomprensible e insuperable. Esta resistencia no remitía a un rechazo del progreso, ya que otras técnicas, como la difusión de nuevas variedades, despertaban en ellos un interés importante, y los campesinos querían llevar a cabo una aplicación inmediata de la novedad. Entre los alumnos de Althusser, un concepto estaba de moda en aquel entonces, el concepto de *modo de producción*, en particular el modo de producción asiático, basado en las técnicas de irrigación. Precisamente esta técnica parecía fuera del alcance del campesino del Senegal, que se dedicaba al cultivo de arroz, y que se contentaba con retener las aguas de lluvia, sin tratar de dominarlas. ¿Habría entonces un modo de producción específicamente africano? Éste fue el tenor de mi pregunta.

Mi observación le interesó, y me sugirió proseguir con mis observaciones, y escribir algo sobre el asunto.

Poco después volví a Casamance, entusiasmado por esta entrevista, y el apoyo que me parecía contener. De ahora en más, a mi trabajo de agrónomo se agregaba el proyecto de una reflexión, una producción teórica en el campo del marxismo. Mi ambición mayor se volvía factible. Elaborar una teoría a partir de una intuición, de observaciones fragmentarias, constituye para mí una de las aventuras intelectuales más excitantes. En este plano, el psicoanálisis me daría amplia satisfacción.

Me puse a trabajar en seguida, y muy rápidamente mi reflexión se centró en el trabajo humano. Me pareció que éste también se organizaba alrededor de tres estructuras elementales. Nuevamente debía sacrificar mis horas de descanso para escribir, actividad de la yo había perdido un poco la práctica. Con el correr de los meses, tomó forma un pequeño ensayo que mandé a Althusser. Pasaron largas e interminables semanas, incluso meses. Finalmente recibí un breve mensaje. Althusser hablaba una vez más de una misteriosa bruma que invadía su mente, y de su incapacidad para leer; él que había sido el autor de *Para leer el Capital*, que me había impresionado tanto. Yo ignoraba completamente la enfermedad a causa de la cual él se hundiría en una terrible tragedia. En la carta, sin embargo, me decía que Hélène, su mujer, a quien yo no conocía, había leído y apreciado mi texto. Este ensayo tendrá más adelante su rol en mi análisis, algunos años más tarde.

El encuentro con Althusser también me había devuelto la inclinación por la militancia. Ziguinchor era la sede del estado mayor del Partido Africano por la Independencia de Guinea y Cabo Verde (PAIGC), movimiento de guerrilla dirigido por Amílcar Cabral, que llevaba a cabo con éxito una lucha armada contra el colonialismo portugués en Guinea-Bissau y en las islas de Cabo Verde. Entablé una amistad con un joven agrónomo formado en Cuba, quien me presentó a Luis Cabral, hermano de Amílcar. Este hombre, más tarde y durante un breve período, fue presidente del nuevo Estado independiente. Por su intermedio, pude entrevistar a Amílcar Cabral, poco tiempo antes de su asesinato. Esta entrevista sería publicada en *France nouvelle*, siempre con la firma de Gérard Mario.

En los locales del PAIGC, conocí, además, a un joven médico portugués, judío y, según me enteré más tarde, comunista puro y duro como yo, que había desertado del ejército portugués y vivía en una habitación con su mujer francesa y su bebé. Yo me esforzaba por ayudar a esta gente ofreciendo al agrónomo algunos kilos de mis mejores variedades de arroz, regalando los juguetes de mis niños a los refugiados, y respondiendo a los pedidos del médico cada vez que éste necesitaba gasas o medicamentos. Llegué a acompañarlo en sus visitas al "hospital del Partido", un simple galpón con dos filas de camas de campaña, donde campesinos de Guinea, niños, mujeres, recibían alguna atención, un concentrado de la miseria del mundo.

Mi romanticismo revolucionario —recuerdos de Malraux y de la Guerra Civil Española, de Cuba y del Che— no me había abandonado. Visitar luego de largas y peligrosas caminatas las "zonas liberadas" por la guerrilla constituye, lo sabemos, la más bella expresión de este romanticismo. Le pedí, pues, a Luis Cabral, que me permitiera visitar las zonas liberadas de Guinea-Bissau. Aceptó.

Un domingo a la mañana (estábamos al final de la estación de sequía) un vehículo me vino a buscar a mi casa. En el vehículo estaba mi amigo el agrónomo de Guinea, vestido con uniforme militar, y un chofer guardaespalda. Emprendimos el camino sobre pistas rojizas, entre los cultivos de arroz de color gris, totalmente secos en esa estación, y los raquíticos bosques de palmeras aceiteras. Luego de haber andado una decena de kilómetros, el chofer se detuvo. Habíamos llegado a la supuesta frontera entre el Senegal y Guinea-Bissau. Había que seguir caminando, acompañado por dos hombres armados.

El paisaje no había cambiado, tierras fragmentadas y conjuntos de palmeras, bajo un magnífico cielo azul. Atravesamos algunos brazos del río completamente secos. Luego de una hora de marcha, llegamos a un amplio espacio descubierto en donde distinguí a un grupo de unos cincuenta hombres armados con ametralladoras, y uniformes militares casi nuevos.

Un oficial gritó una orden, y la compañía se puso en posición de saludo militar. Me rendían simplemente los honores militares, por primera vez y quizá por última vez en mi existencia. El oficial hizo un breve discurso en el dialecto de Guinea, del cual no entendí ni una palabra. Quizá me presentaba, justificadamente, como un amigo del pueblo de Guinea y de su valiente presidente Cabral.

Tuve que decir algunas palabras. Me escuché entonces pronunciar estas extrañas palabras:

—Les traigo el saludo de la clase obrera francesa, solidaria con vuestro combate.

Era francés desde hacía sólo unos pocos meses. Un artículo del boletín oficial me informó que había sido naturalizado francés. Fue un alivio, pero lo viví sin alegría, ya que perdía de este modo mi vínculo legal con la tierra natal que quería, Túnez. Quizá un observador extranjero se hubiera reído a carcajadas al escuchar mi discurso en ese descampado.

En ese hervidero de pensamiento y acción, percibía cada vez más nítidamente que ya no estaba en mi lugar. Sin embargo, las investigaciones sobre el arroz me apasionaban, y esta pasión me impedía sacar la conclusión que se imponía: volver a Francia. ¿Pero para qué nueva tarea?

Dos pequeños acontecimientos, dos incidentes, precipitarían mi decisión.

Un día fui convocado al consulado de Francia de Ziguinchor para recibir mi nuevo pasaporte. Me esperaba una sorpresa. Con veintiocho años y residencia en el extranjero, la ley me eximía del servicio militar. Evitar la incorporación al ejército francés había sido siempre una razón suficiente para quedarme en África. Esta razón ya no tenía validez.

Pero el disparador definitivo tuvo lugar a comienzos del año lectivo. Mi hijo mayor había llegado a la edad escolar. La escuela estaba atendida por misioneros. La idea ya me resultaba penosa, pero fue peor aún desde el primer día de clase. El curso preparatorio tenía más de sesenta alumnos y se desarrollaba a lo largo de dos años. Y peor aún, la asistencia a misa era obligatoria.

No pude soportar la idea de que mis hijos siguieran una escolaridad de segunda categoría, y que se pudieran convertir, además, en perfectos cristianos. En seguida, decidí nuestro regreso.

El proyecto del arroz pluvial estaba entonces en su fase preoperacional. En oportunidad de mis vacaciones en París, Francis Bour me citó para hablar al respecto. Aproveché la oportunidad para comunicarle mi decisión de volver a la metrópolis. Antes de la entrevista, había hablado con Jacques Meyer, uno de sus más cercanos consejeros. Meyer iba a menudo al Senegal para seguir de cerca nuestras investigaciones. Nuestras relaciones eran excelentes, regocijantes (por desgracia, una ruta africana en malas condiciones causaría su muerte prematura).

—¿Y qué piensa hacer?

—Buscaré un trabajo, cualquier cosa, mis hijos no padecerán las exigencias de mi carrera.

Bour se mantuvo en silencio durante algunos minutos.

—¿Aceptaría trabajar aquí, en la sede del SATEC? Usted ayudará a Jacques Meyer. Lo mandaré a África solamente para llevar a cabo misiones de pocas semanas. Su familia se quedará mientras tanto en París.

La propuesta me satisfacía. Acepté. Sí, por primera vez, yo había sido astuto.

—Pero se compromete a asegurar la primera instalación de la próxima campaña de ensayos en el Senegal —me dijo Bour.

—¡Por supuesto!

Así pude despedirme de mi querido arroz pluvial, del centro de Djibelor que había empezado a desarrollar. Esta última estadía duró cuatro meses. Luego volví a París para dedicarme a mis nuevas funciones de consejero en agronomía en el nivel gerencial del SATEC, situada en la calle de la Universidad, a algunos metros de la Asamblea Nacional.

Mi primera experiencia profesional y la práctica de la paradoja, que mis investigaciones sobre el arroz pluvial que me habían obligado a desempeñar, habían marcado mi mente, mis procesos de pensamiento, mi relación con lo imposible. De alguna manera seguí siendo un agrónomo, con las botas en la mugre de los arrozales y el espíritu fascinado por las abstracciones.

La "clínica" del doctor Lacan

La misma mañana en que asumí mi puesto, Jacques Meyer me llamó a su oficina

—Tengo un trabajo para ti. Aquí no nos quedamos con los brazos cruzados. Tienes que saber que la operación Alto Volta está estancada. Debes ir al lugar para ver si todavía se puede hacer algo. Ya lo sé, es una misión desesperada, y es por esto que te mandamos.

El amigo Jacques sabía encontrar las palabras adecuadas.

Poco tiempo después de la independencia del Alto Volta,[8] la SATEC había lanzado, con financiamiento francés, y luego europeo, una ambiciosa y costosa operación de desarrollo de los cultivos en viveros en la meseta *mossi*, nombre de una tribu africana, desde Ouagadougou hasta Koudougou, con un apoyo importante de ingenieros y de técnicos exiliados. Esta operación, paralelamente al desarrollo del maní en el Senegal, había otorgado al SATEC el estatuto de una importante fundación de estudio y de desarrollo. El principio era sencillo: los habitantes del Alto Volta tenían escasez de víveres. Para producir más alimentos, había que incrementar las superficies cultivadas con el mijo, principal planta alimenticia del país. Pero un campesino no puede preparar y cultivar extensos terrenos con su azada. Para aumentar la capacidad, bastaba proveer al campesino de una pequeña azada arrastrada por un burro. Esta azada, una suerte de pequeño rastrillo con dientes flexibles, puesto a punto por la misión católica del pueblo de Manga, recibió este nombre. También se pensaba usar pequeñas dosis de abono.

El proyecto se basaba pues en la definición de los factores que limitaban la producción alimenticia. Pero esta evaluación era errónea. Los *mossis* no cultivaban superficies más amplias porque las superficies realmente cultivables escaseaban. En efecto, la densidad de población de la región

8. Hoy Burkina Faso.

59

era muy elevada, y los suelos rojizos estaban tan agotados que ninguna fertilización podía aumentar su rendimiento de los mismos.

¿Cómo pudieron equivocarse tanto los ideólogos de esta operación? Simplemente porque habían observado la existencia de superficies importantes en barbecho. No se habían percatado de que estas tierras se habían vuelto estériles.

La operación fue, pues, un fracaso total. Los campesinos mataron al burro que les había sido asignado, lo comieron, y usaron la azada para otros menesteres.

El Fondo Europeo decidió poner un término a esta hemorragia, salvo que alguna nueva idea tomara el relevo de la humilde azada del pueblo de Manga. Se financiaba entonces mi misión en un contexto de desesperación.

Era para mí un desafío magnífico, un nuevo combate con lo imposible.

—Jacques, ¿cuándo parto?

—En dos o tres semanas. Tienes que estudiar previamente lo que ya se ha hecho.

En seguida me dediqué a la tarea y, para empezar, subí al sexto piso donde se encontraba nuestro servicio de documentación:

—Necesito todos los archivos referidos al Alto Volta —dije a la dinámica persona que coordinaba este servicio—. Quisiera además consultar un mapa de los suelos y un mapa de las poblaciones."

Una hora más tarde, mi mesa de trabajo estaba invadida por decenas de expedientes y volúmenes. Comencé la lectura de esta masa de informes insípidos, repetitivos y desalentadores. No se podía sacar nada de todo aquello. Mis colegas, sumergidos en una idea equivocada, habían sido rápidamente presa de la duda y del desaliento. Con los medios disponibles, no se podía proceder mejor que los campesinos. Había que enfocar las cosas de una manera muy diferente.

La persona encargada del servicio de documentación había encontrado entre la masa de documentos una pequeña perla, un documento que incluía una serie de mapas adheridos a un papel transparente. La idea de superponer un mapa demográfico y un mapa de suelos se me ocurrió instantáneamente: la conclusión era que los suelos más pobres eran los más poblados. En cambio, fuera de la meseta *mossi* y de algunas depresiones del suelo de esta meseta, había islotes no poblados. Los suelos de los mismos ya no eran rojizos, sino formados por arcilla, más fértiles a priori. Me parecía que me encontraba nuevamente con mis viejos amigos, los suelos húmedos de Casamance, mal drenados, pero muy aptos para el cultivo del arroz.

Me involucré febrilmente en el esbozo de un nuevo proyecto que llamé "operación terruños". Otra vez, yo pensaba al modo taiwanés. Había que concentrarse en algunas zonas, ricas en sus capas subterráneas, y en tierras de arcilla, que necesitarían una preparación previa antes del cultivo; se trabajaría con el arado. El cultivo del arroz tendría un lugar preponderante.

Al cabo de unos días, tenía las ideas suficientemente claras, y las pude exponer a Mayer. Una sonrisa aclaró su rostro:

—Hay que verificar rápidamente tus ideas sobre el terreno. Tienes que redactar una pequeña nota que mandaré a los responsables locales. Debes, además que hablar con Rège. De todos modos, ¡felicitaciones! Tenemos por lo menos un poco de aire fresco.

Claude Rège, que supervisaba la operación, me escuchó con interés.

Acababa de cumplir veintinueve años, ocupaba un puesto importante en la dirección de una sociedad dinámica, estaba ejerciendo una profesión apasionante, en una palabra todo me salía bien. Pero por detrás de la máscara jovial, conquistadora, que no dejaba traslucir nada, las pinzas del cangrejo de la neurosis no habían aflojado su presión. El síndrome de Solal estaba siempre allí, subyacente, como una sombra agobiante, doble de mi existencia. Así estos primeros éxitos, todavía frágiles, quizás incluso ilusorios, provocaban en mí un extraño mareo.

Era un día viernes del mes de septiembre de 1969; el recuerdo preciso de la escena quedó grabado en mi mente. Estaba en el bulevar Magenta, cerca de la *gare du Nord*. Recién había hecho una visita a mis padres, en los suburbios. En la vereda opuesta del bulevar, estaba la agencia del Banco Crédit Lyonnais, donde tenía una cuenta, y algunos metros más lejos, una oficina postal de ladrillos rojos. Todo de repente me pareció dotado de un terrible y angustiante peso, irreal. ¿Era necesario desperdiciar mi existencia como lo estaba haciendo? Las palabras del Dr. G. volvieron a mi mente: "Cuando tenga la posibilidad, haga un análisis." El momento había llegado.

Atravesé el bulevar y entré en el correo. En una estantería, una serie de guías telefónicas. Tenía en la mente el nombre del Dr. B.M., un comunista que había publicado en *L'Humanité* un artículo a favor del psicoanálisis. El Partido había empezado su modernización. Sin embargo, la teoría freudiana conservaba, a mis ojos, resabios de ciencia burguesa. ¿El obrero de Billancourt podía entrar en análisis? Por lo tanto, un análisis con un camarada del Partido representaba, de todos modos, una garantía. Pero luego de haber hojeado las guías telefónicas, no encontré el nombre del Dr. B.M. ¿Tenía que posponer una decisión tan grave? Me pareció que no era aconsejable.

Me volvió entonces a la mente otro nombre, el nombre de una mujer, L.I., de quien había leído un interesante artículo sobre Lacan en *Cahiers pour l'analyse*. Volví a consultar la guía sin éxito.

De repente, una frase me vino a la mente, un fragmento de una entrevista a Lacan también en *Cahiers pour l'analyse*, que yo había leído en Ziguinchor a la hora de la siesta, algunos meses antes: "Encuentro todos los días *en mi clínica* a esquizofrénicos, cuya ironía radical...". Cito de memoria. Ignoraba en esta época el doble sentido de la palabra "clínica", lugar de atención y práctica médica.

Conque Lacan tiene una clínica. Eran las seis de la tarde —pronto me enteraría de que a esta hora Gloria, la fiel secretaria, se hacía reemplazar por Paquita, el hazmerreír del doctor—, el número de teléfono está frente a mis ojos, con la dirección: calle de Lille, número 5. Llamo. Una voz de mujer me contesta.

—Quisiera hacer un análisis con algún discípulo del Dr. Lacan.

—Un momento por favor.

La operadora, evidentemente. Estoy comunicado con la clínica del Dr. Lacan. Pronto, otra voz femenina se hace escuchar en el otro extremo de la línea telefónica. Vuelvo a reiterar mi pedido. Nuevamente una pausa, la voz desaparece. Debe ser una clínica grande. Me están llevando seguramente a través de los distintos servicios. Pero muy pronto, aparece una voz que emite el siguiente mensaje:

—Mañana a la mañana, diez horas.

No tengo tiempo de decir nada, habían colgado

Estoy muy emocionado. ¿Dónde queda esta calle de Lille? Allí, en un mapa, es una calle paralela a la calle de la Universidad, que conozco tan bien, las ediciones Julliard, la SATEC.

Al día siguiente, con una pequeña nube de angustia alrededor de mi corazón, salgo de la estación de subte Saint-Germain-des-Prés. Ignoraba la existencia de clínicas psiquiátricas en ese barrio. Pero París es una ciudad tan llena de misterios. Sigo la calle de los Saints-Pères, y voy a doblar en la esquina de la calle de Lille, cuando de repente una extraña idea, la más inaudita que me pueda ocurrir, me invade. Una representación que a veces me visitó en mi adolescencia, en mis años de fervor religioso: *Me veo parado, inmóvil y silencioso. Todo mi ser es una mirada, y esta mirada está apuntando hacia el velo que oculta el santuario del Templo de Jerusalén.*

Esta representación es pura, no hay ni un antes ni un después. Ningún efecto perceptible la acompaña. Reina un silencio absoluto. La representación dura algunos segundos, y luego se desvanece. Ese día, en esa esquina de la calle de Lille, esa representación me conmueve, a mí, que soy ateo, militante comunista, y que desde hacía varios años rechazaba la cosa judía, su cultura y sus textos, de los cuales por otro lado tenía un conocimiento muy superficial.

Aquí estoy frente al numero 5, un edificio de aspecto agradable, pero que no se parecía en nada a una clínica. Atravieso la puerta de entrada, y me cruzo con el encargado, que salía de su departamento:

—¿Dónde está la clínica del Dr. Lacan? —mantengo el malentendido algunos minutos más, como si este me ofreciera el auxilio necesario para atravesar el desfiladero.

—Primer piso por la escalera, al fondo del pasillo.

Me rindo frente a una realidad que no comprendo. Toco el timbre en la puerta del departamento del primer piso. Una mujer joven me abre —la llamaré pronto por su nombre, Gloria— y sin decir una palabra, me hace ingresar en una pequeña habitación muy cerca de la puerta que acababa de franquear. Pero alcanzo a vislumbrar, a unos metros de la entrada, un hombre viejo, totalmente canoso. Era el mismo Lacan, cuyo retrato conocía por haberlo visto en algún diario, el que acompañaba a una persona hasta la puerta. La puerta de la habitación donde estoy sentado está entreabierta, y puedo escuchar esta conversación:

—Venga temprano a la mañana, los sueños tienen mayor frescura.

—Siento una gran angustia.

—La angustia en sí no es una enfermedad. Hay que convivir con ella.

Entonces tengo el sentimiento tranquilizador de que llegué finalmente a buen puerto. Aquí, en este lugar, se interpretan los sueños; se trata pues de psicoanálisis.

Eché una mirada sin mucha curiosidad a la habitación, un pequeño salón con su tapizado gastado, una chimenea en cerámica en la cual observo una imagen de Epinal que representa a San José que lleva un niño, y un pez de porcelana azul, con su boca bien abierta. Dos sillones cubiertos con terciopelo verde también gastado, un pequeño canapé del mismo aspecto, una mesa redonda, un pequeño mueble con algunas revistas de arte. En realidad, mi atención no se detiene en ningún objeto, estoy en otra realidad. Durante los numerosos años en que frecuentaría cotidianamente este lugar, únicamente los libros de la biblioteca tendrían para mí una realidad verdadera.

La pequeña habitación tiene dos puertas. Una por la cual Gloria acaba de salir. Frente a ésta, otra puerta se abre, y Lacan aparece, sonriente. Me invita a seguirlo con un cálido: "Venga, mi querido amigo." Atravesamos un espacio más bien oscuro, con una gran pared cubierta de estantes, y una amplia mesa de estilo español contra una ventana; este espacio pronto tendrá para mí un sobrenombre, el *no man's land*, con sus cuatro puertas: la puerta por la cual acababa de pasar, la que me conduciría a la salida, una tercera que lleva a la biblioteca y, por último, la más importante, la que se abre a la "otra escena", la escena donde Lacan opera.

El consultorio de Lacan no es muy amplio, una simple pieza rectangular, angosta, adosada a la pared del fondo, con el diván (¡finalmente!) en la cabecera de la habitación, y pegado al mismo, un sillón imponente.

Lacan me invita a sentarme en una pequeña silla bajita, colocada cerca de la puerta, le doy la espalda a la única ventana. El se sienta en su escritorio, un magnífico mueble hecho de madera de ébano negra. "Entonces, ¿en qué punto está?", me pregunta con voz risueña como, si ya nos conociéramos. Además del malentendido que me llevó hasta su consultorio, Lacan parece tener su propio malentendido. Es difícil que pueda imaginar que desembarco en su consultorio proviniendo directamente desde los arrozales africanos. En septiembre de 1969 estamos todavía en los reflujos del mayo del '68, y acuden a su consultorio los desamparados de esa fecha magna, de la cual me mantuvo alejado mi estadía en África. Balbuceo. Pronuncio el nombre de Althusser.

—¿Althusser le aconsejó venir a verme? —pregunta Lacan, sorprendido.

—No, se trata de un artículo dedicado a usted.

Logro por fin organizar mi discurso, y hablarle del gran dolor que arrastro conmigo desde hace tantos años, desde la ofensa traumática que desencadenó el síndrome de Solal, que aún no nombro de esta manera. Me escucha, ya sin mirarme, y este silencio posee el extraño efecto de aspirar en forma vertiginosa mi palabra, que se hace cada vez más segura, más verdadera. Sólo una pregunta de vez en cuando, luego Lacan resume el monólogo que acabo de desplegar, y me pregunta si se mantuvo fiel a mi discurso.

Siento la necesidad en ese momento de agregar algunas palabras, sin relación alguna con la queja que acabo de expresar.

--Instantáneamente, al acercarme a su consultorio, un visión insólita se presentó a mi mente. Estoy de pie con un respeto inmenso, todo mi ser reducido a una mirada, frente al velo del Santuario del Templo de Jerusalén, *ha-parokhet*, y sin que se exprese, está el deseo de contemplar más allá del velo, el contenido del Arca.

Lacan se pone pálido, y su cuerpo se pone más rígido en su asiento. Me confunde esta actitud, y quiero disculparme:

—No tenía ninguna intención de decirle esto al venir a verlo. La idea se impuso sin que me diera cuenta.

—Lo sé, y así como lo puede verificar, me ha conmovido.

Y luego agrega:

—Extrañamente empezará el análisis por el punto donde, en el mejor de los casos, puede llegar a su fin.

Sus palabras han quedado grabadas definitivamente en mi memoria. ¿Qué significaban? Años más tarde, iba a entender que se trataba de la emergencia de mi "fantasma fundamental", acontecimiento que "en el mejor de los casos" se produce al final de un análisis. Ese fantasma inesperado de mi mirada dirigida hacia el Santuario se convertirá en el hilo conductor de mi análisis, su nombre secreto. De repente me invade una inquietud difusa. ¿Entonces resulta necesario emprender un análisis? ¿Qué haría entonces con mi dolor acuciante?

—Pienso sin embargo que este análisis le va a resultar útil, —agregó luego de algunos segundos—. Incluso, pienso que es urgente empezarlo. Es muy importante poner en marcha, antes de un análisis, lo que llamamos "entrevistas preliminares", y no dejar de lado esta fase. Pero no tengo la intención, en lo que a usted respecta, prolongar esta fase inútilmente. Tres o cuatro encuentros serán a mi criterio suficientes...

"El criterio para empezar un análisis es el deseo de llevarlo a cabo, deseo cuya sinceridad hay que evaluar. Esta condición, evidentemente, en su caso está cumplida. Incluso es poco frecuente encontrar un deseo como el suyo..."

"No leo en usted como si fuese un libro abierto, ya que por suerte tiene un inconsciente..."

Esas fueron las palabras que Lacan me dijo ese día, y que están siempre presentes en mi memoria. Le comento mi próxima partida para Ouagadougou, y mis probables frecuentes viajes a África. ¿De qué manera nos organizaríamos?

—Otros analistas le dirán que no es posible. Pero no comparto esta opinión. ¿Usted establece las misiones que le tocan o sus superiores?

—Es la dirección la que se encarga de las misiones. En qué medida puedo influenciar en sus decisiones...

Lacan aleja esta tortuosa reserva.

—Sepa de antemano que en el curso de un análisis se atraviesan inevitablemente momentos difíciles, momentos de desgano. Muchas veces son momentos muy importantes, aquellos en los cuales algo se mueve en la estructura, y la tentación es fuerte de interrumpir el análisis con el primer pretexto que acude a la mente. Por lo tanto, avíseme con una anticipación suficiente respecto a sus viajes.

Me describe el proceso analítico, el lugar que ocupan en él los actos fallidos, los sueños. Me propone el ritmo de tres sesiones semanales.

—Quiero verlo pronto, el próximo lunes.

Luego se pone de pie indicándome que esa primera entrevista había finalizado. ¿Cuánto tiempo duró, media hora, menos? Lo ignoro. Sobre todo he conservado el sentimiento de una duración llena de plenitud, un momento en el cual fueron dichas cosas fundamentales.

—Le pediré por esta consulta —vacila un momento—… doscientos francos.

Teniendo en cuenta mi salario de ingeniero, 3000 francos, esta suma me parecía fuera de mi alcance, inhumana. Es cierto que tenía algunos ahorros, de los que hablé a Lacan, y que él calificó con un término que me pareció extraño, "su pequeño peculio". Lacan captó inmediatamente mi vacilación.

—Son los honorarios de un analista de mi nivel, y no es caro. Dicho esto, si mi cara no le cae bien, puedo derivarlo a otros analistas, mis alumnos, quienes son, digámoslo, mis pares. Pero no le aconsejo consultar con analistas que recién se inician…

Efectivamente, yo había mencionado algunos nombres, entre ellos el de L.I.

—No, no, prefiero que me analice usted.

Pero Lacan ya se dirige hacia la sala de espera, me deja solo buscando la salida.

Una vez que se cerró la puerta del edificio, vuelvo a encontrar la vereda parisina en ese hermoso día otoñal, y siento una sensación sumamente extraña, una especie de vértigo en el cual la realidad se desdibuja. El suelo bajo de mis pies parece de algodón.

Acabo de dejar al psicoanalista más famoso de Francia, al que encontré por obra de un malentendido, por un juego de palabras que me permitió atreverme a golpear su puerta. El tenía en entonces sesenta y ocho años, y yo veintinueve. Pese a su fama de distante, este hombre me recibió al día siguiente de mi llamado, con sencillez y calidez, salvo por el escabroso momento en que fijó los honorarios.

Esta calidez de la primera entrevista caracterizaba al estilo de Lacan aún más —yo lo descubriría más adelante—, cuando la persona que consultaba era una mujer. Entonces no vacilaba en tomar con un gesto paternal la mano de la persona, a menudo al borde del llanto, y en hablarle en términos afectuosos: "mi pequeña, mi muy querida". Muchos analistas consideran que en la primera entrevista conviene mantener una actitud distante, rodearse por el silencio. Sin embargo, hay que pensar en el desamparo en que se encuentra el paciente, qué llamado de auxilio, a veces como último recurso, representa este primer encuentro con el analista.

Muchos años pasaron, y sin embargo sigo bajo el impacto de esta disposición hacia el otro, poco frecuente entre los intelectuales con cierta notoriedad. Más tarde, en otro momento crucial de mi existencia, encontraría nuevamente esta misma cálida apertura en quien fue mi segundo maestro, después de Lacan, Yeshayahou Leibowitz.

Pero otras ideas, menos agradables, contradecían las precedentes. Yo, el militante comunista, portador de un fondo plebeyo que no me dejó nunca y que tornó siempre problemáticas mis relaciones con la burguesía parisina, yo me reprochaba haber encontrado un burgués, un hombre de mundo, por cierto con un lenguaje claro, pero marcado por el preciosismo, que desplegaba sobre su escritorio el diario aborrecido por todo hombre "de izquierda", *Le Figaro*.

A la tarde de ese mismo día, fui, según estaba previsto, a la fiesta del diario *L'Humanité,* para encontrarme con camaradas del Partido. Mi extraño estado anímico, una suerte de borrachera, no me había abandonado. Relaté mi aventura matutina a una escritora amiga, Catherine Claude. Pareció horrorizada, precisamente porque había puesto en juego mi dinero. Me aconsejó vehementemente, con cierta bronca, de no seguir adelante con el proyecto, justamente en el Partido estaban organizándose grupos de analistas que me iban a permitir llevar a cabo mi análisis, sin derrochar mis últimos ahorros. Pero sus objeciones no tuvieron mucho peso frente a la férrea voluntad que de ahora en más me impulsaba.

El lunes siguiente era día de huelga en los transportes. Desde mi retorno del Senegal, y mientas esperaba la finalización de algunas reformas que había emprendido en mi departamento de la calle Lisfranc, reformas que agotaron "mi pequeño peculio", vivía en la casa de mis padres, en Garges-lès-Gonesse. Bajo ningún concepto quería faltar a mi próxima entrevista. Para llegar a París desde el suburbio, pedí prestado a mi padre el viejo Citroën. Atascamientos gigantescos, mal conocimiento del tráfico parisino, todo parecía confabular para que mi vehículo —símbolo, según Freud, del análisis— no avanzara. Llegué al 5 de la calle Lille con quince minutos de atraso, afiebrado, angustiado. Lacan me atendió inmediatamente. Parecía muy irritado. "Esto no me gusta", repetía frecuentemente. Este atraso reflejaba seguramente el conflicto que yo abrigaba, había en mí una fuerza que deseaba un análisis, y otra fuerza que se oponía a este deseo.

Yo le recordaba, en vano, las condiciones especiales de esa jornada. Y luego, ya que había que articular el discurso, toqué la cuestión de los honorarios, argumentando que semejante costo, teniendo en cuenta mis ingresos, sin hablar de mis responsabilidades familiares, hacía que la cosa resultara imposible. En seguida, Lacan se adueñó de estas palabras:

—Yo sabía que su atraso tenía otras motivaciones.

Luego, en tono más suave, agregó:

—¿No me habló de un peculio que usted poseía? En todo caso, esta suma corresponde a la tarifa de mi consulta en las entrevistas. No es lo que le pediré por las sesiones propiamente dichas... La suma será... digamos la mitad, 100 francos, o sea por tres sesiones semanales, alrededor de mil francos, un tercio de sus ingresos, lo que es proporción admitida del costo de un análisis.

La aventura se volvía realizable, pero seguía siendo dificultosa. Desde entonces, desapareció mi última reticencia.

Lacan declaró que lo estaban esperando, y que lamentaba no poder prolongar esta entrevista. Más tarde descubriría la parte de farsa que Lacan ponía en escena, y a la cual recurrió en varias oportunidades. Era quizás su manera de "quebrar las resistencias", quizás una estafa, pero impuesta por la técnica, luego de la generosa reducción de los honorarios. A un obsesivo no se le regala nada sin serios inconvenientes para el futuro de la cura. Yo debía viajar a Ouagadougou una semana más tarde. Lacan quiso encontrase conmigo una vez más antes de mi partida. En esta tercera entrevista, de la cual conservé un vago recuerdo, hablamos sobre todo de las modalidades prácticas de mi análisis, del pago de las sesiones, de las vacaciones, de los horarios, del establecimiento de aquello que a veces se llama "el contrato analítico", contrato puramente ficticio e ilusorio. En lo que a mí se refería, Lacan no tardaría en trastornarlo totalmente. El análisis es fundamentalmente una dinámica cuyo desarrollo no se puede prever desde el inicio.

Le pagué las tres entrevistas preliminares con la misma tarifa dolorosa. Lacan fingió que me facilitaba la operación con otra puesta en escena.

—Me puede pagar como le parezca, por semana o por mes, con cheque o en efectivo. Encontrará en la entrada un mueble pequeño donde podrá dejar sus pagos.

El pequeño mueble estaba efectivamente lleno de cheques. Yo, sin embargo, le pagaría en mano, con efectivo y por cada sesión.

Al día siguiente partí para mi primera misión en el Alto Volta. El recibimiento de los responsables locales de la SATEC fue cordial. Haber persistido en el fracaso durante cinco años los había puesto a prueba. Mi idea de concentrar los medios de los cuales disponíamos en algunas regiones con un buen potencial correspondía a sus anhelos.

El responsable en el Alto Volta era un camarada de promoción. Me invitó a cenar un cuscus de fonio, un delicioso cereal local, uno de los mejores cuscus que he comido jamás. Mi proyecto, me dijo, correspondía a sus anhelos, y lo iba a sostener. Así las tensas relaciones entre la dirigencia africana y mi fundación habían mejorado considerablemente.

Salí de viaje para explorar las cinco regiones que figuraban en el mapa. En una de ellas, volvía a encontrar a mis taiwaneses, que fueron de alguna manera mis maestros en el cultivo del arroz. Se confirmaba mi hipótesis: buenos suelos porosos, de gran riqueza, estaban efectivamente en el borde de una gran meseta de suelo rojizo, agotada, y estos suelos estaban perfectamente aptos para un cultivo intensivo del arroz.

El día anterior a mi partida, me fui solo a Manga, en la frontera con Ghana. El lugar estaba desolado, poco poblado, pero los suelos de la región, si se usaban nuevas técnicas, me parecían muy prometedores. Pasé la noche en una casa vieja abandonada, que antes había sido utilizada para el alojamiento de algún directivo regional. La suciedad reinaba allí y yo no tenía más que una cama llena de deyecciones animales. De repente, descubro al pie de la cama a una gata. De aquello que yo creía su ano se desprendían unas pequeñas bolas gelatinosas. A pesar del asco que sentía, yo no podía dejar de mirar la escena. Finalmente, comprendí que estaba dando a luz a sus gatitos, que empezaron a moverse en su bolsa amniótica. Con un zarpazo, aplastó a uno, quizá lo devoró. Pero yo ya había desviado mi mirada. Esa noche se parecía a una larga pesadilla, pero de vigilia. La desesperanza del lugar, de esa África perdida, me había invadido. Recostado en mi miserable cama, sobre la cual había extendido una bolsa de dormir prestada, escribí a Lacan. Le hablaba de mi viaje, le comunicaba la fecha de mi regreso, y le pedía un horario para una entrevista. Habíamos acordado que podía escribirle, ya que yo padecía entonces una cierta fobia al teléfono.

Al alba, pedí a mi chofer que dejáramos esos lugares inhóspitos. Extrañaba la comodidad placentera del gran hotel de Ouaga, quería darme un baño, disfrutar de una verdadera comida.

Algunos días más tarde, satisfecho con mis investigaciones, volvía a

París. Redacté rápidamente un informe, cuyas propuestas fueron puestas en práctica de inmediato.

Cuando volví encontré una carta de Lacan, unas pocas palabras que se asemejaban a un garabato. Me esperaba un jueves a la noche a finales de octubre. Sus cartas —me dirigirá dos o tres a lo largo del análisis— tendrán siempre esta característica lapidaria. Remarqué esta curiosa fórmula: "teniendo en cuenta mi propio tiempo". Pronto descubriría que ésta se aplicaba a toda su práctica clínica, a sus célebres sesiones cortas.

Este encuentro que sucedía a mi retorno de África ¿sería la primera sesión, tan anhelada, de mi análisis? No ocurrió nada de esto. Luego de una ausencia de varias semanas, Lacan quería que retomáramos contacto, frente a frente. Le confirmé mi determinación de seguir adelante con el análisis. Luego, le quise relatar un sueño acontecido en África. Me interrumpió:

—Hablaremos de sus sueños en el contexto de su análisis.

Y la sesión finalizó así:

—Y bueno, comenzaremos mañana, *ya que resulta necesario*.

Al pronunciar estas últimas palabras suspiró profundamente, como si la empresa requiriera de su parte un gran esfuerzo, una carga suplementaria que lo angustiaba legítimamente.

Ese día también descubrí otra sala de espera, la biblioteca, en la cual iba a pasar tantas horas de mi vida. Varias personas estaban esperando, pero el hecho no me molestó. Atribuía la prisa de Lacan a la situación del comienzo de mi análisis, y no al flujo de pacientes en esa hora tardía.

Nací un viernes a la noche, y mi primera sesión de análisis tuvo lugar un viernes a la noche. Cuando me recibió, Lacan parecía emocionado, y sus movimientos eran extrañamente febriles. Tomó de la chimenea un pequeño pañuelo blanco, que puso sobre la almohada del diván, y me invitó a recostarme. Este pequeño rectángulo blanco me fascinó, página blanca sobre la cual, según el voto de Freud, tenía que escribirse *de novo*, como si fuese el primer día de vida, un análisis.

—Vamos a tener un sesión de ensayo. La próxima vez, le voy a indicar *la regla de oro* del psicoanálisis.

Finalmente, estaba recostado en el diván de un analista, proyecto anhelado desde mi adolescencia. A la manera de un resorte comprimido durante mucho tiempo, mi palabra reprimida surgió, impetuosa, liberada. ¿Qué dije ese día? No recuerdo nada, salvo la impresión de haber pronunciado palabras importantes que yo habitaba plenamente, palabras verdaderas.

Lacan acompañaba mi discurso con palabras de aliento: "Sí..., sí". Dio algunos pasos en la habitación antes de sentarse en su sillón, situado cerca de la cabecera del diván. Pero el tono de voz de su palabra había cambiado imperceptiblemente. La palabra parecía pronunciada con cierto retardo, como a cierta distancia, y me obligó a desprenderme de mis propias palabras, a comenzar la larga marcha del discurso por venir. Me sentía un poco decepcionado.

Al cabo de algunos minutos, Lacan me interrumpió.

—No es bueno que la primera sesión sea demasiado extensa. Esta sesión fue excelente. ¿Cómo se siente?

En realidad, él me estaba colocando desde un comienzo en el ritmo infernal de las "sesiones breves", esa técnica que él había creado y cuya existencia yo ignoraba entonces. Pero no le presté atención ese día, Lacan tenía toda mi confianza. Yo sentía un leve mareo que desapareció rápidamente.

—Seguiremos el próximo lunes.

Ya en la calle, tuve la sensación de que las palabras que acababa de pronunciar, todavía frescas en mi memoria, tenían una coherencia de la cual yo no había sido consciente al pronunciarlas, que ellas significaban otra cosa. Esta sensación sería frecuente al final de las sesiones, sobre todo en los primeros tiempos de mi análisis.

Volví a mi casa con la mente un poco confundida, sentimiento que me iba a acompañar durante años, y contra el cual tenía que luchar para llevar a cabo mi tarea cotidiana. Sin embargo, no siempre triunfaba en este ejercicio, y muchas veces oscilaba entre una ligera exaltación y momentos de abatimiento que podía llegar a ser profundo.

Declaré a mi mujer que acababa de tener mi primera sesión. No me hizo ninguna objeción, pero percibía de su parte, desde el comienzo del proyecto, una reticencia silenciosa. Imponía al presupuesto familiar una quita severa. ¿A dónde nos conduciría esto?

De repente me invadió una profunda y dulce tristeza, y sentí el calor de las lágrimas que inundaban mis mejillas. Esta emoción sorpresiva fue breve y para mí carecía de explicación. Iba a empezar el duelo de mi propia existencia.

Advenir allí donde ello estaba

Mi encuentro con Lacan tuvo efectos inmediatos. Una profunda certeza se había apoderado de mí, la que se desprendía de que había sido comprendido, por primera vez en mi existencia, en mi verdad singular; certeza que me sumergía en una dulce euforia. Ésta me suministraba una nueva seguridad en mí mismo. De esta manera enfrentaba a mis superiores con una soltura que sorprendía. La rapidez mental, hasta ahora restringida al dominio, bastante reducido, del cultivo del arroz, de ahora en más podía conquistar nuevos territorios, tener la audacia de concebir nuevas combinaciones, fuera de los caminos ya recorridos por la agronomía posterior a la colonización. La operación "terruños" en el Alto Volta era una muestra de este estado de ánimo. Por lo tanto, estaba en la plenitud de mi ser, tanto desde el punto de vista moral como físico. La angustia latente, el peso de la depresión enmascarada que me perseguía desde hacía mucho tiempo, quizás desde siempre, parecía definitivamente superada. La sedación, muy provisoria, de estos afectos, creaba una suerte de luna de miel analítica.

Esta euforia se tradujo en la desaparición de mis sueños y esto me irritaba. Si "el sueño es la vía regia de acceso al inconsciente", así como me lo recordó Lacan, su ausencia me privaba de este acceso.

—No se preocupe —me decía Lacan—, sus sueños volverán.

El lugar de los sueños en mi análisis será muy diferente de lo que yo había imaginado. Frecuentemente, Lacan no les otorgaba una atención particular, como si se tratara de una charla trivial. Pero también habrá, en estos largos años de análisis, algunos sueños que despertaron en él mucho interés, y que efectivamente ocuparon momentos cruciales en el seno de mi cura. Marcarían, luego de su interpretación, mis virajes subjetivos.

Recuerdo claramente el primer sueño que alcancé a descifrar con mucho trabajo. En aquella época estaba muy comprometido en la acción contra la guerra de Vietnam. He aquí el sueño:

Me encuentro en la callecitas de la vieja ciudad de Jerusalén. De repente, soy agredido por dos indochinos que me exigen la suma de trescientos francos. Me choca la mala fe de estas personas, cuando yo que gasto tantas energías para defender su causa. "No somos vietnamitas", me contestan los dos ladrones.

¿Qué significa esta historia extraña? ¿Por qué Jerusalén? Todavía yo no conocía esa ciudad y la cuestión judía me resultaba ajena. Las callecitas de la vieja ciudad se parecían a las callecitas de la medina de Túnez. ¿Y por qué la presencia de estos dos Indochinos, no vietnamitas como se encargaban de precisar? Me vino finalmente a la mente la idea de que eran necesariamente oriundos de *Lao*s y *Camb*oya. Las primeras sílabas de cada una de estas palabras formaban... "Lacan". Así apareció claramente el sentido del sueño: por detrás de mis cálidas declaraciones sobre la transferencia con Lacan, yo vivía subjetivamente una relación muy distinta con él, una relación violentamente hostil, al punto de considerarlo un ladrón. La suma de trescientos francos era efectivamente la que le entregaba cada semana. Este sueño irritó a Lacan, por lo que aquel revelaba de mi goce masoquista. Todo el arte de la cura consistiría de ahí en más en aliviar ese goce destructivo. ¿De qué manera? Poniendo el acento sobre el sadismo, hasta el hartazgo. El sueño, como siempre, condensaba otras significaciones. Yo había defendido la causa de los pueblos árabes, incluyendo el pueblo palestino, ¿y dos de ellos me herían para toda la vida?

Si entonces me hubieran preguntado cuál era a mi criterio mi actividad más importante, la que otorgaba un sentido a mi vida, hubiera contestado sin vacilación: la de militante comunista y sindical. En efecto, no iba a tardar a formar, en el seno de la SATEC, esta vez con el acuerdo del director, una sección de la CGT.

El Partido por su lado me propuso, teniendo en cuenta mi experiencia africana y algunos artículos publicados en la prensa del Partido, participar en una comisión del Comité Central encargada de los problemas africanos, dirigida formalmente por Jean Suret-Canale —el verdadero poder estaba confiado a otro discreto miembro estable del grupo—. Poco tiempo después, yo sería elegido presidente de un grupo pequeño cuyo programa era sostener los movimientos de guerrilla en las colonias portuguesas. Mis lazos con los dirigentes de Guinea-Bissau, la extensa entrevista a Amílcar Cabral, justificaban esta elección.

Mis "raíces" judías estaban totalmente despreciadas, olvidadas. La comunidad a la que pertenecía era ahora la de los "camaradas" del Partido, la gran familia opositora al imperialismo. En cuanto a aquella representación que había surgido el día de mi primer encuentro con Lacan, la había olvidado, la consideraba una curiosidad ectópica.

Empecé mi análisis con esta disposición mental, que subsistiría mucho tiempo.

Más allá del alivio que experimentaba mi sufrimiento moral, esperaba del análisis algo que no se podía definir. Una sesión del seminario de Lacan, años más tarde, me esclareció el asunto. En esa reunión del seminario, Lacan dijo que el análisis no es una *iniciación*. Justamente, se trata de algo que algunos piden al análisis. Y agregó que en nuestro mundo moderno ya no hay iniciación posible. Estas palabras me llegaron con una fuerza insospechada. Efectivamente, yo estaba en búsqueda de una iniciación imposible. Este asunto sería parte central de la tesis de mi obra *Comer el libro*.

En mi segunda sesión, volví sobre la cuestión de la promesa hecha por Lacan de indicarme la famosa "regla de oro". ¿Esta expresión no ponía de manifiesto la iniciación tan deseada? Lacan me contestó molesto que, de la misma manera que el Sr. Jourdain y su prosa, yo la había puesto en práctica espontáneamente: decir todo aquello que pasa por mi mente durante la sesión, independientemente del tenor del pensamiento, el que pudiera ser trivial, obsceno, fuera de contexto. Estas impresiones que podían acompañar nuestros pensamientos no eran otra cosa que la manifestación de la censura ejercida sobre el discurso del inconsciente.

Desde mis primeras sesiones, dos recuerdos importantes conservan todavía su plena vivencia. Quizá hayan marcado el verdadero inicio de la cura.

Comenté a Lacan el sentimiento según el cual había iniciado mi análisis con un atraso insuperable. Como si hubiera faltado a algún encuentro indefinido y decisivo. ¿De qué atraso, de qué encuentro fallido se trataba? ¿Haber nacido demasiado tarde, según el tópico romántico? Sin embargo, antes de lograr la definición de la cosa, avatar del síndrome de Solal, ésta me pareció muy concreta, y me llenó de una sensación de tristeza indefinida y desgarradora.

Lacan intervino entonces.

—Este sentimiento —me dijo— es un rasgo de su estructura sobre el cual tendremos que volver.

Y luego agregó, dando como un salto que lo proyectaba fuera del sillón, y dirigiéndose hacia la puerta del consultorio, como lo hará en varias oportunidades, poniendo de manifiesto el acto de corte que introducía:

—¡Nunca se llega demasiado tarde al psicoanálisis!

Esta frase tuvo una importancia considerable, y no percibí inmediatamente el alcance de la misma. Actuó como una barrida en el seno de mis inhibiciones, y constituyó el punto de sostén que me permitió emprender pronto el proyecto loco, que todavía ignoraba, y por el cual había pedido en realidad un análisis.

En otra sesión, le hablé de una obra que había leído en mi adolescencia y que había despertado mi interés hacia el psicoanálisis. Se trataba del libro *Arrival and departure*, de Arthur Koestler. El protagonista de la novela, un revolucionario, se encuentra de repente afectado de una parálisis "nerviosa". Una amiga psicoanalista se dedica a curarlo usando el arte freudiano. Durante noventa días, durante horas enteras, el protagonista habla hasta recordar una mala acción cuya víctima había sido su hermano. Entonces, la cura de su parálisis acontece. Hubiera querido tanto que mi análisis se desarrollara de esta manera, a un ritmo sostenido, y que pudiera terminar en un tiempo breve.

Lacan, que paseaba a su gusto por el consultorio, como ocurría a menudo, reaccionó con una risa breve cuyo sentido yo pronto comprendería.

Un pretexto iba a modificar pronto el dispositivo cuidadosamente armado en el curso de las entrevistas preliminares. La SATEC me mandaba a Ghana, para una misión corta de diez días. Según nuestros acuerdos, las sesiones que no se podían llevar a cabo tenían que ser recuperadas. Como ya iba tres veces por semana, aquello se traducía durante dos semanas por una sesión diaria. Iba a vivenciar a través de la nueva frecuencia que se impuso hasta qué punto este ritmo me convenía, o más bien de qué manera el mismo se imponía teniendo en cuenta la intensidad de aquello que estaba en juego, sin poder todavía adivinar adónde este impulso me llevaría. Constituía una suerte de adaptación del dispositivo de la novela de Koestler.

Lacan acompañaba este impulso. Un anciano maravilloso, con su hermosa cabellera blanca, una suerte de desmentida de su energía, de su sensibilidad. Reaccionaba frente a algunas de mis frases —como también frente a las de sus otros pacientes, yo sería testigo frecuente de este tipo de reacciones— con suspiros de angustia y emoción, con algún apretón de mano a veces más insistente que otros días, con un acompañamiento amigable hasta el umbral del consultorio, o bien, abriendo la ventana del pasillo que daba al patio que se atravesaba luego de haber dejado su "clínica", gritaba: "¡Hasta mañana, hasta mañana!", como si yo pudiera olvidar nuestro próximo encuentro. Esta agitación, cuya sinceridad para mí no plantea ninguna duda, yo la vivenciaba como la espuela del jinete, que me llevaba hasta el límite de mis posibilidades. En otras circunstancias, mucho más frecuentes, Lacan podía fingir rabia, poner "cara de enojado", evitar el apretón de mano ritual. Toda una serie de pequeñas satisfacciones o de privaciones, tan importantes en la relación de intensa transferencia que él suscitaba, y que ayudaban a dinamizar la cura.

Estos recuerdos todavía me llenan de asombro. En la finalización de una carrera tan extensa, ¿cómo había conservado Lacan tanto entusiasmo en su práctica clínica, tanta sensibilidad en su escucha? ¿Cómo podía resistir semejantes semanas laborales, recibiendo pacientes temprano a la mañana, desde las siete —me tocó tener sesiones a esta hora, y no era el primero en llegar— otorgándose una breve pausa al mediodía para retomar su trabajo alrededor de las catorce, ya sin interrupciones, hasta pasadas las veinte? Es necesario haber ejercido el psicoanálisis para tener una idea del cansancio que se apodera a veces del clínico, después de luego de algunos años de este extraño y autístico encierro. Él, a quien yo llamaba afectuosamente *el viejo*, aparentemente era inmune a semejante cansancio.

A pesar de algunas lecturas más bien desordenadas, ¿qué sabía yo en verdad del psicoanálisis, de su desarrollo concreto, de sus efectos, de su finalidad, en el momento en el cual me entregaba impetuosamente a mi análisis con Lacan? En verdad, pocas cosas. Yo estaba animado por una fe casi religiosa, que empasta lamentablemente todas las parroquias psicoanalíticas, fueran de obediencia "católica" —la Asociación Psicoanalítica Internacional — o "reformada" —las lacanianas, que siguen siendo mi familia, patógena como todas las familias, a pesar de que no pertenezco a ninguna de ellas—.

Una imagen, recuerdo de mi primer libro de historia, me volvía a la mente con su leyenda: "Bernard Palissy quema sus mueble para descubrir la porcelana." Esta imagen representa a Bernard Palissy, animado por un furor sagrado, rompiendo su piso a hachazos para alimentar su horno, mientras su mujer cobija entre su falda a los niños pequeños asustados por la fecunda locura de su padre. Bernard Palissy se había convertido en mi ideal. Yo buscaba en mi interior para descubrir el secreto de la porcelana freudiana.

En seguida me llegó muy rápidamente el rumor —que recorría París— de que Lacan había transformado la robusta crudeza de la experiencia freudiana en una cuestión de significantes, es decir en una cuestión de discurso, de *bla bla*, de juegos de palabras y, en el mejor de los casos, en una experiencia intelectual y filosófica en detrimento de la clínica y del alivio de los padecimientos neuróticos. El flanco débil de estos juicios llenos de mala fe pronto se pondría de manifiesto. La práctica clínica de Lacan producía más bien el efecto de evidenciar el apuntalamiento pulsional de toda palabra, pulsiones orales, anales, y *tutti quanti*, desnudadas, vividas como en el albor del psicoanálisis. En varias oportunidades, he experimentado en mi cuerpo la estrechez de la pantalla que separaba la teoría de lo vivenciado, sensación que experimenté desde los primeros meses de la cura, sin tener que esperar a su finalización.

En un primer tiempo, descubrí, después de cada sesión, que la combinación de algunas frases arrojadas con apuro en la brevedad del tiempo otorgado, frases frecuentemente sin lazo aparente entre ellas, adquiría, una vez franqueada la puerta, una coherencia inesperada, que producía un retorno que me sorprendía. De este modo se producía la emergencia, de manera evidente, de otra palabra, de otro sujeto que el pobre sujeto de mi conciencia. Una vez que mi discurso había descripto el dibujo de un bucle cerrado, Lacan me interrumpía, y dejaba dejando en el hueco una significación misteriosa.

Pero este primer fenómeno iba a estar acompañado muy rápidamente de manifestaciones físicas. Al final de la sesión, puesto de vuelta sobre el pavimento parisino, sentía en mi boca una suerte de quemadura, un hambre que no admitía ningún compás de espera. Adquirí la mala costumbre, luego de cada sesión, de ir a una confitería para comer un dulce o pastel que aplacara mi ansiedad. Esta mala costumbre iba a evolucionar rápidamente. Sustituí la confitería por la librería Le Divan, que en aquel entonces se encontraba en la plaza Saint-Germain-des-Près. Allí, hojeaba publicaciones nuevas, revistas de psicoanálisis, y a menudo terminaba comprando, en ediciones de bolsillo, las obras de Freud que todavía me faltaban. Más tarde, cuando empecé a asistir al seminario de Lacan, les tocará su turno a los diálogos de Platón.

Otro fenómeno provocaría pronto mi curiosidad. En algunas sesiones, mi palabra se expandía fluidamente, impetuosa. En otras, sin un motivo aparente, mi discurso se bloqueaba, las palabras salían con dificultad de mi boca, de mi cuerpo contraído que transpiraba sobre el diván. Rápidamente relacionaría esta curiosa alternancia con el escabroso asunto fecal, con la serie retención-constipación-diarrea. La pulsión anal no era esta elucubración delirante de la doctrina, sino más bien una dimensión constitutiva de mi ser, de mi síntoma obsesivo. Venciendo mi vergüenza, me atreví a expresar esta idea.

—¡Excelente! ¡Excelente! —dijo Lacan, interrumpiendo la sesión y apretándome la mano durante un buen tiempo—. ¡Dio en el blanco!

Las cosas no quedaron en este punto. Un domingo a la tarde, me agarraron fuertes dolores abdominales, un deseo de expulsión imposible de satisfacer, una especie de bolo fecal. Las horas pasaban, y el dolor volvía a través de espasmos muy dolorosos. La angustia me hacía sudar. ¿Acaso se trataba de una oclusión intestinal? Hubo que llamar a un médico que no encontró ninguna señal inquietante, y prescribió calmantes para atenuar los espasmos. La noche fue complicada, mi abdomen se contraía con mucho dolor, intermitentemente. Al día siguiente, tuve que guardar reposo. Solamente a la tarde, mientras estaba ya desesperado y contemplaba la posibilidad de hacer una nueva consulta, surgió la liberación. "Quizá haya vivenciado un fantasma de embarazo", diría en sesión.

A lo largo de mi análisis yo experimentaría semejantes interferencias entre la teoría y mi experiencia. ¿Por qué no dar otros ejemplos de este tipo de situación? Un día en el cual la mordedura neurótica sacaba a relucir su colmillo, sentí un profundo dolor en la espalda, acompañado por un sentimiento profundo de bienestar mental. Irrumpió la risa desenfrenada. Entendí que acababa de tener un episodio histérico, y conocí la gran ventaja que trae aparejada este tipo de síntomas. Yo también podía aparentar "la bella indiferencia".

Lacan odiaba el ronroneo del discurso obsesivo, la puesta en escena más lograda de la extrema violencia reprimida. Toda su técnica llevaba a orientar al discurso del paciente hacia la histeria, y cuando lograba su propósito, siempre ponía de manifiesto su satisfacción. Conmigo, estuvo colmado.

Vivencié otra experiencia memorable algunos años más tarde, en relación con el narcisismo. En esa época yo era muy hipocondríaco, y el análisis había agravado en forma provisoria esta tendencia. Mis quejas respecto a mis padecimientos lumbares, mi angustia de haber contraído un cáncer, irritaban al "viejo".

Yo participaba en un grupo de estudio —un cartel, en nuestra jerga— y fui designado para presentar en una de nuestras reuniones el texto de Freud *Introducción al narcisismo*. Yo ya conocía el texto y me resultaba aburrido. Sin embargo, en esta circunstancia, se trataba de *estudiarlo* y de exponer su núcleo conceptual. Rápidamente comprobaría qué abismo separa la lectura, aunque sea atenta, de un texto, y su estudio con la finalidad de explicarlo frente a un público. Desde las primeras líneas, este ensayo que tantas veces había estado entre mis manos, me fascinó. En algún momento, totalmente absorbido por mi lectura, descubrí la relación que Freud había establecido entre narcisismo e hipocondría. Algunos minutos pasaron luego de este descubrimiento. De repente, sentí en la región lumbar un dolor terrible, una especie de puñalada. Luego, el dolor se apaciguó, y poco a poco un extraño bienestar se instaló. A partir de ese día, mi hipocondría ha desaparecido casi totalmente, en todo caso fue circunscripta a límites razonables, y simultáneamente se han disipado mis dolores dorsales. Desde entonces, el artículo de Freud sobre el narcisismo me parece como uno de sus textos más importantes, el "segundo pilar del psicoanálisis".

La importancia de lo imaginario y del cuerpo, que a menudo ignoré, glorificando en exceso la razón y lo simbólico, reforzó en muchas ocasiones, en momentos privilegiados, mi lazo con el psicoanálisis, y más tarde con el pensamiento de Maimónides.

Esta cuestión de lo imaginario, que se revelaba para mí a través de la obra de Lacan, precisamente me inspiraría mi primer texto teórico. Desde el inicio de mi análisis, el grueso volumen de los *Escritos*, al modo de una Biblia, estaba siempre conmigo. Apenas tenía un poco de tiempo libre, en especial durante mis viajes a África, me sumergía en la lectura de esta obra. Entre los primeros textos del libro se encuentra precisamente el famoso artículo, quizá el de lectura más fácil, "El estadio del espejo".

En ese período tuve un sueño particularmente angustiante. Asistía en calidad de espectador espantado a una sesión de tortura. El torturado era uno de mis mejores amigos, miembro de la célula del Partido de mi barrio. ¡Le cortaban el brazo en rebanadas, como si fuera un salchichón! ¡Horror absoluto! Semejantes representaciones, cruentas y angustiantes, características de la problemática obsesiva, se produjeron en varias oportunidades en el curso de mi análisis.

Este camarada no era otra cosa que mi substituto. Relatando el sueño mientras temblaba de angustia, arriesgué esta interpretación: "Se trata del fantasma del cuerpo fragmentado", fantasma que está en el corazón del artículo sobre el estadio del espejo.

"¡Excelente!" me dijo Lacan, enfatizando la primera sílaba de la palabra, que resonó en mí como si fuese el sonido del trueno. Fue una de esas sacudidas que poco a poco me transformarían.

Otras interpretaciones podrían quizá completar la anterior, sadismo, castración, ¡qué importa! Las consecuencias de este sueño fueron importantes. Poco tiempo después, la idea, lista y acabada, de un artículo surgió en mí. La literatura era el espejo donde las sociedades, al reflejarse, elaboran su unidad imaginaria, más allá de los conflictos que las atormentan.

Me puse a escribir, presa del fervor de la inspiración. Era la primera vez que llegaba a una elaboración teórica, algo que entonces significaba, para mí, haber llegado a lo más sublime de la escritura. Al mismo tiempo, retornaba mi inclinación hacia la escritura, de la cual la agronomía me había alejado durante mucho tiempo.

Lacan me pidió que le diera el texto. También le envié un ejemplar a Louis Althusser, quien seguiría siendo, por algún tiempo más, mi principal referencia. Al cabo de algunas semanas, cuando yo ya no esperaba una respuesta, Althusser me escribió. Mi ensayo le había interesado mucho, y había pedido que fuera publicado en la prestigiosa revista *La Pensée*. Finalmente apareció en esta revista bajo el título "La literatura en la ideología".

Este texto provocó cierto revuelo entre los intelectuales del PC. Dos de ellos publicaron una refutación de mi tesis en el número siguiente de la revista. Asombrado, leí que yo era acusado de stalinismo, jdanovismo, cosa que resultaba bastante cómica. Me enteré también de que mi texto había sido discutido en la Universidad de Vincennes. Era un honor inmerecido para el desconocido que yo era entonces. A la distancia, este texto, más allá de sus debilidades, me parece el primer esbozo de aquello que más tarde elaboraría como teoría psicoanalítica del libro.

Las primeras semanas de mi análisis transcurrieron con este carácter fecundo e increíblemente expansivo. Algunos intercambios de estos primeros tiempos de análisis han quedado en mi memoria. Lacan quiso destacar este comienzo: "Su análisis comenzó muy bien."

Mi docilidad completa frente a Lacan era de hecho aparente, y mi sentido innato de la rebelión siempre estaba a punto de manifestarse.

Recuerdo el sufrimiento insoportable que me causaban esas sesiones tan breves, esos pocos minutos, esas pocas frases que Lacan me daba la oportunidad de enunciar. Además, Lacan se las ingeniaba para perturbar esos breves momentos. Podía suceder que estuviera caminando en la habitación, leyera un artículo, o bien, sentado en su escritorio, abrochara ruidosamente papeles, que contara los fajos de dinero que llenaban el cajón del medio de su escritorio, escribiera alguna carta o leyera un diario. Luego, en algunos momentos, se acercaba al diván donde yo estaba recostado, y me miraba intensamente a los ojos, para otorgar a mi discurso una importancia que yo no había percibido. De esta manera mi discurso, cuidadosamente preparado al más puro estilo obsesivo durante los minutos que precedían a la sesión, se desarticulaba, entrecortado, con sus referencias extraviadas, pero a la vez encontraba un ritmo inesperado, sincopado. De hecho, Lacan me abría nuevos horizontes.

Por otro lado, a pesar del breve tiempo de sesión, mi análisis no se detenía. Seguía todo el tiempo, yo no pensaba en otra cosa, y esto extrañamente no me impedía ser totalmente eficaz en mi trabajo; más aún, exhibía frente a los otros un sorprendente dinamismo. Pero el ruido de fondo del análisis no se detenía nunca.

Mi primera rebelión, muy insignificante, se produjo luego de la lectura de una obra de Serge Leclaire, a quien se consideraba entonces como el heredero designado del pensamiento del maestro. Leclaire empleaba respecto al famoso paciente de Freud, apodado *el hombre de los lobos,* una expresión que me pareció despectiva. Se burlaba de la docilidad del pobre ruso, y esta burla me alcanzó con una intensidad asombrosa. ¿Acaso yo también no era excesivamente dócil, y por lo tanto corría el riesgo de malograr mi análisis? En consecuencia, llevé a sesión mi rebelión y sus fundamentos. "¡Usted elige muy mal sus referencias!", me contestó Lacan con voz cortante, y levantó la sesión. Me quedé totalmente confundido. Leclaire, ¿una mala referencia? ¿Qué significaba esta desaprobación del alumno supuestamente más cercano a su enseñanza? Más tarde conocería la violencia del conflicto que oponía a los dos hombres, sin comprender claramente sus profundas y múltiples razones.

Sin embargo, no me detuve allí, y me rebelaba una y otra vez contra esas insoportables sesiones. Entonces, tuve que escuchar esta frase sibilina: "El corte forma parte del discurso."

Otra sesión tendrá repercusiones lejanas en el tiempo. Estaba relatando un recuerdo infantil. Me quejaba una vez más de mi padre, de su eterna incomprensión, de su despreocupación frente a mis dificultades, que podían ser de cualquier tipo, todo aquello acompañado de raptos de ira, calvario de mi juventud. A mi hermano le habían diagnosticado miopía, y ya estaba usando anteojos. Yo mismo experimentaba dificultades en la visión cuando, sentado en el fondo de la clase, no podía leer lo que estaba escrito en la pizarra; esto me causó serios obstáculos, por ejemplo un fracaso en el examen de ingreso a la escuela secundaria, imposición que se aplicaba a los niños nacidos en Túnez. Sin embargo, mi padre no escuchaba nada. Mis quejas, según su criterio, no tenían otra causa que mis celos fraternos.

Lacan tuvo entonces una especie de risa burlona, que me hirió. De un modo general, este tipo de queja, esta explicación del síntoma a través de la educación recibida, sin poner de manifiesto la propia participación en el mantenimiento del trastorno, lo dejaba indiferente. A la sesión del día siguiente, no faltó mi protesta, mi rebelión contra la afrenta que creía haber recibido. Su respuesta fue, como siempre, indirecta, fiel a la técnica del desplazamiento por la cual tenía una gran inclinación: "Pero el humor es una de las manifestaciones principales del inconsciente. Freud escribió sobre el tema uno de sus libros más importante, *El chiste y su relación con el inconsciente.*"

Le gustaba usar, cuando se refería a Freud, los términos alemanes, *Wunsch*, *Witz* (tanto que al final yo retomaría mis clases de alemán). Ese día, al dejar el consultorio, corrí hasta la librería Le Divan, para conseguir la obra *El chiste y su relación con el inconsciente*, cuya lectura empecé inmediatamente. Descubrí que este libro era una maravillosa antología del humor judío. El tema judío no tenía en aquella época ninguna consistencia para mí, a pesar de la memorable visión de la primera cita con Lacan. Sin embargo, su huella empezaba a marcarse en mí. Este libro sobre el humor judío fue quizá el primer accionar del arado en la tierra árida de mi represión. Las historias judías, el maravilloso humor yiddish que descubría, me hicieron feliz durante mucho tiempo.

Otra sesión tendría un alcance considerable. Me tocó pronunciar, en un contexto que ahora ya no recuerdo, estas escasas palabras: *Tengo mucho miedo a eso.*

Ya cerca de la puerta, la mano sobre el picaporte, y a punto de levantar la sesión, Lacan me preguntó:

—¿Qué quiere decir con *eso*?

—¡La locura! —estas palabras surgieron de mi boca como a pesar mío, y me quedé asombrado al escucharlas.

—¡Es exactamente esto! ¡Excelente!

Estas palabras fueron literalmente una explosión. Experimentaba como retorno de ellas una verdadera sacudida, una onda "eléctrica" que recorrió mi cuerpo. Sí, era efectivamente eso, yo había captado por fin el principal factor que hasta entonces había deteriorado mi vida, arrancándola de su lecho natural hasta abandonar mi vocación de analista. Sí, estaba aterrado por la locura, y este terror no me permitía pensar. Podría haber agregado, pero me llevó un tiempo más para que la cuestión se hiciera consciente: *este terror, prácticamente lo he superado.*

Este triunfo pronto se expresó de una manera curiosa. Anuncié de repente a Lacan que me sentía curado. "Usted tiene toda la razón", me contestó. Pero ante todo se impuso una idea, tiránica, a mi mente, y no me atrevía a expresarla. Mi audacia me parecía inconfesable. Pero la idea insistía, y algunos días más tarde, temblando, debí poner las cosas sobre el tapete.

—Debo decirle... creo que la verdadera razón de mi demanda de análisis... se debe a que yo mismo deseo ser analista...

¿Cómo me había atrevido, yo, campesino todavía manchado por el barro de los arrozales, sostener semejante confesión que se convertía *ipso facto* en una demanda insensata?

Para mi sorpresa, aquellas palabras no desencadenaron en Lacan ninguna señal de desprecio o de indiferencia. Por el contrario, recibió mis palabras con simpatía:

—Me parece que usted no me habló de eso en nuestras entrevistas preliminares.

—Es verdad.

—Lo que acaba de decir es muy importante y tomo nota de sus palabras. Pero por el momento se trata de realizar su propio análisis.

Tenía en mi mente algunas ideas estereotipadas sobre el análisis llamado didáctico. Estas ideas remitían a la anterior relación con el Dr. G. Éste me había declarado un día que existían dos tipos de análisis: el análisis terapéutico, destinado al tratamiento de los trastornos psíquicos, y el análisis didáctico, que formaba a los futuros analistas. Para ello, el analista llamado didacta, en la medida en que progresaba la cura, explicaba a su paciente lo que había ocurrido durante la sesión, y de esta manera el analizante aprendía la profesión.

En realidad, me faltaban muchas explicaciones. Lacan, muy presente, no aportaba a mis comentarios ninguna aseveración verdadera, que me hubiera permitido saber "dónde estaba parado". Cortaba de cuajo. Por cierto, en muchas oportunidades me felicitaba respecto al buen desarrollo de mi análisis. Mi demanda encerraba entonces una astucia sutil: al pedir un análisis didáctico, estaba tratando quizá de sacarlo de este silencio que vivía tan dolorosamente. Pero lo importante del asunto era efectivamente el retorno, esta vez asumido, de mi vocación de adolescente.

—Usted verá —agregó— que no hago ninguna diferencia entre análisis didáctico y terapéutico. Es de la misma experiencia que el candidato extraerá su saber clínico.

Esta respuesta tuvo un efecto fuertemente permisivo. La senda se extendía frente a mí. Pero, ¿cómo recorrerla?

Lacan retomaría en algunos días más su seminario. Una pequeña pila de afiches sobre la mesa lo anunciaba. Este año, el título era *El revés del psicoanálisis*; sus discípulos lo llaman a menudo "el seminario de *los cuatro discursos*", texto, a mi criterio, de la mayor importancia, y que orientará más tarde mi reflexión.

En la nueva vía en la cual esperaba involucrarme, formar parte de este famoso seminario me pareció una cuestión muy natural. Pedí a Lacan la autorización para asistir. Podría haberla omitido, y perderme directamente en la inmensa muchedumbre de los que asistían a estas conferencias tan particulares. Pero esa posibilidad no podía siquiera ser considerada. La perfecta claridad de nuestra relación requería que mi participación en el seminario no fuese clandestina. "Es demasiado pronto", me contestó Lacan. Respeté su negativa.

Me pareció, entonces, que solamente la universidad podía proporcionarme el complemento de saber indispensable y los diplomas necesarios para postularme socialmente, en algunos años, como analista.

Me inscribí, pues, en la Universidad de Vincennes-París VIII, lugar predilecto del lacanismo en esos años inmediatamente posteriores al '68. Esta universidad ofrecía, además, facilidades para los estudiantes que trabajaban. Apenas dos meses habían transcurrido desde el comienzo de mi análisis, y ya mi vida empezaba a tener sus primeras sacudidas.

La enseñanza en psicología incluía una gran cantidad asignaturas. Me inscribí en dos, ambas introductorias, que se daban el sábado, mi día libre. Me enteré de que con mi diploma de agrónomo podía obtener equivalencias para algunas asignaturas. Pero había que esperar la decisión de la comisión correspondiente para saber cuáles eran éstas.

Evidentemente, puse al tanto a Lacan de mi iniciativa. La semana se terminaba, y concluí la sesión del viernes con el habitual "hasta el lunes"; pero Lacan, con una voz suave, me frenó:

—No, es muy importante que venga mañana a la mañana.

—Pero, ¿no le dije que tenía una clase en Vincennes el sábado a la mañana?

—¿A qué hora empieza a clase?

—A las nueve.

—Muy bien, venga a las ocho. Lo atenderé en seguida. Tendrá luego todo el tiempo necesario para llegar a Vincennes.

Una vez más, no me podía escapar.

Luego de una dura semana de trabajo, tenía que levantarme temprano ese sábado para llegar a las ocho a mi sesión. Gloria me llevó hacia la biblioteca, a la cual yo iba a dar pronto el apodo de *mazmorra*. Los minutos transcurrían, yo estaba esperando. Finalmente, paso al consultorio. Ese día, la sesión duró mucho más tiempo que lo habitual. La sesión terminó diez minutos antes de las nueve. Me dirigí con mucho apuro hacia Vincennes, subterráneo, luego colectivo, esperas interminables; llegué a Vincennes con un atraso de más de una hora. Pero la tolerancia académica en aquellos años era infinita. El docente ya se había percatado de mi semblante confuso, característico según su criterio de los que se involucran en un análisis, y para él era un motivo suplementario para beneficiarme con su indulgencia. Me dejé invadir por el sueño, producto de mi cansancio, y por el aburrimiento que me producía esta tediosa introducción a la psicología experimental, en la cual se me explicaban, en medio de las brumas de mi mente, curiosos experimentos con ratas.

El mismo manejo se repitió cada sábado siguiente hasta el final del semestre, a mediados de febrero. Me enteré entonces simultáneamente de que había aprobado las dos asignaturas a las cuales asistía, y que la comisión de estudios me había otorgado generosamente equivalencias para dieciocho materias, entre las cuales figuraban... las dos desgraciadas asignaturas a las cuales había asistido a pesar del cansancio. Sin esfuerzo ninguno, había conseguido las dos terceras partes de una licenciatura. El efecto de esta buena noticia fue paradójico: la noticia me provocó una especie de asco. Había llevado a cabo semejante esfuerzo por nada. ¿Cuántos sábados más iban a transcurrir soportando este calvario? Mi fuerza me abandonó. Dejé definitivamente estos estudios de psicología que tan poco interés despertaban en mí. Por lo demás, se vería. Informé a Lacan de esta situación.

El viernes siguiente, yo me despedía con el acostumbrado:

—Hasta mañana.

—No —retrucó Lacan con esa diabólica sonrisa que manejaba tan bien—, hasta el lunes.

No entendí inmediatamente, en todo caso me faltó claridad para determinar en qué medida la maniobra de los últimos meses no tuvo otro objetivo que contribuir a mi decisión de abandonar la universidad de Vincennes. ¿Pero qué otro objetivo podía estar involucrado? No tenía la menor idea. Y Lacan, ¿acaso lo sabía?

Mis misiones en África se hacían cada vez más frecuentes, y me traían muchos trastornos. Resultaba impracticable cualquier intento de organización de mi vida familiar. Reservar una entrada al teatro era problemático, ya que en cualquier momento un llamado de Mayer, a instancias de Bour, me anunciaba mi próxima partida para Ghana, el Alto Volta, o el Dahomey. La separación de mi familia, con niños pequeños a los cuales estaba yo tan apegado, me resultaba cada vez más dolorosa. Y a partir de ahora, a este panorama se agregaba la interrupción de mi análisis. El ritmo cotidiano de sesiones era una regla. Pero Lacan se encargó de puntualizar: "No se trata solamente de recuperar las sesiones, hay otra razón que usted entenderá más tarde."

Yo ignoraba de qué motivo se trataba, pero aceptaba este ritmo ya que experimentaba la profunda necesidad del mismo. Incluso a veces, después de la sesión y la rutinaria frase de separación: "¿Cuándo lo vuelvo a ver?" acompañada de la ritual respuesta mía, un tanto irritada: "¡Mañana!", Lacan me corregía: "No, vaya a esperarme en la biblioteca." Algunos instantes más tarde, me llamaba para una segunda sesión. ¿Por qué razón? Porque parecía que algo importante estaba a punto de emerger, o bien que mi discurso, el hilo conductor de mi deseo, se había quizá extraviado en algún pantano; otra sesión, con la misma tarifa por supuesto, me iba permitir recapacitar. Sucedió también que yo mismo pidiera, en dos o tres oportunidades, esta sesión suplementaria, la que llevaba la cantidad semanal del extraño ejercicio a seis o siete sesiones, a semejanza del discípulo que pide al maestro zen el famoso golpe de bastón sobre la espalda, que le permitiría retomar su meditación.

Este ritmo infernal me costaba, evidentemente, enormes cantidades de dinero, y mis misiones en África, con sus premios, correspondientes me permitían compensar el flujo de mis egresos. Así oscilaba entre estas dos exigencias. Pero un hastío importante respecto a mi profesión de agrónomo volador, profesión que, sin embargo, me apasionaba, empezaba a invadirme.

Estábamos al principio del mes de junio del año 1970, y nuevamente me pedían que viajara a Senegal.

—Jacques —dije a mi superior—, esto es demasiado. Volví hace pocos días, y ya me pides que lleve a cabo esta misión con el Banco Mundial en el Senegal. ¿Es indispensable? ¡Podrías mandar a otra persona! Hay tantos ingenieros en esta sede que se aburren y querrían viajar un poco.

—Tienes razón —me contestó Meyer—, voy a mandar a X.

Algunas semanas más tarde, me enteré de que en el curso de este viaje, X había fallecido. Su vehículo había patinado sobre el ondulado pavimento de una ruta en mal estado. La noticia se ocultó. Pero el ala de la muerte me rozaría nuevamente algunas semanas más tarde.

En realidad, todo iba demasiado de prisa, y no parecía aminorar su marcha. Tantas cosas en tan pocos meses. Mi dinamismo asombraba y molestaba.

Sin embargo, había un espacio, muy importante a mis ojos, el de mi militancia, en el cual me sentía, desde hacía un tiempo, como afectado por una extraña parálisis, una inhibición que me molestaba profundamente.

Presidente puramente formal de un pequeño grupo de apoyo a la lucha anticolonial, me convertí en el peso muerto del mismo. En realidad, el verdadero poder en nuestro comité estaba confiado a Maurice G., un personaje muy turbio, psicópata con apariencia de simpático. El Partido estaba organizado así. Personalidades oficiales, eventualmente colocadas en la cumbre de la dirección, pero sin tener un poder real, obedecían las instrucciones de una casta inamovible que operaba en la sombra.

El gran animador de este grupo fue un joven médico, que también había vuelto recientemente de Senegal, Gilles Tchernia, y que logró coordinar nuestra acción concreta más espectacular. Con la ayuda de su amigo, el profesor Léon Schwartzenberg, donábamos todos los meses nuestra sangre, por turnos, y los frascos partían para Dakar.

El dinamismo de Tchernia resaltaba cruelmente mi pasividad, mi ausencia total de ideas. Cumplía muy bien las tareas concretas que me confiaban, pero me faltaba el entusiasmo de antaño. No entendía lo que me estaba sucediendo. De un modo consciente, comulgaba plenamente con los ideales revolucionarios y, sin embargo, el cuerpo y el espíritu no me acompañaban. ¿Por qué? ¿De qué manera superar esta parálisis? Mis camaradas empezaban a reprocharme el hecho de haberme lanzado a esa aventura individualista y burguesa llamada psicoanálisis. Era el juguete de una voluntad inconsciente cuya finalidad me resultaba oculta.

Un primer destello se produjo el día en el que, en un bar, en la esquina del bulevar Saint Michel y de la calle des Écoles, fui testigo de una manifestación violenta, seguramente prohibida. Policías y estudiantes se enfrentaban. Las mesas del bar fueron volcadas en medio de la agitación general. Un pensamiento, que me pareció una suerte de blasfemia, me cruzó la mente: no sentía ninguna solidaridad, ninguna identificación con estos jóvenes agitadores, con su violencia destructiva, en una palabra, no sentía ninguna solidaridad con… la Revolución, que había sido hasta ahora el sueño de mi vida. Me sentí horriblemente culpable por este sentimiento.

Tenía mi sesión algunos instantes más tarde. ¿Me atrevería a comunicar a Lacan los sentimientos que acababa de vivenciar? Lo hice sintiendo una gran vergüenza. Estaba convencido de que Lacan me iba a reprobar por sentirlos. Si lo había elegido como analista, era con la convicción de que pertenecía a la extrema izquierda, que compartía los ideales de la Revolución. Sus frecuentes alusiones a Marx, la referencia a Althusser, sus relaciones con los miembros de la Izquierda Proletaria, maoísta, y con quien en el ínterin se había convertido en su yerno, habían reforzado la ilusión. Por cierto, Lacan leía *Le Figaro* todas las mañanas. Pero no me importaba alguna que otra contradicción. Los hombres con envergadura pueden comprometerse con el demonio y al mismo tiempo preservar su integridad. En verdad, no había entendido su proyecto posterior a mayo '68, que en realidad consistía en atraer hacia él a los jóvenes intelectuales fascinados por la acción violenta y el terrorismo al estilo alemán de los años de plomo, y evitar así que esta joven elite intelectual se extraviara en las arenas movedizas del terrorismo. Se debe a Lacan, en mayor medida que a Sartre, erguido sobre su barril, el rescate de la elite de una generación. Pero, ¿acaso había previsto la otra cara de la moneda, que esta gente de izquierda analizada, incluso convertidos algunos en psicoanalistas, sin cumplir con el duelo de su fascinación totalitaria, inyectarían en el movimiento psicoanalítico esa enfermedad mortal del espíritu que golpeará, en primer lugar, su propia enseñanza y transmisión? De golpe, la institución analítica se convertiría en algo parecido a una asociación mafiosa o sectaria.

Ya en la puerta del consultorio, aquel viernes fui sorprendido por su apretón de mano y su cálida sonrisa. Al despedirme de Lacan, sentí un extraño bienestar. Puse, provisoriamente, mi "pensamiento blasfemo" en el haber de las ideas obsesivas que yo padecía. Me hicieron falta algunos años suplementarios antes de darme cuenta de que se trataba de algo completamente diferente, que lentamente y subterráneamente, mi fascinación para el totalitarismo que me alienaba me estaba abandonando. Por el momento, frenaba esta tendencia con todas mis fuerzas. Solamente mi mujer, muy aferrada al Partido, había percibido en seguida esta evolución, y estaba preocupada.

Fue en julio de 1970, aproximadamente nueve meses desde el comienzo de mi análisis, el momento en el cual mi destino tuvo verdaderamente un vuelco. Tenía que partir como estaba previsto hacia el Senegal, para supervisar el comienzo de la operación "arroz pluvial" basada, en principio, sobre el modelo de mis experiencias en Séfa, y después unirme a una misión del Banco Mundial interesada en el desarrollo del cultivo de arroz en Casamance. Entre las dos etapas de esta larga misión de dos meses, se iba a producir una corta estadía en el Alto Volta, en compañía de Jacques Meyer y Claude Rège, encuentro que tenía que ver con la operación "terruños".

La misión no provocaba en mí ningún entusiasmo. Pero me apuraban, mi llegada a Casamance era esperada ansiosamente, era urgente, indispensable. No podía escaparme.

En consecuencia, tomé el avión para Dakar, donde llegué a la tarde. Pensaba que uno de los numerosos funcionarios superiores de la agencia local me esperaría en el aeropuerto. ¿Acaso no querían que viniera de urgencia?

No había nadie. Algunos minutos más tarde, reconocí al chofer de la agencia, y me acerqué a él. Me preguntó dónde me tenía que llevar.

—¿No tiene una carta para mí, un mensaje?

—No señor.

—Entonces lléveme a la agencia.

Las oficinas estaban vacías. Un técnico estaba ocupado en algún trabajo de redacción. No sabía nada de mi llegada. Una secretaria indolente me puso en conocimiento, sin ninguna otra explicación, que se me había reservado una habitación de hotel.

Este frío recibimiento ponía de manifiesto, mejor que a través de largos discursos, una franca hostilidad cuya causa me resultaba desconocida.

No me quedaba otra cosa que dirigirme a mi hotel. Estaba anonadado, golpeado. Me sumergí en la lectura de los *Escritos* de Lacan, que había tomado la precaución de llevar conmigo, antes de hundirme en un sueño pesado.

Al día siguiente, a primera hora, volví a la agencia. P., el director, ya estaba allí. Apenas me saludó. ¿Qué le habría hecho yo a ese energúmeno colonial, reubicado en la cooperación técnica, que le aseguraba un salario suntuoso, una casa magnífica cerca del mar, y mucho tiempo libre que consagraba a su pasión, la navegación en alta mar?

—¿Puedo saber por qué motivo me hizo venir? —empecé diciéndole, cansado e irritado.

—Yo no pedí nada.

—¿Entonces qué hago aquí?

—Me parece B.S., el responsable de la operación en Casamance, lo espera en Ziguinchor. Creo que en quince días tiene que formar parte de la misión del Banco Mundial.

Le parecía… creía… Era insólito. P. era, de todos modos, uno de los principales dirigentes de la SATEC. Semejante desfachatez me sacó de quicio. No se podía hacer otra cosa más que sacar un pasaje de avión a Ziguinchor para la madrugada siguiente. Caminé todo el día, de manera errática, en las calles de Dakar, ciudad que no me gustaba. Yo era objeto de un boicot que no me explicaba. Ningún miembro del equipo local me había invitado a tomar algo, como era la costumbre. Yo tenía tantas ganas de estar en París, con mi familia, irme de vacaciones con ellos. Pero estaba allí, librado a mí mismo, rechazado en la humedad de la incipiente estación de lluvias, y frente a esa misteriosa hostilidad.

Volví al hotel, puse en marcha el aire acondicionado, y retomé la lectura de los *Escritos*.

Me desperté a la madrugada para dirigirme al aeropuerto. El viejo DC3 no estaba ocupado más que hasta la mitad, y entre los pasajeros había una señora del tipo mediterráneo. Ya en la sala de espera, me había mirado con insistencia. Ella estaba intrigada, me dirá más tarde, de encontrar en horas tan tempranas, en un aeropuerto de Senegal, a un hombre blanco absorbido por la lectura de los *Escritos* de Lacan. En el avión nos tocaron dos asientos vecinos. Pronto, por su iniciativa, empezó la conversación. Se presentó.

—Dra. B.S.

—¿Acaso es pariente de B.S., el agrónomo?

—Su mujer.

Feliz coincidencia. Hablamos un poco de psicoanálisis, de Lacan. Pero ya estábamos aterrizando. B.S., que yo no conocía, esperaba a su mujer. Cuando me vió, mostró una sorpresa más bien de desagrado, aunque la mía no era menor. ¿No había sido avisado desde Dakar? ¿Y no me habían dicho que B.S. me estaba esperando?

—Te esperaba recién dentro de dos semanas, para la misión Boumendil del Banco Mundial.

—Pero la sede insistió en que viniera a brindarte mi apoyo técnico.

—Escúchame —me dijo con su característica brutalidad—, no te involucres en mis asuntos. Estás muy cansado, lo puedo ver. Ahora te vas a ir al hotel Jacquot, vas a descansar, vas a pasear, tienes que alimentarte bien, y dentro de una semana mando un coche a buscarte para visitar la operación.

B.S. no soportaba que alguien metiera las narices en "sus asuntos". ¿Acaso no tenía la competencia suficiente como para administrar la operación solo, sin la intervención de un imberbe como yo? De esta manera, yo pasaba de un mal trance a otro. Si no hubiera conocido a la Sra. B.S., ¿qué habría hecho en Ziguinchor?

La sede de la operación arroz se encontraba en Kolda, a más de cien kilómetros, sin ningún medio de transporte, privado o público, que permitiera llegar. Había desembarcado en la selva africana sin motivos, sin contactos, sin medios.

—Pero en una semana me tengo que encontrar con Meyer y Rège en el Alto Volta, y quiero presenciar la operación.

—Bien, te pasaré a buscar en tres días.

Llegué al confortable hotel Jacquot, que conocía muy bien, invadido por un amargo sentimiento de absurdo total, y dejé a los esposos B.S., que salían de viaje para Kolda. Acababan de casarse, y no paraban de abrazarse, cosa que me molestaba un poco.

Yo pasaba casi todo el tiempo en mi cuarto de hotel, profundamente desanimado. Hice algunas visitas a mis antiguos colegas de la IRAT, al equipo de obreros y de supervisores con quienes me volvía a encontrar con mucha alegría. Gracias a mi amor por el arroz y los resultados conseguidos yo gozaba entre ellos de gran prestigio y afecto. Habíamos compartido, a través de los diversos ensayos que yo había emprendido, emociones memorables. Cherif, mi antiguo jefe de equipo en Séfa, me informó con tristeza que el investigador que me había sucedido allí, un viejo ingeniero, buen botánico, pero sin ideas, había puesto punto final a mis trabajos. Se volvía a las trincheras del pasado, el arroz plantado tardíamente, las viejas variedades, y el arroz volvía a encontrar su aspecto débil. Tantos esfuerzos tirados por la borda. El hecho me mortificó mucho, y leía la misma tristeza en los ojos de mis antiguos colaboradores senegaleses. ¿Acaso no los había traicionado cuando me fui de manera apresurada, sin haber asentado totalmente las nuevas técnicas? Años más tarde, tendré una pesadilla con mis devastadas parcelas de cultivo de arroz, la siembra de mis nuevas variedades desparramada sobre la tierra húmeda, con sus raíces arrancadas del suelo, hijos desarraigados del padre irresponsable que yo era. Se vislumbra claramente el eco sexual subyacente a esta escena dramática tomada al pie de la letra del versículo bíblico *no tienes que desparramar en vano tu semilla*.

Ya no tenía nada que hacer en esos lugares, y volví desesperado a Ziguinchor, donde no abandoné mi habitación de hotel, salvo en horas de la comida.

Lloraba de bronca. Este desastre se sumaba al desastre de mi vida amorosa, de mi vida conyugal, de mis nupcias imposibles y desperdiciadas, fuente de estos tormentos que me pulverizaban el alma. Creí encontrar un escape a mi dolor escribiendo una suerte de poema.

De repente, desde el fondo de la desesperanza, una idea potente, llena de luz, me invadió. Frente a la pregunta: "¿por qué estaré padeciendo este infierno?", se impuso una respuesta veloz como el relámpago. Tenía que poner fin todo esto, la agronomía tropical, los viajes permanentes, y convertirme en un psicoanalista por la puerta grande, la de la medicina, la de la psiquiatría, retorno impetuoso del viejo proyecto de mi adolescencia, retorno de lo reprimido. Debía pues retomar los estudios, los estudios de medicina.

Al mismo tiempo que la idea, se concebían los medios para realizarla, en un proyecto coherente, como preparado por una veloz computadora.

Vendería mi departamento, haría incrementar este pequeño capital, pediría y seguramente obtendría por parte de Francis Bour un empleo a tiempo *part-time* durante los períodos de estudio, *full-time* durante las vacaciones. Este dispositivo me permitiría solventar económicamente por lo menos los tres o cuatro primeros años de estudio. Luego se vería.

El surgimiento de este proyecto bien armado me transformó. Después de haber experimentado la desesperación unos minutos antes, estaba ahora lleno con una alegría luminosa. Escribí inmediatamente a Lacan para informarle mi decisión, y pedirle un encuentro para los primeros días del mes de agosto. Estaba invadido por un sentimiento de urgencia, una suerte de ansiedad que no había forma de contener. Tenía que volver a París lo antes posible, el asunto me parecía de vital importancia. ¿Pero no estaba involucrado en una misión de un mes y medio con el Banco Mundial? Peor para ellos. Me habían engañado bastante. Daría unas explicaciones al experto, le diría que había recibido noticias graves, que mi padre estaba muy enfermo, moribundo... Ya nada me podía detener.

El día siguiente, B.S. me vino a buscar al hotel. Yo ya era otro hombre. En el camino a Kolda, lo hice partícipe de mi decisión.

—Estás loco —me dijo—.

—Ya no tengo más nada que hacer aquí —le contesté—.

Quizás se había percatado de la brusquedad de su comportamiento. La hospitalidad que me ofreció en su casa de Kolda fue perfecta. Me dieron alojamiento y me alimentaron como a un hermano, Estuve alojado, alimentado como un hermano, un viejo amigo. Su mujer me demostró mucha simpatía, conmovida por mi proyecto de interrumpir de cuajo una carrera que había empezada de modo brillante, para dedicarme a la aridez de interminables estudios de medicina. Recién había cumplido treinta años. B.S. me hizo visitar las distintas zonas de la operación, y percibí inmediatamente que estaba destinada al fracaso. No se había contemplado ninguna de mis recomendaciones técnicas. Se había desencadenado desde el vamos un gran operación incontrolable, el mismo error que se había cometido en la planicie *mossi* del Alto Volta.

Este fracaso programado reafirmó mi decisión de cambiar de carrera. Tomé el avión hacia Ouagadougou para encontrar a Mayer y a Rège.

Tenía mucho afecto por estos dos hombres, y volver a encontrarlos me hizo olvidar el recibimiento desastroso de la agencia senegalesa. Visitamos juntos los cuatro grandes sitios elegidos para llevar a cabo la operación, riéndonos y contándonos chistes como estudiantes en el vehículo que la agencia de Ouaga puso a nuestra disposición. No tomaban muy en serio mi proyecto de reconversión. "No se hace así una carrera", me dijeron muy amistosamente. Tenían razón. Nunca supe hacer carrera, pasé de un campo a otro, atópico a pesar de mí mismo; y a veces lamento mi erudición incompleta, mi polimatía superficial. Es que el mundo siempre me resultó maravilloso, lleno de infinitas riquezas, y nunca logré renunciar completamente a ninguna de ellas. El inventario de mis polos de interés es tan heterogéneo que parece grotesco, y se mezclan en él una inclinación hacia las matemáticas, la maquinaria agrícola, las lenguas, la industria láctea, el psicoanálisis, la agronomía, la filosofía, las carreras de caballos, la música, la política, la literatura, la medicina, las finanzas… Pero esta misma dispersión sin límites bien definidos también me procuró muchas alegrías. Sin duda se trata de avatares de mi problemática obsesiva, en la cual, frente a la imposibilidad de poseer a todas las mujeres, he querido tocar, acariciar por lo menos, todos los dominios del saber.

Habíamos terminado la inspección del último sitio, el de Manga. La tarde ya estaba avanzada, y recorríamos la larga ruta de tierra roja que nos traía de vuelta a Ouaga. La noche llega rápidamente en la zona tropical, y el coche iba a mucha velocidad, como de costumbre. No me gusta la ruta en el crepúsculo, entre luz y sombra. Atravesando los pueblos con más velocidad que la habitual, las gallinas, los niños, se refugiaban en el costado del camino. "Vamos demasiado rápido —dije a mis amigos—, vamos a terminar atropellando a alguien."

Rège está sentado adelante, y nuestra atención se dirige al conductor, a quien le rogamos que disminuya la velocidad. Pero él ya no nos escucha. Su cuerpo, sumamente tenso, se aferra con todas sus fuerzas al volante, y su pie aprieta el acelerador. Tiembla violentamente. Su boca emite una suerte de gruñido aterrador, y la baba empieza a caer de sus labios. No entiendo nada de lo que está ocurriendo, y me cuesta controlar el pánico que me invade. Nuestro chofer está teniendo una crisis de epilepsia.

Por suerte, Rège conserva la lucidez, intenta agarrar el volante, pero lo único que logra es desviar al vehículo que se va de la ruta por el lado izquierdo, pasa milagrosamente entre dos árboles, una rama rompe el vidrio trasero y me lastima superficialmente. Rège sigue su combate con el chofer inconsciente, que ya emite ronquidos preocupantes. El vehículo vuelve sobre la ruta, pero se sale otra vez por la derecha. Nuevo intento de enderezar el volante, pero ya estamos en una pendiente acentuada, y el coche se detiene por milagro. Diez metros más lejos, la pendiente llega a una altura de varios metros. Estallamos los tres en una risa nerviosa, volvemos desde muy lejos. Mientras tanto, el conductor termina su crisis, y Rège, con su maravillosa sangre fría, toma el volante.

El día siguiente, contamos nuestra aventura a los agentes locales de la SATEC. "Mamadou hizo otra crisis", fue la reacción que tuvieron frente a nuestro relato. La epilepsia del chofer era pues conocida, y sin embargo lo dejaban manejar. Estaba nuevamente anonadado por la irresponsabilidad de los antiguos colonos que ahora trabajaban en las zonas tropicales, muy tristes, por cierto. Este incidente reafirmó mi decisión de abandonar lo más rápidamente posible este universo gratuita y estúpidamente peligroso.

Al día siguiente dejo a Rège y a Mayer para encontrarme en Dakar con los dos expertos del Banco Mundial, que tenía que acompañar. Era necesario antes del encuentro proceder a cambiar la fecha de mi viaje de regreso a París. Lamentablemente, a fines de julio, los aviones generalmente están llenos. Es el momento del retorno a la metrópolis de los ayudantes técnicos, me explica el empleado de Air Afrique. Insisto. Necesito un pasaje a cualquier precio, si fuese necesario en primera clase. Acabo de recibir noticias preocupantes de mi familia, de mi padre gravemente enfermo. El empleado consigue finalmente un pasaje para el 27 de julio. Me quedan un poco más de diez días de estadía en el Senegal. Mi premura parece fuera de contexto, incomprensible. Pronto se comprobará que resultó milagrosa, efecto de una misteriosa intuición, o de la casualidad, como también se podría decir. Semejantes efectos "milagrosos" tuvieron lugar a lo largo de todo mi análisis.

Con el nuevo pasaje en el bolsillo, me encontré esa misma noche con los dos expertos del Banco Mundial, y les anuncié mi partida precipitada. Boumendil, el responsable, manifestó su sorpresa. ¿Acaso no habíamos acordado por lo menos un mes de trabajo en común? Volví a exponer sin convicción mi coartada, la de mi viejo padre enfermo. Extraño papel que asignaba a esta figura paterna que moría camino a mi deseo. Agregué en seguida: "Pienso que el asesoramiento técnico que les puedo brindar puede tener cabida en dos o tres sesiones de trabajo. Diez días alcanzarán ampliamente para visitar los distintos sitios de la operación."

A la mañana siguiente, fuimos en coche hacia esa bella región de Casamance, que sigo queriendo. El mismo Malraux fue seducido por su "nombre como extraído de una novela". Experimenté mucha satisfacción mientras trabajaba con los dos expertos, sobre todo con Boumendil; yo percibí rápidamente su gran inteligencia, y también su tacto para realizar entrevistas, y a su lado hubiera podido aprender muchas cosas respecto a la conducta a seguir en una investigación. Pero yo era llamado a otro lugar. Finalmente dejé Senegal, en donde había vivido momentos tan importantes. Nunca regresé.

Volví a París, siempre invadido por la misma fiebre, el mismo sentimiento de urgencia. Para A., mi decisión resultó sumamente impactante. ¿Cómo íbamos a organizar nuestras vidas? ¿Vender el departamento? Pero si recién terminábamos de amueblarlo. Mejor, de esta manera se venderá más rápidamente. ¿Dónde vamos a alojar a los niños? Vamos a alquilar un departamento. Tienes que postergar tu proyecto hasta el año que viene. Es ahora o nunca, cosa que se iba a comprobar. Lacan me había mandado una nota, donde me invitaba a visitarlo los primeros días de agosto.

Mis padres, mis hermanos y mi hermana, todos sintieron mi decisión como una catástrofe. Sospechaban que yo estaba loco. Mi padre, que antes y hasta hacía poco anhelaba tanto verme médico, se mostró hostil, como siempre frenta a mis iniciativas existenciales. Sin avisarme, y por primera vez, me vino a visitar a mi oficina. El edificio, que transmitía una sensación de bienestar, la deliciosa y joven secretaria que lo recibió, el ambiente de trabajo, todo aquello lo impresionó.

—¿Dejarías todo esto, sin saber adónde ir?

—Sé adónde voy. Mi decisión está tomada, y no tiene retorno.

Nos quedamos allí, en esta mutua incomprensión que nunca se terminaría.

Mientras tanto, tenía que arreglar rápidamente en dos o tres días un montón de problemas. El día siguiente de mi llegada, fui a la calle École-de-Médicine, para inscribirme en la facultad. Me estaba esperando una sorpresa mayúscula. Por primera vez, y no tenía manera de enterarme de la novedad, la inscripción que hasta entonces podía realizarse hasta el mes de septiembre terminaba el 31 de julio. Si no hubiera tenido esa premura, esa fiebre que me había invadido y me había traído a París mucho antes de la fecha prevista, mi inscripción habría debido aplazarse hasta el año siguiente. A mi edad, ¿podía perder un año? ¿Mi impulso hubiera soportado una demora de un año? Además, un año más tarde, se implementaría un muy selectivo examen de ingreso al segundo año, y yo hubiera podido perfectamente reprobarlo. Cuántas extrañas y buenas coincidencias me acompañaron a lo largo de mi análisis, como si una benévola providencia hubiera querido allanarme el camino. ¿Acaso existía una "providencia freudiana" que acompañaba un deseo dispuesto a todas las renuncias?

Me armé de paciencia para hacer horas de cola, retirar un expediente, entregarlo, dedicar un tiempo largo a hurgar dentro en mis papeles, siempre desordenados, buscando mi viejo diploma de bachiller. Finalmente, logré terminar con todos los trámites administrativos, y pude entregar un expediente completo de inscripción, el viernes 31 de julio, la última tarde de la fecha límite.

Otros encuentros importantes, urgentes, me estaban esperando, y me iban a llevar a través de un apuro febril a un recorrido de París, ya vaciada de la mitad de su población.

En primer lugar, una cita con Lacan: ¿cómo tomaría el "viejo" mi loca decisión?

Me recibió en la tarde del lunes 3 de agosto. La sala de espera estaba vacía. Evidentemente, esa tarde sería su único paciente, es decir que Lacan había interrumpido sus vacaciones para recibirme. En aquel momento, la situación no me sorprendió demasiado, como si fuese natural que un analista, a semejanza de una madre en las horas de peligro que puede padecer un hijo, sea siempre a disposición de su paciente.

Me invitó a recostarme en el diván, según lo habitual, y se quedó al lado de su escritorio, a unos pasos del diván, aparentemente concentrado en un trabajo personal. Pero la "densidad" de su escucha, aquel día, tenía algo particular, casi palpable. Le conté mi proyecto, las medidas que había tomado para involucrarme seriamente en él, mi inscripción, ya finalizada, en la Facultad de Medicina, la plenitud de la decisión a la cual me entregaba totalmente. Estaba haciendo un retorno intempestivo a la escena de mi destino. Lacan me escuchaba en un profundo silencio acompasado por el ritmo de su fuerte respiración, esa que se presentaba en los momentos de emoción o de angustia.

Luego de largos minutos, después que yo había dicho casi todo lo que tenía para decir, me despidió sin moverse de su silla y sin levantar la vista de sus papeles. Entonces, ya desde la puerta del consultorio, me di vuelta hacia donde se encontraba, y con una voz repentinamente preocupada, le pregunté:

—¿Cree que sea posible?

—¿Y por qué no? —masculló, con esta mezcla de irritación y acaloramiento, que él manejaba tan bien. Este "por qué no" hizo eco en mis oídos como si fuese el aliento más importante que podía recibir. Esta frase sería mi viático durante los largos años de sufrimientos y de privaciones que me estaban esperando.

Algunos días más tarde, me encontraba en la casa de mis padres para almorzar. Mi padre seguía con bronca. Era su modo de relación con el mundo, y conmigo en particular. Durante el almuerzo, mi madre me preguntó:

—¿Conoces a un tal doctor La... algo así?

—¿Lacan? Sí, ¿por qué?

—Porque me llamó cuando estabas en Senegal. Tu mujer también estaba aquí, y tu cuñada. Yo levanté el tubo. Me preguntó: "¿Podría hablar con la señora Haddad." Le dije: "Aquí hay varias señoras Haddad." Entonces me dijo: "Quiero hablar con la madre de Gérard." "Soy yo." "¿Dónde está Gérard?" "Caramba —le dije—, está muy, muy lejos." Entonces me dijo: "Gracias señora, usted ha sido muy amable." Me pregunto por qué me dijo que yo era *muy* amable.

—Quería saber si el cordón umbilical se había cortado —ironizó mi padre—.

De manera tal que, en momentos excepcionales, Lacan podía intervenir hasta este punto, hasta llamar a mi madre para hacerse una idea de la ubicación de su deseo con respecto a mí. Esta implicación radical en las curas que llevaba a cabo permitía soportar la amarga píldora de las sesiones tan breves.

Este testimonio podrá ser la contrapartida de muchos chismes que circulan con respecto a Lacan. Se habló de Lacan en términos tan negativos, en particular por el hecho de haber llevado al suicidio a algunos de sus pacientes. La historia más conocida es la del etnólogo Lucien Sebbagh, el más brillante de su generación, según Levi-Strauss. Se decía que Lucien era el novio de la hija de Lacan, Judith. Sebbagh era un judío de Túnez, y yo tenía algunos vínculos con su familia. Fue en su vacaciones de esta familia, en Cartago, donde encontré a la amiga que me presentó a A. Siempre tuve la sensación de que el recuerdo de esta tragedia ocupaba un espacio en la transferencia que nos vinculaba. Como Lucien Sebbagh, yo también era un judío de Túnez, comunista, que creía en la locura de un mañana feliz, de la cual Lacan dijo que conducía al suicidio. (Mi libro *Los biblioclastas* sería el lugar en donde iba a enterrar este fantasma mortífero.) Estaba pues particularmente sensible a esta tragedia.

Este suicidio seguía conmoviendo un poco la escena parisina de aquellos años. Se me pedía un resguardo frente al aprendiz de brujo que había destruido una de las inteligencias más prometedora de su tiempo. En el contexto de la tenue línea ascendente en la cual me involucraba, ¿acaso no iba a conocer el mismo destino? Por lo tanto, algunos meses más tarde, en una de mis sesiones, le comenté a Lacan el asunto. Se sobresaltó. Mi comentario parecía haber abierto nuevamente una herida no cicatrizada. "Sepa —me dijo en el umbral de la puerta del consultorio—, en ese sitio en el cual acostumbraba a pronunciar las palabras más decisivas, y con el rostro convulsionado, sepa muy bien que hice *todo*, absolutamente *todo*, para salvarlo."

Yo sabía por el llamado telefónico a mi madre, y por otras intervenciones de Lacan que habían llegado a mi conocimiento, hasta dónde podía llegar este *todo*. Sebbagh había muerto porque había decidido morir, y nada podía cambiar esta decisión.

Lacan hizo una discreta alusión a esta tragedia en la entrevista que otorgó a la televisión, y que apareció en *Televisión*; el entrevistador era su yerno, Jacques-Alain-Miller, quien había sucedido a Sebbagh en el corazón de la hija de Lacan:

"Sepa solamente que he visto cómo esa esperanza, ese porvenir luminoso llevó a gente que estimaba tanto como lo estimo a usted, al suicidio."[9]

Esta "gente que estimo tanto como lo estimo a usted", gente suicida, que adhería al ideal revolucionario, era una alusión transparente, a mi entender, a Sebbagh. La violencia del comentario, arrojado a la cara de Miller, arrojado en el contexto de sus celos potenciales, siempre me ha sorprendido.

Me quedaban algunos problemas importantes por arreglar, problemas de índole laboral: tenía que encontrarme con el jefe.

Francis Bour era, en su oficina, casi un dios inaccesible. Pero la suerte no me abandonaba. Y he aquí que el mismo Francis Bour me mandaba llamar. Quería que le informara sobre la operación arroz en el Senegal, y la de los terruños en el Alto Volta.

Yo ya había redactado en poco tiempo un breve informe sobre mi misión. Era más bien severo con respecto al Senegal, y optimista en lo que se refería a la operación del Alto Volta.

Al finalizar la entrevista, Bour me hizo partícipe de su satisfacción a propósito del trabajo que yo había llevado a cabo desde hace un año. Tenía proyectos que me involucraban. Me aferré a la soga que involuntariamente me había sido alcanzada.

—Yo también tengo proyectos que me gustaría comentarle. Me acabo de inscribir en la Facultad de Medicina, y voy a cambiar de profesión. Me voy a convertir en psicoanalista.

Fue para Bour una sorpresa total.

—¡Pero usted está loco! —explotó—. Es una persona inestable. Quiso dejar el Senegal, y lo admití en la sede central, y ahora... ¿qué bicho le picó?

9. Jacques Lacan, *Television*, Seuil, 1973, p. 66 [Trad. esp.: *Psicoanálisis. Radiofonía y televisión*, Anagrama, 1973].

Le comenté la experiencia que llevaba a cabo con Lacan desde hacía un año, y de los cuestionamientos que esta experiencia había producido.

—¿Pero cómo hará para vivir? Usted tiene responsabilidades, tres niños. Y su mujer, si no me equivoco no trabaja.

—Tengo un plan. Vendo mi departamento, lo cual me dejará un pequeño capital, y luego…

—¿Y luego qué?

—Usted me conserva en la SATEC, un empleo de medio tiempo durante el período de clases, y de tiempo completo durante las vacaciones escolares. Podrá mandarme a todas las misiones que se le ocurra.

—Pero es imposible, inaceptable. Y si no acepto su propuesta, ¿qué hará?

—Algo se me ocurrirá.

Diez minutos más tarde, Bour aceptaba mi pedido. Sentí un agradecimiento infinito. Era hora entonces de tomar unas pequeñas vacaciones. Me fui con mi familia a Italia.

A la vuelta, encontré en mi correo la inscripción a la facultad de Saint-Antoine. Me enteré también de que el diploma universitario obtenido al concluir los dos primeros años de estudios científicos podía eximirme del primer año de medicina. Ahora bien, mi diploma de Grignon era equivalente a aquel diploma. En consecuencia, podía restar un año a la maratón universitaria de diez años que me esperaba.

Arreglé una entrevista con el decano de la nueva facultad, Jean Loygue. Defendí mi postura, pero el distinguido cirujano fue intratable:

—La equivalencia de un diploma no es el diploma. Habrá que empezar las cosas desde un principio.

Esta negativa no me afectó mucho. En realidad, en aquel momento de mi vida nada podía sacudirme. Retrospectivamente, esta negativa me parece hoy favorable. El primer año de medicina, con sus rudimentos de matemáticas, de física y de biología, me resultará muy elemental en comparación con la enseñanza recibida en el curso preparatorio de ingreso a la escuela de Grignon, y luego en la misma escuela. De manera tal que la transición se llevó a cabo sin sobresaltos. Sumergido directamente en la caldera de los estudios de medicina propiamente dichos, con el voluminoso programa de anatomía, ¿habría soportado la prueba? Me quedaba el paso más difícil, soportar la angustia resignada de A. y poner en venta nuestro departamento.

La exhumación de los muertos

Vuelto a la universidad, tomé asiento en el anfiteatro que me habían indicado, en medio de la bulliciosa muchedumbre de estudiantes secundarios de ayer, ahora convertidos en estudiantes universitarios, ya con ese rasgo de superioridad que se atribuye a todo médico exitoso. Me resultaban muy jóvenes, con sus dieciocho años, y qué viejo podía parecerles, con mis treinta años cumplidos, casi el doble de la edad de ellos. Su mirada no expresaba ninguna simpatía hacia mi. Yo era algo anormal, una verruga en el contexto de su paisaje.

En aquel entonces, no disponíamos en nuestra vieja facultad de Saint Antoine de una fotocopiadora, y la asistencia a todos los cursos, en los anfiteatros sobrecargados, era obligatoria. Había que llegar antes de la hora de los cursos, o pedir a algún compañero que reservara algún asiento vecino, había que soportar el penoso ruido de los estudiantes indisciplinados que charlaban entre sí, y la espesa bruma producida por el humo de los cigarrillos. En aquel entonces, el tabaquismo no tenía ningún límite, y estaba siempre "prohibido prohibir".

Me precipitaba hacia la SATEC cada vez que tenía una mañana o algunas horas libres, para justificar el generoso empleo parcial que me había otorgado Bour. Felizmente, mi formación de ingeniero me permitía asimilar sin dificultad los elementos de ciencias exactas que estaban en el programa de primer año.

Tenía otros problemas para solucionar. En primer lugar, encontrar dinero para vivir y solventar mi costoso análisis con sus sesiones diarias.

Mi departamento estaba en venta desde hacía varias semanas, pero los candidatos para adquirirlo no abundaban. Un vecino, con la ilusión de hacer un negocio, nos ofreció un precio irrisorio. Hubo que resistir a la tentación. Nuestras reservas se derretían como la nieve bajo el sol. ¿Qué pasaría con nosotros?

Esta incertidumbre duró tres meses. De repente, cuando ya la desesperación me había invadido, un potencial comprador se presentó, y aceptó sin discutir el precio que le indicaba la agencia, precio superior al que yo había pedido. Estábamos asombrados, y sumamente aliviados. "¿Qué es lo que va a hacer con este dinero?", me preguntó el agente inmobiliario que conocía los motivos de esta venta. Esta pregunta indiscreta me dio una idea nueva. "¡Comprar otro departamento!"

El hombre abrió bien grande los ojos, convencido de que tenía frente a él a un hombre con la mente trastornada.

—Usted puede encontrarme perfectamente un departamento en las afueras de París, más barato que el mío.

En efecto, en aquellos tiempos de gran inflación y de especulación inmobiliaria, había concebido el siguiente plan: poner a resguardo una parte de la suma obtenida a través de la compra de un nuevo departamento más barato, vivir dos o tres años con la parte del dinero que sobraba, y luego revender este segundo departamento y acercarme de esta manera a la finalización de mis estudios, haciendo circular mi capital desde una operación a la otra. "Pienso que tengo algo de su conveniencia, un departamento en Maisons-Alfort, cerca del subterráneo, por un precio razonable."

Fui a visitar el lugar, un edificio más bien precario, cubierto con ladrillos rojos, frente al cementerio de Maisons-Alfort. El departamento me pareció conveniente. En un día, cerramos trato. Había vendido un departamento y había comprado otro. No tenía tiempo que perder. Algunas semanas más tarde, nos mudábamos a nuestro nuevo domicilio. El sustento estaba asegurado por algún tiempo. Esta tormenta no había comprometido de ninguna manera el buen humor conquistador, de mi comienzo de análisis.

* * *

Durante el mes de noviembre, como todos los años, Lacan retomó su seminario. El título del seminario era *De un discurso que no fuese del semblante*. Le pregunté nuevamente si me permitía asistir al mismo. Esta vez aceptó. Estábamos en ese momento, como siempre ocurría en los momentos de grandes decisiones, en el umbral de la puerta de su consultorio. Algo así como una emoción compartida nos embargó a los dos.

—Tiene que llegar con cierta anticipación, viene mucha gente.

El día siguiente, un miércoles, me fui a la facultad de derecho de la calle Saint-Jacques, allí donde Lacan, desde que se le privó de la posibilidad de dictar sus seminarios en la Escuela Normal de la calle Ulm, daba su "seminario", en realidad una serie de conferencias bimensuales. Una verdadera muchedumbre ya se apretujaba delante de la puerta, todavía cerrada, de la sala donde Lacan iba a hablar. Al mediodía, un encargado abrió la puerta. Se produjo entonces un increíble revuelo, que se asemejaba a una jugada de rugby y a una pelea callejera. Incluso se intercambiaron algunos golpes. Seguí el movimiento, aplastado, empujando, creyendo participar de un rito psicoanalítico concerniente a la afirmación de deseo. En pocos segundos, todos los sitios estarían ocupados. Elegí entonces treparme a una mesa para atravesar más rápidamente la sala, en búsqueda de una asiento todavía vacante. Creyendo encontrarlo, me dejé caer entre la mesa y el banco. Un agudo dolor en el tobillo acompañó mi caída.

—Este lugar está reservado —me dijo entonces mi vecino, un hombre joven con el pelo rojizo y el rostro muy pálido, con los ojos inyectados de sangre—. Sal de ahí.

No esperaba semejante lenguaje en este templo de la cultura. Permanecí mudo, preocupado por mi tobillo dolorido.

—¿Quieres ver cómo te rompo la cara?

—Adelante, no hay ninguna molestia, sería divertido aquí, en el seminario de Lacan.

Afirmaba de esta manera, a través de mi negativa, la roca viva de mi deseo. El energúmeno, acompañado por una compañera dotada de la misma grosería, multiplicó los insultos cada vez más groseros, esperando de esta manera desestabilizarme y lograr mi partida. Probablemente era su manera de afirmar su deseo. Fingí una flema británica, en las antípodas de mi naturaleza.

El ingreso de Lacan puso fin a esta escena grotesca, característica de lo que imperaba en esos años de "psicoanálisis de izquierda". Lacan llevaba puesta esa vestimenta que los medios han difundido: tapado de piel, cigarro curvo, camisa original, algo de histriónico en su apariencia, que efectuaba como un corte en la simpleza del querido viejo que uno encontraba en el consultorio con la alfombra gastada y los sillones desteñidos por el paso del tiempo. Su rostro, sin embargo, no formaba parte de esta escenografía. La angustia, la molestia frente a esta muchedumbre heterogénea, se podía detectar claramente en su cara.

Luego de suspirar profundamente, empezó a hablar. Creí que sus primeras palabras se dirigían a mí. Para los que se encuentran aquí por primera vez, dijo Lacan, no vamos a poder retomar las cosas desde su punto de partida. Esta parte de la audiencia estaba, entonces, invitada a leer en la revista que acababa de crear, *Scilicet*, el resumen del año anterior, dedicado a los cuatro discursos, y particularmente la larga entrevista *Radiofonía*, que había otorgado a la televisión belga. Este texto tendrá más adelante un rol esencial en mi evolución. Allí leeré la afirmación inaudita respecto a una similitud entre el *midrash* y el psicoanálisis.

Dos horas más tarde, la extraña conferencia, que me resultó casi en su totalidad incomprensible y a la vez me fascinó, llegó a su fin. Acababa de recibir mi primera enseñanza en psicoanálisis, muy particular por cierto. Dejé el anfiteatro cojeando, ya que el dolor en el tobillo no cesaba. Así como mi antepasado Jacob, llevaba conmigo esta cojera como huella de mi combate. Nunca traté de curar la probable pequeña fractura de la parte externa de mi tobillo, cuyo dolor me acompañará durante mucho tiempo.

Mientras tanto, y de un modo muy extraño, una de mis principales preocupaciones tenía que ver con mi vida de militante, y mi relación con el Partido Comunista. Algo esencial se estaba jugando allí, una suerte de resistencia. Me aferraba al Partido como a una puerta que era necesario mantener cerrada para impedir que surgieran otras cosas.

Mi dolorosa inhibición en la acción política se reforzaba sin parar, y tenía cada vez más dificultad para ocupar mi lugar de presidente ficticio del comité anticolonial. El asunto terminó en una grotesca payasada.

El verdadero jefe del comité, M.G., un miembro del partido cuya búsqueda sexual era insaciable, decidió eliminarme tras considerarme inútil y poco dócil. Yo tenía, según parece, tendencias de derecha, o de extrema izquierda, en este punto mi memoria falla. Se convocó una especie de comité disciplinario. Me castigaron con una primera advertencia. Pero mi fe en el Partido se quebró. Comencé a criticar cada vez más abiertamente la pobreza de las ideas del Partido, sus métodos perimidos, mientras que el mundo comunista, según mi perspectiva, estaba experimentando una profunda y positiva mutación.

Este discurso crítico, este abandono progresivo de mi actividad de militante, preocupaba a mi mujer, que se había quedado aferrada por tradición familiar al comunismo. "¡No se sabe adónde vas!", me gritó un día. Yo no tenía esta preocupación, pues sentía, aunque confusamente, que finalmente había encontrado mi camino. Me creía todavía sinceramente comunista, pero tenía la necesidad de tomar distancia de la burocracia dirigente. Apoyaba especialmente la lucha del pueblo vietnamita en contra del imperialismo norteamericano, y nunca faltaba a una manifestación a favor de este pueblo. Los bombardeos sobre Haiphong me llenaban de angustia. La prensa evocaba la posibilidad de una destrucción de los diques de Mekong, lo que hubiera suscitado la inundación de Hanoi y provocado un verdadero genocidio. Esta perspectiva, como así también el uso de armas nucleares, que pregonaba un candidato a la presidencia de los Estados Unidos, me causaban pesadillas. Mi crítica del totalitarismo estaba todavía a medio camino.

A menudo hablaba de estas cuestiones acostado sobre el diván. Algo esencial se jugaba en la crisis de mi vínculo con el comunismo. Lacan me escuchaba, pero tenía una escucha marcada por la distancia. Yo descubría en la misma una pizca de irritación. Me extraviaba o "resistía", expresión que Lacan detestaba. "No hay otra resistencia que la del analista", se complacía en repetir, cosa que molestaba excesivamente a los colegas, que lo habían echado de la Asociación Internacional. Pero había que ser prudente. Tocar en aquel momento mis ideales políticos hubiera provocado seguramente en mí una rebelión, y hubiera llevado a la ruptura del proceso psicoanalítico. Igualmente, me asombraba el hecho de que Lacan se mantuviera imperturbable, y que no compartiera de alguna manera mi emoción frente a los acontecimientos en Indochina.

En aquel período (o quizá más tarde) tuve este sueño extraño:

Me encontraba en Cuba, en una plaza grande de La Habana, y esto me llenaba de felicidad. Grandes y hermosos edificios bordeaban la plaza. Sobre sus fachadas colgaban grandes guirnaldas hechas con un metal brillante, que reflejaba con miles de lucecitas la luz tropical. Me percaté pronto de que los largos bucles de metal eran en realidad las letras de un alfabeto que yo ignoraba, algo así como ideogramas chinos. Este espectáculo y, sobre todo, estas letras me encantaban.

Pero de repente, una voz en *off*, grave, una voz de persona llena de bronca, gritó estas palabras: *Todo esto no es más que publicidad*. "Todo esto" aludía a esta belleza que me fascinaba, la cual al instante perdió su poderío. La fiesta estaba empañada. Estaba lleno de bronca contra ese intruso invisible, y al mismo tiempo me sentía profundamente frustrado.

No quise comprender inmediatamente este sueño, cuyo mensaje sin embargo era evidente. Todas estas bellas afirmaciones comunistas, cubanas, chinas, y *tutti cuantti*, no eran más que palabras que se llevaba el viento, engaño del ojo, propaganda, estafa. Quedaba, sin embargo, mi fascinación frente a la belleza de estas letras brillantes.

Mi desencanto respecto al totalitarismo, al que adhería desde mi adolescencia, precisamente desde mi alejamiento progresivo del judaísmo, sin embargo, empezaba a revelarse. Será necesario, de todos modos, que Lacan intervenga personalmente para llevar a cabo el corte definitivo, algunos años más tarde.

En cada período de vacaciones retomaba mi profesión de agrónomo y mis misiones en África. Durante las vacaciones de Pascuas, me fui de viaje con Jean Killian, nuestro excelente especialista en suelos, para determinar las zonas fértiles de la plataforma *missi*, que íbamos a tener en cuenta para desarrollar nuestra operación "terruños". Fue un viaje apasionante. Killian me inició en el dominio de la geomorfología, una disciplina mágica. La tierra se convertía en un enorme cuerpo cuyas formas captaba nuestra mirada, la curva de las colinas, la depresión de los valles. Podíamos prever, a través del estudio de estas formas, sin tener que abandonar nuestro vehículo todo terreno, la naturaleza de los suelos subyacentes. Yo completaría esta iniciación el verano siguiente llevando a cabo un viaje largo sobre la ruta del Tamatave. El relieve de la isla de Madagascar se adaptaba perfectamente a la práctica del ejercicio. Fue, de alguna manera, mi adiós a la agronomía de los suelos.

Fui admitido en segundo año de medicina. Ese primer año no me presentó ninguna dificultad y pude preparar mis exámenes sin dedicarles mucho tiempo. Algunos días más tarde, salía para Madagascar. Mi misión, un poco confusa, consistía en "respaldar al equipo local". En ocasión de mi primera estadía en la bella isla, cuando tuve que hacer mi primera práctica de formación en el cultivo del arroz, me había dado cuenta de la existencia de una extraña ceremonia, la mayor festividad de las poblaciones que vivían en las altas plataformas de la isla, la fiesta de carácter macabro cuyo nombre era *famadihana*, la "exhumación de los muertos". Ese día, se retiran del sepulcro los esqueletos de los antepasados, una nueva mortaja reemplaza los viejos sudarios desgarrados, y luego, atados al techo de un coche, los ataúdes dan una vuelta por el campo. Finalmente, una gran comida se ofrece honor a los muertos, acompañada de música y de danza.

Pregunté a uno de mis colegas de la isla si era posible asistir a una "exhumación". La curiosidad etnológica no constituía mi único motivo. Quería, en verdad, ponerme a prueba. El terror frente a la muerte, al cadáver, como el terror frente a la locura, formaba parte —ahora lo sabía—, de una de las causas de mis fracasos. Siempre me las había arreglado para evitar esa confrontación, incluso cuando perdí a mi abuelo por quien sentía un gran afecto. ¿Acaso ahora estaba en condiciones de soportar semejante prueba?

El amigo isleño recibió amablemente mi pedido. Justamente, estaba invitado a una "exhumación" para el sábado siguiente, y me propuso acompañarlo.

Ese día, día de invierno austral salpicado con una fina lluvia, fue uno de los días más grises y fríos de mi viaje. Nuestro coche se adentró en un camino de tierra, y subió hasta la cresta de un *tanety*, un tipo de colina característico de Madagascar. Desde lejos, escuchábamos ya los sonidos acompasados de la flauta tradicional y los golpes monótonos de un tambor. Dos músicos formaban parte de la fiesta, y su música me parecía tan sosa y dulzona como el olor discreto que flotaba en el aire, olor a muerte. En la planicie en lo alto de la colina, alcanzaba a distinguir dos construcciones, la casa de nuestros huéspedes, lo suficientemente ricos para organizar semejante fiesta, y una suerte de tienda bien abierta. Los dos músicos, que tocaban sin parar, se mantenían cerca de las construcciones.

Con poca valentía, con las piernas que me temblaban un poquito, bajé del vehículo. Los habitantes de la isla son tan hospitalarios como reservados. Mi amigo me presentó a nuestros anfitriones, que nos invitaron a compartir la comida tradicional de la "exhumación", arroz, por supuesto, y un guiso con mucha grasa. Luego salimos y recorrimos la planicie. La escena que tenía lugar era aterradora. A través de la abertura de la tienda, divisaba largas formas recostadas, envueltas en un tejido, los esqueletos de los antepasados. Luego, lleno de terror, me percaté de la existencia de personas que agarraban con ternura aquellos despojos, los apretaban entre sus brazos y se ponían a bailar al ritmo del tambor. Se bailaba con los muertos, sin temor, incluso con alegría. ¿Qué haría yo si me invitaban a compartir el baile? Sin duda, perdería el conocimiento. Pero la costumbre no propiciaba este tipo de invitación. Por lo tanto, aguanté el momento lo mejor posible, y esta posición constituyó para mí la gran satisfacción de aquel día. Mi análisis me había permitido alcanzar este resultado.

Mi compañero de viaje debió percatarse de mi malestar, pues me propuso, luego de una hora de exposición al viento frío que soplaba en el *tanety*, emprender el camino de la vuelta. "Hemos tomado demasiado frío", me dijo. No hizo falta que me repitiera la propuesta.

Mi misión finalizó algunos días más tarde, y volví a París, un viaje en avión interminable y agotador, durante el cual traté de conciliar, aunque incómodo, el sueño. No me abandonaba la sensación de haber desperdiciado un mes entero.

Durante las vacaciones, con nuestros escasos recursos, salimos para Udine, la ciudad natal de mi esposa, donde el calor reinante no permitía otra ocupación que largas siestas aburridas.

Septiembre. Tenía todavía un mes para dedicar a la SATEC, para redactar tranquilamente mi informe sobre mi misión en Madagascar. Pero de repente mi colega Jacques Mayer me convoca:

—Tienes que hacer la valija.

—¿A dónde, esta vez? ¿Sabes que comienzo la facultad 1° de octubre?

—Para Etiopía, una hermosa misión de tres semanas. Retomarás la facultad con un poco de atraso. El Ministerio de Relaciones Exteriores nos pide que encontremos algunas ideas para hacer más consistente la cooperación con este país. Tienes que hacer tu jugada. Tienes que mirar en todas las direcciones, las plantas alimenticias, la irrigación, técnicas artesanales de cultivo. Ah, un último consejo: K. conoce bien el país, podrías pedirle su opinión.

Este papel de generador de ideas me halagaba y me gustaba. Como siempre, nuestro encargado de archivos juntó rápidamente la documentación necesaria. Pero en esta oportunidad, resultó más útil la ayuda que me brindó K., un ingeniero israelí que había hecho varias estadías en Etiopía. Gracias a su ayuda, dispondría pronto de un salvoconducto sumamente eficaz. En efecto, K. tenía una amiga en Addis-Abeba, una princesa, una prima del Negus Haïle Selassie, quien permanecería en el poder sólo algunos meses más. De todos modos, en ese momento nadie podía prever la revolución militar que lo derrocaría pronto.

Yo había retomado hacía poco tiempo mis sesiones, y dejar nuevamente a Lacan me resultaba difícil. Una emoción repentina me embargó, y pronuncié entonces estas curiosas palabras: "Quiero que me bendiga." Lacan parecía también conmovido.

Poco después conocí Etiopía, un país magnífico, la región más linda de África que me tocó conocer, dotada de una variedad admirable en los paisajes, con sus planicies llenas de vegetación, sus desiertos recalentados en la región de la gran falla, sus lagos inmensos y soberbios, cubiertos por una alfombra de pájaros migratorios que tenían sus cuarteles de invierno en los lagos del este africano.

Apenas llegado, llamé a S., la princesa. Fue el "ábrete sésamo" de esta misión. Los aristócratas amarhas, tan bellos con su piel negra y sus rasgos griegos, sienten hacia los judíos una asombrosa simpatía. ¿Acaso ellos mismos no se consideran como los descendientes legítimos de los amores del rey Salomón con la reina de Saba? Éramos primos. La impronta aún viva de este mito me sorprendió.

Por lo tanto fui recibido con los honores que se otorgan a un príncipe, y una tierna amistad se estableció entre la princesa y yo. S. se encargó de organizar mis encuentros con los principales responsables de la agricultura de Etiopía. Todas las puertas se abrían milagrosamente para mí. En dos semanas, pude esbozar las ideas de varios proyectos, en especial el de comerciar el maravilloso café de Etiopía, en esa época casi desconocido en Francia, y del cual el famoso *moka*, oriundo del Yemen cercano, no constituye más que una variedad.

Pronto tuve que abandonar Addis-Adeba, con la memoria llena de imágenes fuertes. Me sumergí nuevamente en el gris de París y de mis estudios de medicina. Mayer, y luego Bour, me felicitaron por la riqueza de mi informe y por las perspectivas que abría. Pero estos elogios ya no me conmovían, o más bien despertaban en mí una tristeza latente. Efectivamente, el duelo de esta profesión, que en definitiva había querido mucho, había empezado. Nunca tuve noticias de la bella princesa negra, recuerdo luminoso de mi estadía en Etiopía. La revolución marxista de Mengistu, que comenzó con el exterminio de la familia imperial, debió acabar con ella.

Estaba en el tercer año de mi diálogo con Lacan cuando empecé mi segundo año de medicina. Los cursos habían empezado desde hacia diez días, cuestión que en un principio no me preocupó. Pensaba, equivocadamente, que este segundo año sería como el primero, que pude aprobar sin demasiado esfuerzo. No tardaría en enfrentarme con la realidad, y a descubrir que el ritmo de los estudios se había acelerado bruscamente. Las materias de medicina propiamente dichas, la anatomía en particular, exigían un gran esfuerzo de memoria, y la edad, desagradable sorpresa, empezaba ya a desgastar la mía. Para mis compañeros resultaba suficiente leer dos o tres veces la descripción de un hueso o un músculo para retener lo esencial, mientras que a mí me hacían falta horas. Comprender la problemática muy particular de los estudios de medicina, sumamente embrutecedores, me llevo varios meses, infinitamente penosos. Recuperar mi atraso y seguir este ritmo infernal fue una prueba terrible que casi me sobrepasa. La euforia que había acompañado mis dos primeros años de análisis, y gracias a la cual había superado varios obstáculos, me estaba abandonando.

Pronto hubo que enfrentar una prueba de otra naturaleza. Estábamos convocados en el anfiteatro de anatomía para llevar a cabo ejercicios de disección de cadáveres. Nuestra presencia no era obligatoria, pero yo no podía concebir faltar a estas prácticas. Cuando llegué a la entrada de la sala de disección, presencié la salida de los estudiantes del primer grupo; el rostro pálido, algunos a punto de desvanecer. Superé mi angustia, e ingresé a la sala para descubrir el horrible espectáculo. Dos cadáveres con un extraño color violáceo, un hombre y una mujer, ambos con largos pelos grises que habían seguido creciendo después de la muerte; en el cuello, a nivel de la carótida, una tremenda herida en la que se había llevado a cabo un tratamiento conservador con formol; los cadáveres estaban recostados sobre las camillas del laboratorio. Un olor asqueroso llenaba el espacio. Más allá de todos mis temores, finalmente yo estaba allí, frente a esa absoluta falta de sentido, precisamente aterrador por este motivo, frente a un cadáver humano. Un cuerpo muerto, que ha sido abandonado por quien lo habita, se reduce a un objeto molesto. Sin embargo, años más tarde, me tocará encontrarme frente a un cuerpo sin vida, y encontrarme invadido por una infinita ternura, un amor insospechado, el cuerpo de mi padre en su último lecho del hospital, y a quien besaba sin temor alguno, en la frente todavía tibia.

En la sala de disección, el ejercicio consistía ese día, en nombre de la ciencia, en hacer un tajo con el escalpelo en esta carne muerta, para poner en evidencia no sé qué tendón del brazo. Para mí, resultó suficiente. Me escabullí para llegar a mi sesión.

¿Acaso había dejado deslizar en la sesión anterior que me esperaba una cita con la muerte? ¿O bien Lacan estaba dotado de un sexto sentido? Apenas me recosté en el diván, se acercó para mirarme fijamente y provocar mi molestia:

—¿Entonces?

—Está bien, lo pude soportar.

—¡Excelente!

Ese día, este diálogo fue toda la sesión; y fue más que suficiente. Un largo y cálido apretón de mano la prolongó algunos segundos más, como ocurría cada vez que, sin saberlo, yo atravesaba un umbral. Así Lacan me esperaba en este punto, y toda su estrategia, sus frustrantes interrupciones, apuntaban a esto, a contemplar la muerte sin un afecto excesivo, y asumir de esta forma el propio destino mortal. Las sesiones sumamente cortas que puntualizaban estos pasajes se parecían a los puntos de sutura que pronto aprendería a realizar, acercando los dos labios demasiado distanciados de una herida profunda.

* * *

Corría el mes de noviembre de 1971, y Lacan retomó su seminario. El título era sumamente enigmático: ...*Ou pire*. Un anfiteatro más amplio le había sido otorgado para evitar la repetición de los espantosos tumultos que yo ya había presenciado. También se había modificado la fecha. Ya que el día de asueto escolar semanal había sido cambiado de jueves a miércoles, el seminario sería, a partir de entonces, el martes. En efecto, muchos analistas trabajaban el día de asueto en consultorios para niños.

Por nada del mundo hubiera faltado a una reunión del seminario, como muchos otros. Mis sesiones de análisis y estas conferencias se habían anudado en una particular alquimia. En su hilo discursivo —ahora yo no tenía dudas al respecto—, Lacan insertaba palabras dirigidas a tal o cual analizante, palabras que únicamente este último podía entender. Un día le hice esta observación, que desencadenó su pequeña risa. "Su seminario, es Radio Londres durante la guerra." El seminario de este año precisamente a desencadenaría en mí un nuevo y decisivo terremoto.

A los encuentros que tenían lugar en la Facultad de Derecho, Lacan había agregado este año un pequeño ciclo suplementario, el jueves a la noche, supuestamente destinado a los internos en psiquiatría. Una vez por mes, hablaba del *Saber del psicoanalista*; la charla tenía lugar en la capilla abandonada del hospital de Sainte-Anne.

No habiendo sido avisado a tiempo de este suplemento, falté a la primera clase, algo que me causó una gran frustración. Mi despecho estalló en sesión:

—¿Por qué motivo usted me aparta de su enseñanza?

—De ninguna manera —me contestó Lacan—, tenía simplemente la esperanza de una charla en un círculo reducido, con los internos del hospital. Pero una vez más acudió la muchedumbre.

Este acceso de cólera, por otro lado, era perfectamente ridículo. ¿Acaso Lacan tenía la obligación de tenerme al tanto de cada una de sus actividades? Pero así es la transferencia, llena de un amor celoso. Yo estaba en la posición del discípulo de Sócrates, listo para acompañar a su maestro en cada uno de sus desplazamientos.

No falté a la segunda clase. En el medio de la muchedumbre, encontré un sitio al lado de una persona muy amable, el Dr. Philippe Rappard, con quien estableceré una amistad. Le pregunté respecto al contenido del encuentro anterior:

—Sobre todo recuerdo la observación, divertida, de que el psicoanálisis se parece a la agronomía.

—En efecto, resulta divertida —le contesté.

En aquellos años se hablaba, con cada vez más insistencia, de los disidentes soviéticos y sobre todo del uso con fines represivos que hacía la URSS de la psiquiatría. Los neurolépticos reemplazaban al *goulag*. Se trataba para mí, siempre ciego frente al desastre totalitario, de un rumor mal intencionado de los reaccionarios. Esta era la tesis de la prensa comunista que yo leía: ¡chismes imperialistas!

Lacan era sumamente discreto en la expresión de sus opiniones políticas. Algunos comentarios, muy escasos (a los cuales me aferré) dejaban entrever una inclinación marxista.

Es en este contexto que se produciría el incidente que me llevó a romper definitivamente el vínculo con el comunismo, y a disolver mi fascinación por el totalitarismo, cualquiera fuera su vestimenta. Nos encontrábamos un jueves a la noche en la capilla del hospital Sainte-Anne. Hacía unos minutos que Lacan había empezado a hablar. Lo vi particularmente serio, incluso conmovido. Tocó este asunto escabroso de la psiquiatría soviética. "¡Que se sepa que no me callaré más tiempo frente a estas conductas!" Estas palabras fueron pronunciadas con un tono muy severo, sin alzar la voz, y sin embargo tenían mucho peso. Para mí, fue un impacto, una tormenta interior. ¿Por qué motivo Lacan había caído en la trampa imperialista? ¿Quién tenía razón, Lacan o el Partido?

En mi sesión del día siguiente, en vísperas de un fin de semana interminable, protesté, defendí al comunismo, que pesar de sus errores representaba... Lacan no me escuchó durante mucho tiempo. Farfulló, molesto, y me citó para el lunes. Había llegado el momento de acabar con mi ceguera.

Fueron jornadas difíciles, en las que me sentía entre la espada y la pared respecto a esa elección definitiva. En realidad, Lacan no hacía otra cosa que empujar una puerta ya entreabierta, como lo ponía de manifiesto mi sueño cubano, con esa voz en *off*, que no venía de ningún lugar, la misma verdad que habla: "¡Todo eso es publicidad!" Finalmente, desgarrado por un inmenso dolor, decidí dejar definitivamente el Partido. Ya no sería el cómplice de los torturadores. Había decidido después de tanta vacilación, tomar en cuenta tantas informaciones convergentes. Iba a dejar el Partido sin escándalos, en puntas de pie, simplemente no renovando mi carnet. La palabra de Lacan triunfaba.

Mi esposa desaprobó mi conducta. Le contesté que yo ya no tenía inclinación alguna por el martirio, por el sufrimiento. Serían necesarios motivos verdaderamente graves como para que esta inclinación volviera. Mi mujer se quedaría en el Partido algunos meses más.

El momento quizá es propicio para intentar comprender mi apego al comunismo, que en otras circunstancias históricas, me podría haber llevado al sacrificio supremo. El Partido, durante muchos años, fue mi razón de vivir. Desde mi adolescencia, desde mi ruptura con la fe judía, yo estaba vinculado de un modo visceral con el Partido. Ya mi padre sentía por el Partido Comunista de Túnez cierta simpatía. Este Partido, me decía mi padre, había sido creado e impulsado por intelectuales judíos de Túnez, que mi padre admiraba. En su discurso, el Partido aparecía como un refugio o un marco desde el cual un judío podía tener injerencia en el mundo.

Luego, llegué a Francia para preparar mi ingreso a la escuela de Agronomía. En mi soledad, encontraba al lado de los estudiantes comunistas una sensación de verdadera familia auxiliar. Mi adhesión posterior al Partido tunecino acompañaba al proyecto de inscribir mi vida en mi país natal. Cuando tuve que hacer el duelo de esta aspiración, la adhesión al Partido Comunista Francés me ofreció la posibilidad de una transición sin dolor hacia otros horizontes. Había establecido en él fuertes y bellas amistades, había militado, sacrificado noches y días para la preparación de aquel mortífero "porvenir luminoso".

Mi encuentro con Althusser irrigó intelectualmente este vínculo. Lacan un día me hizo una pregunta, en la víspera de un encuentro con el filósofo:

—¿Qué es lo que le pide usted a Althusser?

No supe qué responderle. Sin duda, el reconocimiento respecto a esa búsqueda de la verdad que me impulsaba desde mi infancia, esa mirada hacia el velo del santuario que mi padre siempre había anulado con un desprecio inmenso, quitándole todo valor. Esta demanda, entretanto, yo la había investido en Lacan.

Pero más allá de estas razones más o menos consistentes, obraba en mí, como en todo militante revolucionario y como en la mayoría de los hombres en el fondo de su corazón, un fantasma mesiánico, escatológico. Más tarde haría el análisis del mismo en mi libro *Los biblioclastas*: fantasma de *tabula rasa* y de abolición de la Ley, visión paranoica de la historia humana. Se trata en definitiva, en este fantasma mesiánico, milenario, totalitario, de la incurable aspiración a la incestuosa fusión edípica.

Pocas curas psicoanalíticas abordan en definitiva este tema. El resultado será el repliegue de numerosos "ex adeptos" del totalitarismo hacia la frágil embarcación del psicoanálisis lacaniano, de la cual adquirirán el dominio; esto llevará algunos años más tarde al naufragio del psicoanálisis en tanto institución. Recuerdo una conversación con Jacques-Alain Miller poco tiempo después de la muerte de Lacan. Estábamos en un coche, camino hacia el hospital de Aulnay.

—Uno de los aportes esenciales de mi cura fue el hecho de haberme sacado de encima cualquier fascinación hacia el totalitarismo.

Su respuesta me sorprendió:

—No debemos despreciar las generosas ideas de nuestra juventud solamente por el hecho de envejecer.

La confusión entre generosidad y totalitarismo, por lo visto, seguía vigente para él. En esa época yo no era consciente de la verdadera magnitud de esta incomprensión, ni de sus consecuencias. Éstas se pusieron de manifiesto para mí en los meses que siguieron a esta conversación, cuando descubrí la estructura de secta, que el yerno había construido sobre las ruinas de la obra de Lacan. Esta revelación provocó en mí un temor de tanta envergadura que tuve que huir y emigrar a Israel. Fue en vano.

En lo inmediato, me sentía en deuda, pero también aliviado por la caída de este resto de sentimiento religioso que representaba mi compromiso con el Partido. Mi afirmación de *pertenecer a la izquierda*, más allá de las proclamaciones de ateísmo, se daba en este contexto. El sentimiento religioso, cuyas raíces resulta imposible extraer totalmente, encuentra refugio donde puede, a veces en instituciones psicoanalíticas. Ignoraba que el escenario quedaba libre de ahora en adelante para la entrada en escena de algo poderoso y reprimido, que arrasaría con todo.

* * *

Se acercaba la finalización del primer trimestre, y con ésta los primeros exámenes. Comenzó entonces para mí un lento descenso hacia el infierno. Mis resultados fueron catastróficos. A pesar de mi trabajo, de las largas noches dedicadas a estudiar mis apuntes, el resultado era una larga lista de desastres: anatomía, bioquímica, fisiología. Nunca estaba lejos del cero. Este último examen, el de fisiología, examen en el que yo creía haber sido brillante, me apesadumbró particularmente. Pedí encontrarme con el corrector, el Profesor G.

—¿Qué hice o dejé de hacer para merecer esta nota?

—Usted omitió hablar del fenómeno de...

—¡Pero no! ¡Fíjese, he reproducido incluso su curso palabra por palabra!

—Sí, pero falta el esquema.

—¡Aquí está!

Di vuelta la página, y estaba el esquema. ¿Acaso el profesor G. había leído mi examen? Tenía mis dudas al respecto. Pero una eminencia, por principio, nunca se rectifica. Terminó diciendo que el razonamiento no era claro, él, cuya confusión mental era notoria. Se dignó, sin embargo, "para no haberlo alterado a usted en vano", a agregarme un miserable punto.

Sin saberlo, G. me había hecho un favor. Con su ejemplo entendí que el cuerpo médico dedicado a la enseñanza, muy diferente de los profesores en ciencias exactas que había conocido hasta ahora, funcionaba según un criterio muy diferente, enigmático, que a partir de entonces me empeciné en descubrir. Decidí asistir a todos los cursos y prácticas, no solamente a los fines habituales de aprender la materia sino sobre todo para impregnarme de esa forma particular de discurso, con su extraña alianza de rigor blando y de sadismo. Logré perfectamente mi cometido al cabo de algunos meses.

Mientras tanto, tuve que atravesar un largo desierto. Es cierto que el hecho de adoptar totalmente el molde gris de estudiante de medicina, cuyo único horizonte son los libros de anatomía, las apuntes tomados palabra por palabra, me resultaba insoportable. La ambigüedad de mi posición, entre dos aguas, "posición del débil mental" dirá un día Lacan, había propiciado mi fracaso en los primeros exámenes. El ingreso al tercer año se presentaba como una hazaña.

Me hundí, pues, en un invierno interminable, un túnel negro del cual emergería después de largos años. Mi humor se había ensombrecido. Estaba simultáneamente presionado por mis fracasos universitarios, por la veloz disminución del pequeño capital extraído de la venta de mi departamento, y por mi situación en la SATEC, que era cada vez más incómoda. Pasaba muy poco tiempo en las oficinas de la SATEC, y este hecho provocaba comentarios desagradables. Pero lo más destacable era que, sacando provecho del estado anímico, como el ladrón que aprovecha la oscuridad para llevar a cabo sus fechorías, mi neurosis volvía a la carga, violenta, sombría, agitando la negra bandera del suicidio. Síndrome de Solal.

La escena conyugal se convertía entonces en un escenario inaguantable, que solamente el divorcio podía solucionar. ¿Acaso no decía el rumor que un análisis logrado pasa necesariamente por este divorcio, este abandono total del amor de juventud? Según la vulgata psicoanalítica, todo matrimonio contraído antes de la cura, en el contexto de las condiciones forzosamente patológicas de la neurosis —como si pudiéramos, en el mejor de los casos, dejar de ser neuróticos— debía ser desanudado, para dejar su lugar a un amor oblativo, esclarecido por un análisis. Ilusiones más ilusiones... A pesar de las disputas permanentes, los celos del presente y del pasado, la incomprensión de cada instante, una fuerza misteriosa, un vínculo magnético, hacían que esta separación resultara imposible. Nos desgarrábamos mutuamente para poder encontrarnos y volver a desgarrarnos, bajo la mirada desconsolada y mortificada de nuestros tres hijos. Lacan escribe en alguna parte que semejantes relaciones caracterizan paradójicamente a las parejas cuyo apego recíproco es excesivo, y que una relación demasiado tranquila puede ser la señal de un vínculo poco consistente. Ignoraba en aquel entonces estos insondables misterios del psiquismo humano.

Un sueño marcó este período oscuro, eco de un lejano cuento judío escuchado en mi infancia:

Un mundo extraño, sobrenatural. Mi abuelo, a quien quise mucho en mi infancia, muerto cuando yo tenía cerca de trece años, apareció en él. Estaba, pues, en el reino de los muertos. Mi abuelo no estaba solo. Escuché estas palabras: "Te llevó mucho tiempo llegar."

Durante el breve relato de mi sueño, percibía, a través de sus largos suspiros, la angustia de Lacan. Para mí, este sueño mortífero tenía una connotación que traía alivio, como el final de toda tensión. Lacan intervino entonces:

—Es un viento malo que sopla. Hay que mantenerse firme para enfrentarlo.

En muchas oportunidades debí atravesar el estrecho desfiladero entre la vida y la muerte.

Sin embargo, paradojalmente, este infierno conyugal me parecía entonces un dato fuera de contexto, una corriente parasitaria, superflua y molesta, exterior al curso principal de mi existencia, trazado a modo de contrapunto sobre tres pilares: mi vocación de psicoanalista, la de escritor y mi fe revolucionaria. Interpretaba el postulado freudiano de la primacía sexual de un modo abstracto, mitológico, lugar puntual de goce y de frustración. En otros términos, lo sexual sería el misterioso efecto, casi biológico, del orgasmo exitoso o fallido sobre nuestras neuronas, además de sobre toda nuestra vida psíquica. La más grande de las confusiones reinaba en mí a propósito de esta cuestión primordial.

En otros momentos, la sexualidad adquiría matices mesiánicos, los de un hipotético e ideal encuentro futuro, en el que aquella finalmente encarnaría. En resumen, yo estaba "fuera de centro". ¿Cómo admitir que la sexualidad y el deseo no tienen significación y sentido, a no ser que estén inscriptos sobre el plano de la relación estable con otro ser, con esas palabras dichas o no dichas que sostienen la relación? El encuentro real que trastornó concretamente mi vida, esa vida prosaica y cotidiana con esposa e hijos, todo aquello, mi pobre consciencia, lugar de desconocimiento por excelencia, lo desplazaba al margen de mis preocupaciones. Lacan tuvo que poner orden; lo hizo un día, brutalmente. El pretexto fue trivial.

Nuestra reserva de dinero se estaba acabando. ¿Qué pasaría con nosotros? A. me aconsejó disminuir progresivamente la frecuencia de sesiones, volver a la de tres veces por semana, menos costosa que el encuentro diario. Así que al día siguiente, en el momento de despedirme de Lacan, y luego de haber mencionado nuestra crisis financiera, le digo a Lacan:

—Mi mujer me aconseja que reduzca provisoriamente mi cantidad de sesiones, dada nuestra situación...

El rostro de Lacan expresó mucha irritación.

—Su mujer no tiene que inmiscuirse en su análisis.

Luego, después de un silencio de algunos segundos, agregó acentuando las sílabas:

—Su mujer es *la causa de todo.*

¿Causa de todo? Bueno... La afirmación me pareció ridícula, fuera de contexto. Listo para conceder, políticamente correcto antes de época, una gran importancia en mi vida a la esposa del momento, me parecía, de todos modos, que atribuirle *la causa de todo* era un tanto excesivo. Esbocé una sonrisa irónica que marcaba mi objeción, pero Lacan me cortó, y orientando su paso cansino hacia otro paciente, repitió con una voz en la cual la duda no tenía cabida:

—De todo, de todo, de todo...

Estas dos palabras, rechazadas al instante, se inscribirían, como ocurría de modo habitual, lentamente y horadarían la dura roca de mi ceguera mental. Tomaría nota de estas palabras, mucho más tarde, cuando comprendí el postulado que provoca tanta ironía entre los filisteos: *No hay relación sexual*, no hay armonía perfecta posible entre un hombre y una mujer, sino un defasaje en el cual puede tener cabida la aventura personal. Por lo tanto, hay que hacer un duelo respecto a esta ilusión.

Volveré a encontrar años más tarde este mismo mensaje enunciado por la otra mente poderosa que trastornó mi relación con el mundo: Yeshayahou Leibowitz. Al hombre inoportuno que le preguntaba: ¿Cuál es la cosa más importante de su existencia: la filosofía, el judaísmo, la ciencia, Dios...?", el hombre viejo dirigiendo su mirada hacia la vieja octogenaria sentada a su lado, le contestó: "Mi mujer".

Por mi parte, yo también estaba convocado a esta confrontación, más difícil aun que la de la muerte. Hábil pescador, Lacan me dejó durante mucho tiempo agitarme, aflojaba la tanza según su voluntad, porque sabía que el anzuelo estaba sólida y dolorosamente fijado al paladar.

Sin embargo, eran horas de sufrimiento frente al horizonte atascado, el fracaso universitario que se acentuaba, la falta de dinero. Me carcomía

117

la duda: ¿por qué semejante locura? Bastaba ir a ver a Bour, que seguramente me propondría puestos bien pagados, en África, en el Brasil, o en otro lado. De nuevo llevaría una vida confortable, haría cosas útiles.

¿De qué manera Lacan manejaba esa corriente depresiva? Sin la más mínima compasión, aparentemente. A él, que al principio había sido tan cálido, tan atento, ahora yo lo sentía distante, hostil. Las sesiones adquirían una insoportable brevedad. Luego de algunas palabras de queja, la sesión se interrumpía bruscamente.

Un día, no lo soporté más. Era un día miércoles; Lacan dictaba un seminario. Las dos salas de espera del consultorio estaban llenas. En efecto, numerosos alumnos venían del interior o de Italia, para asistir a la gran misa, pero también para conseguir algunas sesiones de análisis o de supervisión, siempre muy breves. Esperé mucho tiempo antes de pasar al consultorio. Desde hacía un momento, rumiaba ese sentimiento del absurdo que constituyó el telón de fondo de mi adolescencia y que me llevó a querer a Camus. Hablé al respecto. Pero apenas fueron pronunciadas mis primeras palabras, Lacan levantó la sesión. Sentí un desasosiego infinito.

Franqueado el umbral del consultorio, decidí interrumpir todo. Entré en una papelería, compré papel para escribir con su sobre correspondiente, y tomando un café, escribí algunas líneas. Mi matrimonio está al borde del divorcio, mis estudios de medicina son una catástrofe, y no tengo un centavo en el banco. Es tiempo de abandonarlo todo. Consideraba la posibilidad de retomar mi trabajo de agrónomo, y de volver a África. Cerré el sobre y lo entregué al encargado del edificio de la calle Lille, número 5. En mi gris interior, esta reacción de supervivencia me alivió.

Falté pues a mi sesión del día siguiente, sin tener un estado de ánimo particular. El asunto estaba resuelto. Pero no abandoné en seguida mis estudios. Desde el desastre del primer trimestre, había tomado el hábito de estudiar en la biblioteca de la facultad hasta altas horas de la noche. El ambiente de estudio que reinaba en la misma, las obras que podía consultar, mis compañeros dedicados al mismo esfuerzo y con quienes intercambiaba informaciones, todo aquello me estimulaba y facilitaba mi concentración. Poco a poco, recuperaba terreno.

Esa noche, mi cansancio fue de tal magnitud que a las diez de la noche junté mis notas y volví a mi casa. A. me informó que Gloria, la secretaria de Lacan, había llamado a última hora de la tarde:

—El doctor quiere hablar con su marido.

—Mi marido no está.

—¿Dónde puedo encontrarlo?

—No lo sé. Vuelve generalmente poco antes de medianoche.

—Pero el doctor no lo puede llamar a una hora tan avanzada.

A. no podía solucionar el problema. Yo estaba incomunicado. Recibí la noticia con relativa indiferencia. Yo estaba de pie, pero *groggy*. Me fui a acostar.

Estaba profundamente dormido cuando de repente, el timbre del teléfono interrumpió mi sueño. Corrí hacia el aparato, temblando de angustia. Era pasada la medianoche. Escuché entonces del otro lado la voz de Lacan, rabiosa.

—Haddad, ¿por qué no vino hoy?

—Porque no me deja hablar.

—Hago esto precisamente para que el día de mañana usted pueda tomar la palabra —esta frase extraña me sacudió—. Venga mañana, le explicaré todo.

—De acuerdo, señor.

En un estado casi somnoliento, accedí al pedido.

—Esto es lo que usted quería, ¡que lo llamara por teléfono! —agregó Lacan, nuevamente rabioso.

Fui a mi sesión. Lacan me presentó algo así como excusas.

—El otro día estaba desbordado con todos los provincianos que acuden el día del seminario. Quizá no alcancé a escuchar bien lo que usted me decía. ¿Pero por qué este desaliento?

Retomé los términos de mi carta.

—Pero antes de reconstruir, es necesario pasar por una fase de destrucción. Sepa que hasta este momento, su análisis se desarrolla en forma muy notable. No lo malgaste.

Estas pocas palabras me proveyeron de un poco de energía, y retomé la senda que había abandonado. Del extraño diálogo nocturno —y que no se repitió nunca más— recordé luego estas palabras:

—Hago esto, cortarle la palabra, para que más adelante usted pueda tomar la palabra.

Un tiempo más tarde, en su seminario, Lacan comentó el diálogo platónico *Parménides*, que estudiábamos ese año. En un breve pasaje, el joven Aristóteles se atreve a decir algunas frases cuando Sócrates, brutalmente, le corta la palabra. Lacan puntualizó este fragmento con las palabras que me había arrojado ese día a la medianoche: es por el hecho de que Sócrates le cortó la palabra que Aristóteles estará en condiciones de tomarla en otra parte. Y de qué manera.

Superada mi crisis provisoriamente, Lacan retomará sus malos tratos, su indiferencia fingida o verdadera, las sesiones de unos segundos seguían provocando nuevas crisis, que quizás él esperaba. Una de ellas fue inevitable. Lacan, luego de haberme dejado balbucear algunas palabras, me cortó nuevamente la palabra, de una manera particularmente brusca.

El día siguiente, una vez que pasé al consultorio, decidí no recostarme en el diván. Me senté, tranquilo y decidido, en el borde del diván. Se quedó sorprendido:

—¿Qué le pasa?

—Esta vez, quiero hablarle frente a frente.

—Pues bien, ¡de acuerdo!

Se sentó entonces frente a mí. Parecía muy emocionado, quizá preocupado. Las palabras surgían de mi boca, cortantes como el filo de un cuchillo, en el contexto de una verdad total. ¿Qué habré dicho ese día? Probablemente una larga queja, surgida de mi infinito desamparo. Lacan me escuchaba colocado en el mismo nivel de verdad. Ni él ni yo actuábamos. Algo del orden de la vida y de la muerte estaba en discusión.

Desde hace algunos años, los dichos de Lévinas nos repiten la letanía del rostro, en tanto lugar de encuentro ético entre dos seres. Esta filosofía siempre me aburrió o me molestó. Para mí, el rostro sigue siendo, principalmente, el lugar de la mentira, de la apariencia y del disimulo. Los estafadores talentosos siempre tienen una hermosa cara. Salvo en algunas circunstancias, momentos de crisis o de confrontación, cuando caen las mascaras y las metas a alcanzar en la vida emergen a la luz del día. Vivía, en esta tarde que finalizaba, mirando el rostro trágico de Lacan, uno de esos momentos.

Nuestro diálogo, prolongado por primera vez, tomó un giro teórico, pero se trataba de una teoría que hundía sus raíces en el espesor de la vivencia inmediata.

—No entiendo este concepto de castración que aparece a menudo en sus escritos. Entiendo cuando usted habla del falo, pero este asunto de la castración permanece totalmente opaco para mí.

—Y bien, si usted no soportó la sesión de ayer, ¡fue precisamente porque lo había castrado!

—Realmente, sigo sin entender.

—Se trata precisamente de lo que nos queda para comprender. En todo caso, lo que usted dijo hoy me parece excelente, y confirma el hecho de que estamos en el buen camino.

Decidió interrumpir la sesión en ese momento; había retomado la iniciativa, haciendo valer el hecho de que un diálogo explicativo falsearía el progreso de la cura.

—Entonces, lo veo mañana.

Lacan no toleraría más este tipo de sesiones, hasta el momento en que, convertido en un analista debutante, yo tendría con él sesiones de supervisión.

Este término de castración tiene en el lenguaje corriente una connotación peyorativa y grave. El castrado es el pobre tipo, sin deseo ni voluntad. La enseñanza de Lacan, a la inversa, atribuye a la castración llamada simbólica una significación altamente positiva. Se convierte en la misma meta de la cura. La castración es la operación simbólica de acceso al deseo por intermedio de la aceptación de destino de ser mortal. Yo ascendía penosamente por esta pendiente.

En todo caso, son estos momentos de crisis los que han quedado grabados en mi memoria, la puntuación de mi cura, cada uno de ellos portador de una diferencia singular.

Uno de ellos fue relatado, deformado, en un folleto mal intencionado, *Las palabras de Jacques Lacan*, de Jean Allouch, acompañado de un comentario sin valor.

Al final de una sesión particularmente breve, experimento una angustia infinita. Me dispongo a ponerme sobretodo, cuando de repente la idea de irme de esa manera me parece insoportable, imposible. Decido, por un impulso incontrolable, en vez de salir a la calle, volver a la sala de espera, manteniéndome parado, con una actitud amenazadora. Lacan ya había hecho pasar al paciente siguiente. Algunos minutos más tarde, se asoma a través de la otra puerta, siguiendo la ronda loca de sus consultas. Se percata de mi presencia.

—¿Qué quiere? —me pregunta, un tanto inquieto.

—¡Hablar con usted!

—Venga. ¿Qué pasa? —me preguntó cuando ya estábamos en su consultorio, parados cerca de la puerta. Parecía irritado, fuera de sí. Entonces, yo largo estas palabras sin pensar:

—¡Me siento jodido! —le digo.

—Usted no se *siente* jodido, usted *está* jodido.

Y agregó en seguida:

—Lo veo mañana.

Por más paradójica que pueda parecer la situación, este "usted está jodido", o sea, una vez más, castrado, me trajo alivio. Esta frase hasta provocó en mí una sonrisa. Algunos meses después de esta terrible afirmación, leeré en un texto que Lacan publicó en *Scilicet*, "El Atolondra-

121

dicho", esa misma afirmación: el hombre está estructuralmente, desde el nacimiento, *jodido*. Mi sensación particular se unía con una condición universal.

Años más tarde, organicé un congreso en Israel, en Shefayim, un *kibutz* al norte de Tel-Aviv, convocado por una de esas numerosas parroquias que proliferaron luego de la muerte de Lacan. Un psicoanalista canadiense, de nacionalidad dominicana además, retomó el caso de Marilyn Monroe. La famosa actriz había consultado a psicoanalistas frecuentemente. Frente a su desamparo, esos psicoanalistas no hacían otra cosa que "levantarle la moral": usted es tan hermosa, tan rica, tan inteligente, los grandes personajes de este mundo están a sus pies. Todo esto terminó en su suicidio. ¿De qué manera se puede entender semejante acto?

Intervine entonces en este congreso para decir que Lacan, en semejante situación, más que inflar sin éxito el ego de la paciente, le habría lanzado, cuando se hubiera presentado la oportunidad, como lo hizo conmigo, una frase al estilo de: "¡Sí, en efecto, usted está jodida!"; ¿quién sabe si esta frase no la hubiera salvado? El público presente se quedó en silencio. Esa gente, supuestamente lacaniana, creyó que yo acababa de decir una gran estupidez. Entendí, una vez más, que no teníamos la misma lectura de la enseñanza de Lacan.

Otra crisis queda en mi memoria; y fue un momento crucial en mi análisis. Esta vez, no hubo ningún estallido de parte mía. Recostado en el diván, mi desamparo se desparramó en un grito:

—No puedo más. No podré sostener esto por *más de un año*.

—¿Usted cree que lo ignoro? *Un año*, de eso se trata.

En varias oportunidades, Lacan se limitaba a retomar las palabras que acababa de pronunciar, como si yo estuviera proveyéndole las palabras de su respuesta. ¿Acaso esto no sería la ejemplificación de uno de sus aforismos preferidos? El mensaje del sujeto le llega del Otro bajo una forma invertida. Evidentemente, no podía tomar ese día estas palabras al pie de la letra. ¿A través de qué milagro, al cabo de un año vería yo el final de este interminable túnel? ¿Me habría convertido en médico? La cosa parecía, por su imposibilidad de ser concebida, a una ironía mal intencionada. Mi análisis había empezado hacia dos años y medio, y el rumor que llegaba a mis oídos era que el comienzo de la práctica profesional no podía tener lugar sino después de largos años de análisis. Además, me sentía muy mal, presa de los tormentos de mi neurosis. Y sin embargo, en el *après-coup*, iba a comprobar una vez más que Lacan no había retomado este *un año* sin atribuirle un gran importancia.

Esos momentos de crisis, que hay que considerar retrospectivamente como momentos de gracia, se intercalaban entre largas secuencias de malos tratos, latigazos simbólicos a través de los cuales Lacan me mantenía en carrera. "¿Por qué me trata de esta manera?", le iba a decir algunos años más tarde, en una sesión en la cual se mostró particularmente desagradable e incluso humillante frente a la gente presente en la sala de espera.

—Porque es así que como debo tratarlo.

—¿Usted se refiere al plano de la cura?

—¿A qué otro plano piensa que me puedo estar refiriendo?

Sin embargo, a veces se percataba de que abusaba de los malos tratos.

—Querido mío, en esta práctica profesional hay que mostrarse siempre extremadamente amable. No puedo lograrlo siempre, porque estoy agobiado por las múltiples tareas que llevo a cabo, y le ruego me disculpe. Pero acuérdese de esto —me dijo algún día en un tono confidencial mientras me llevaba a su consultorio.

La variedad de los "malos tratos", a veces francamente sádicos, era abundante: sesiones interrumpidas sin dejarme pronunciar ni siquiera una palabra, ruidos diversos de una máquina perforadora de papeles o de un cortapapeles, emanaciones corporales, periódicos hojeados con brusquedad. Luego, en el umbral de la puerta del consultorio, la misma pregunta repetida día tras día: "¿Cuándo lo vuelvo a ver?" A veces, yo decía con hartazgo: "Pasado mañana" o "La semana que viene"; Lacan entonces me corregía con un tono de voz suplicante, irresistible: "No, ¡mañana!".

En algún momento, Lacan descubrió otra forma de tortura: dejar abierta la puerta de su consultorio. De esta manera se podían escuchar, desde la biblioteca, las conversaciones que tenían lugar en él, conversaciones que, se suponía, eran estrictamente íntimas. Me tocó escuchar, pues, las sesiones de mis compañeros de infortunio, sin saber nunca de quién se trataba. Al utilizar las dos salas de espera, Lacan volvía imposible la identificación del paciente sobre el diván. Por otro lado, este fragmento de discurso, desprendido de la cadena de las sesiones que le daba su significación, perdía una gran parte de su contenido informativo. Se trataba, podríamos decir, de un puro significante. Agrego que este "ejercicio", y las palabras de Lacan que lo acompañaban me han enseñado mucho.

Pero para mí, hablar sabiendo que la puerta se mantenía abierta me resultaba especialmente insoportable. Protesté. Lacan tuvo para mí estas palabras:

—Si lo hago, es por el hecho de que usted tiene un problema con las puertas.

De vuelta en casa, me puse a releer un texto de algunas páginas que estaba escribiendo. Me llamó la atención la increíble repetición de la palabra "puerta" que el texto presentaba. Se encontraba en cada párrafo. En uno de sus primeros seminarios, que será publicado, sin embargo, después de su muerte, Lacan consagró una de sus conferencias al objeto "puerta", elemento esencial del proceso de simbolización.

Semejante práctica profesional, vista desde afuera, y en especial por psicoanalistas "tradicionales", aparecerá como completamente loca, escandalosa, una manipulación mal intencionada. Sin embargo, veinte años después que la muerte me separó de Lacan, no siento en relación con el tratamiento que Lacan me impuso ninguna animosidad sino más bien una cierta sonrisa frente a lo que él mismo llamaba su payasada. Algunos alumnos de él, hoy desaparecidos y que yo estimaba mucho, me convocaron para asociarme a una crítica de su obra y de su práctica. Me rehusé sin dudarlo. Fundamentalmente, lo único que siento para él es gratitud. Sin su intervención, nunca hubiera accedido a este pequeño fragmento del destino que es el mío, nunca hubiera podido "tutear", con respeto, las mentes más esclarecidas.

Una neurosis como la mía, obsesiva, se nutre fundamentalmente de pulsiones agresivas, dirigidas hacia la gente más próxima que nos rodea, pero también hacia uno mismo, a través de una conducta de fracasos a veces literalmente suicida. Para corroer la punta de esta agresividad, y desviar su trayectoria para convertirla en una vía fecunda, no había otra salida que exagerarla, y llevar el goce, que ella propicia, hasta el asco, como lo aconsejaba ya en el siglo XII el gran Maimónides. Adoptar una actitud "comprensiva", complaciente en su neutralidad, hubiera condenado mi proyecto de reconversión a un fracaso seguro.

A la vez, considero que este modo de practicar el psicoanálisis tiene que permanecer en la singularidad de un hombre singular que nadie puede imitar sin caer en una imitación hueca o algo peor. Hay un tiempo para la imitación calcada, el tiempo de los primeros pasos, confusión temporal en la cual yo mismo he incurrido, y un tiempo para encontrar el modo de funcionamiento propio.

—No —le dije a Lacan en otra oportunidad, algunos años más tarde, cuando ya había empezado la profesión de analista—, esto no puede seguir. Me voy a detener en este punto, voy interrumpir mi análisis.

Esta vez también, luego de dedicar días a una dolorosa reflexión, estaba perfectamente decidido. No era ningún petardo lanzado al aire. Lacan suspiró:

—Mi querido amigo, lamento no haberle podido ayudar. Usted queda libre de interrumpir, ya lo sabe. Yo en su lugar no lo haría.

Luego, dejando su escritorio, se sentó en su sillón, a algunos centímetros de mi rostro. Entonces agregó:

—Sepa en todo caso que yo lo quiero bastante, porque usted es *uno de los pocos que entiende lo que digo*.

Fueron exactamente sus palabras. ¿Podía dejarlo luego de haberlas escuchado?

Al ver a Lacan desplegar tanta energía a pesar de su edad avanzada, al verlo recibir pacientes sin cesar desde la mañana a la noche, dedicarse tan pocos días de vacaciones, dictar su seminario parado durante dos horas con esa voz potente que nunca lo abandonaba, al verlo experimentar un amor notorio hacia una mujer de treinta años de edad, que luego se convertirá en una amiga, gracias a todo esto se producía en mí la ilusión de su eternidad. Sobrellevaba su vejez con tan elegante dignidad que yo lo imaginaba inmortal. Su rostro de septuagenario parecía embellecido por los años, cuando lo comparaba con retratos de juventud marcados por alguna suerte de complacencia que la edad, a semejanza del escultor que quita el mármol inútil, había suprimido.

Un día, sin embargo, me causó sorpresa su voz quebrada, y escrutándolo en estos breves pero intensos intercambios de mirada que abrían y clausuraban la sesión, noté en su mejilla izquierda una marca redonda de un color rojizo pronunciado. Iba a preguntarle por su salud, cuando, con un gruñido de oso furibundo, me despidió. Estaba muy acostumbrado a estas brusquedades. Quizá un resfrío mal curado. El día se desarrolló de manera habitual, y también la mañana del día siguiente, que pasé en SATEC.

De repente, durante la tarde, fui invadido por una pena tan grande como probablemente nunca la había experimentado. En plena calle, en un estado de gran confusión, fui sacudido por sollozos que no podía detener. Lágrimas que no podía controlar caían a borbotones. ¿Por qué este sentimiento, en realidad muy extraño? Un recuerdo me había aparecido de repente, el recuerdo de un compañero obrero con quien vendía el diario *L'Humanité* durante algunos días domingo, en la plaza Gambetta. Un día, noté en su mejilla una marca redonda, de un color rojizo intenso. "Me están haciendo algunos estudios sin importancia", me dijo. Un mes más tarde, me enteré que se había muerto. Se le había descubierto un cáncer en la mandíbula, que había sido tratado sin éxito con rayos, de allí la marca roja en la mejilla. El cáncer en la mandíbula era, además, el funesto mal que había llevado a Freud a la tumba. Ahora bien, Lacan presentaba la misma mancha en el mismo lugar. Por lo tanto, estaba recibiendo un tratamiento con rayos. Tenía pues un cáncer en la mandíbula. Su muerte era inminente.

Me presenté a la sesión en un estado de quiebre total, todavía sacudido por los sollozos, y di a Lacan, con mucha dificultad, una explicación de éstos. "No, no se trata de radioterapia", me contestó con una voz molesta. Ya que él mismo estaba dotado de una gran dosis de estoicismo, no soportaba el despliegue de mi debilidad. Me fui tranquilizado, como por arte de magia. Más adelante me enteraría de que un ladrón se había introducido la noche anterior en su consultorio, para robarle, y que los dos hombres habían llegado a las manos. Un golpe en la mejilla era la causa de la marca roja.

De todas maneras, la idea de su muerte, aunque borrada por un tiempo, había irrumpido en mi espacio mental. Lacan ya no era inmortal. Más allá de esta idea, se perfilaba, evidentemente, la representación más horrible que un hombre puede enfrentar, la del anhelo edípico de la muerte del padre, ese anhelo del que no quiero saber nada al punto de preferir mi propia desaparición.

Es precisamente esta cuestión del padre, de su desaparición anhelada e insoportable, que constituía el hueso duro de mi relación con Lacan, de mi transferencia casi delirante. Si quise tanto a Lacan, es porque en el centro de su teoría y de su práctica clínica se encontraba este enigma de la paternidad y de la filiación, mi cruz personal, pasión y resurrección incluidas. Mi dramática relación con mi padre, de quien me separaban años luz de radical incomprensión, a pesar de que sentía un gran amor hacia él, fue el hilo conductor de mi análisis.

Pero un análisis no se resume en los malos tratos, privación, frustración y castración reunidos, según el concepto de Lacan. Maniobras cuyo objetivo es el advenimiento de una palabra nueva, el surgimiento de algo más allá del discurso estéril de la neurosis.

Ese año resultó seguramente decisivo en mi carrera contra el tiempo. Un sueño de este período me marcó.

El sueño tenía dos partes. En la primera, bastante confusa, se trataba de un mago que ponía en práctica su poder fotografiando a la gente. Pero pronto el escenario del sueño se tornó absolutamente claro. Cuatro personajes están presentes: mi padre, mi hermano, yo y… otro yo, perfectamente real, y muy extraño. Me da la espalda, aunque de manera paradójica, como en el cuadro de Picasso, veo su rostro de frente. Silencioso, no participa en la conversación que estamos teniendo. Percibo en él, a través de su silencio total, una gran serenidad, opuesta a mi modo de expresión, generalmente quejoso y enfermizo. Pero sobre todo, su presencia me llena de terror. Dirijo entonces a mi padre este ruego:

—Tienes que impedir que *lo* vea; si no, me volveré loco.

—Eso está fuera de cuestión —me contesta mi padre— es también mi hijo.

¿A quién representa esta réplica de mí mismo? Se trata evidentemente de un doble. ¿Pero por qué entonces esta angustia de la locura? Y sobre todo, ¿qué significa la actitud majestuosa de este doble, su posición al margen de la escena, su sonrisa enigmática, su *silencio*?

Me tocó contar este sueño a algunos de mis colegas. Cada uno de ellos me ofreció su interpretación del sueño. Se me dijo a menudo: es tu yo ideal o tu ideal del yo. Pero estas explicaciones nunca me satisficieron. A mi criterio, este sueño se sitúa precisamente en un más allá de todos los espejismos narcisistas. Ese otro yo, por su silencio, me representa en calidad de *ya muerto*, razón por la cual su presencia me provoca ese terror. Y es con mi destino mortal que mi padre me obliga a confrontarme.

Lacan, por su parte, mostró un gran interés por este sueño, como si encontrara en él la señal esperada para… aquello que descubriría algunos meses más tarde. En varias oportunidades, Lacan puntualizó mis comentarios de aquel momento con su "¡Excelente! ¡Se trata precisamente de esto!"

* * *

Asistir al seminario de Lacan, comprar las revistas y las obras publicadas por el "Campo freudiano", la colección que Lacan dirigía en la editorial Seuil, me había acercado de un modo progresivo al mundo de los psicoanalistas. Hasta ese momento, yo me imaginaba que solamente un hombre que era casi un dios podía ocupar ese lugar. Imperceptiblemente, esta mitología empezaba a perder su consistencia, lo suficiente para que me atreviera a dar un paso adelante. Pensé que había llegado el momento de postularme a la Escuela Freudiana. Hablé del asunto con Lacan, que fingió cierta frialdad al respecto. Pero al mismo tiempo, llamó a Gloria, su secretaria, para que me anotara en un papelito los datos del doctor Christian Simatos, el secretario de la Escuela, encargado de recibir a los candidatos. A través de este pequeño gesto simbólico, Lacan me empezaba a abrir la puerta de su escuela.

Simatos me recibió cordialmente, y registró mi candidatura. Ésta no significaba una admisión, sino el comienzo de un largo proceso de evaluación:

—Usted puede participar en la mayoría de nuestros seminarios y grupos de trabajo —me dijo—, y le haré llegar el programa. ¿Por qué no empezar con el seminario de lectura de los *Escritos* de Lacan, que coordinan Melman, Bailly y Parisot? Sería una buena entrada en materia. En todo caso, tiene que trabajar, hágase conocer en la Escuela a través de sus actividades.

Seguí el consejo de Simatos, y me inscribí en el grupo de lectura.

El local de la Escuela Freudiana se encontraba en la calle Claude Bernard. Divisé, en la vereda de enfrente, el edificio que antaño concentró toda mi ambición, el Instituto Nacional de Agronomía. El jueves siguiente, hice mi entrada por primera vez y muy emocionado en la escuela de Lacan. Una sorpresa me esperaba. El rostro de Charles Melman, el responsable del grupo, no me resultaba desconocido. Al cabo de un momento, el recuerdo de nuestro primer "encuentro" volvió a mi mente. Era el tiempo en el cual llevaba a cabo mi "psicoterapia analítica" con el doctor G., en el dispensario para estudiantes. Los distintos pacientes esperaban a sus respectivos terapeutas en la misma sala grande. G. y los otros tenían esa actitud medida, esa lentitud del gesto, con la panza bien marcada, todas señales que se atribuyen al psiquiatra respetable. Pero un día, en el marco de la puerta, veo a un joven psiquiatra con una actitud desenvuelta, lleno de empuje, y enseguida lamenté no ser su paciente. Ignoraba su nombre. Ahora bien, diez años más tarde, me reencontraba con este psicoanalista seductor, que ahora tenía un nombre. Un lazo transferencial no podía dejar de establecerse entre nosotros, lo que fue el comienzo de una historia atormentada con una conclusión infeliz. Lacan supo despertar muchos talentos, los cuales, a menudo, con la carrera ya casi totalmente recorrida, dieron la espalda a las promesas que habían dejado entrever al comienzo de la misma. La lista que se podría confeccionar sería extensa. Por el momento, mis comienzos en la Escuela se presentaban bajo buenos auspicios.

Algunas semanas más tarde, me encontraba en el seminario de Lacan acompañado por mi mujer. Divisé a Melman en un lugar al costado de la sala, buscando algún sitio libre, lo que resultaba una empresa imposible. Le propuse, apretándonos un poco, que se sentara con nosotros. Con mucho tacto, no aceptó la propuesta. No se podía mezclar el común de los analizantes con los popes del lacanismo. Pero el carisma del hombre tuvo su efecto en mi mujer, que declaró: "Si algún día hago un aná-

LA EXHUMACIÓN DE LOS MUERTOS

lisis —cosa a la cual hasta entonces se había rehusado— será con él."
Algo que, efectivamente, ocurriría.

* * *

Desde el comienzo de su enseñanza, Lacan ponía el acento sobre la
importancia de las matemáticas: la lógica proposicional, la teoría de los
conjuntos, y pronto le daría importancia a la topología de los nudos. Con
el correr del tiempo y de los seminarios, la referencia a las matemáticas se tornaba cada vez más insistente. Este punto de vista no podía dejar de interesar al ingeniero que yo todavía seguía siendo. Pero para los
que seguían esta enseñanza, hombres de la literatura y de la medicina
en su mayoría, estas referencias se convertían en un obstáculo para la
comprensión de una teoría ya bastante hermética. En consecuencia, surgió en algunos la idea de organizar una enseñanza de matemáticas. Un
anuncio apareció en el boletín de la Escuela. La idea me gustó, y quise
formar parte de la misma.

Nos reuníamos todos los miércoles a la mañana, con un profesor de
matemáticas solventado por nosotros, en la casa de la persona que había tomado la feliz iniciativa del curso. Gracias a la dinámica del grupo, un vínculo amistoso se desarrolló entre la decena de personas que
formaban parte del curso. La mayoría se designaban como analistas, lo
cual aceleró para mí la caída del mito alrededor de esta palabra. Sobre
todo, me llamaba la atención una alta y hermosa joven mujer, Anne C.,
analista "recibida". Un día soleado de primavera, luego del curso, todo
el grupo decidió tomar algo en la terraza de un bar próximo. Me encontraba sentado al lado de Anne C., y abruptamente, le formulé la siguiente pregunta:

—¿Cómo se empieza a trabajar de analista?

Mi pregunta la incomodó.

—No puedo contestarle así. Tendríamos que encontrarnos para hablar más largamente.

Registré la propuesta, pero estaba distraído. Semejante objetivo me parecía todavía tan irreal, tan lejano… y sin embargo tan cerca también.

Había hecho esta extraña promesa: apenas fuera analista, iría a Viena, a la famosa calle Berggasse, para visitar la casa de Freud. La idea de
empezar a recibir pacientes me perseguía. Mi situación material sumamente precaria, agravada por todos los préstamos bancarios contraídos
en calidad de estudiante, salir finalmente de mi postura humillante de
estudiante atrasado, todo aquello me empujaba a empezar la profesión

de analista. Pero mi principal motivación no radicaba allí. Sobre todo, tenía prisa para empezar a realizar el sueño perseguido desde mi adolescencia. Me resultaba difícil hablar de ello con mi analista. Estaba persuadido de que se enojaría conmigo, y que el enojo se expresaría con ese gruñido que me resultaba tan conocido. Sin embargo, un día me atreví a hablar. Su reacción fue totalmente distinta a la esperada por mí, cosa que me asombró enormemente. Mis palabras habían desencadenado en él una emoción particular, una gran angustia.

"Le contestaré dentro de un tiempo", me dijo Lacan al cabo de un momento. La posibilidad de la aprobación se incrementaba, aunque la decisión fuese postergada en el contexto de un futuro indefinido. Extraje de esta postergación un alivio cobarde.

El segundo trimestre avanzaba. Poco a poco, gracias a un esfuerzo cotidiano, mis resultados mejoraban. Mi avance a tercer año, siempre problemático, ya no me parecía imposible. La presión financiera, sin embargo, se incrementaba cada día. No tenía otra opción que la siguiente: poner en venta una vez más el departamento donde vivíamos, liquidar el pobre resto patrimonial. Pero la ejecución de esta dolorosa decisión no iba ser inmediata. Los días y las semanas transcurrían sin un comprador en el horizonte. ¿Quién podía tener interés en ese departamento de las afueras de París, sumamente común, desprovisto de encanto? Le rogué a Lacan que aceptara, sino una interrupción, por lo menos una disminución en la frecuencia de las sesiones. La quiebra concreta estaba al alcance de la mano. Su maniobra fue una vez más sorpresiva:

—Venga mañana. No me pagará la sesión.

La sesión gratuita tuvo lugar. Me pareció insoportable. Había que encontrar otra solución. Lacan me solventó algunas sesiones que iba a pagar más adelante, pero nuevamente no pude soportar la situación. El incremento de mi deuda podía ser vertiginoso. Recordaba además estas palabras que un día me había arrojado: "¿Por qué tendría que ser su banquero?"

Mi padre había pasado la mayor parte de su vida al servicio de un banco. Por lo tanto, recurrí a él para un pequeño préstamo. Me lo facilitó a pesar de la modestia de sus finanzas.

Una agencia por fin se puso en contacto conmigo. Tenía un comprador para mi departamento, al precio estipulado, con lo cual yo me quedaba con una pequeña ganancia.

—¿Dónde piensa vivir ahora? —me preguntó el agente inmobiliario que había llevado a cabo la venta.

—Voy a buscar un departamento en alquiler.

—¿Estaría interesado en quedarse en su propio departamento como inquilino?

El comprador había adquirido el departamento para hacer una inversión, no para ocuparlo. Esta propuesta me pareció una suerte inesperada. Yo me ahorraría los trastornos de una mudanza, y seguiría en mi ambiente habitual. Podría respirar por un tiempo.

*   *   *

Para las vacaciones de Pascuas, Bour me propuso una nueva misión. Esto fue como la última tentación del Diablo.

La guerra había estallado algunas semanas entre la India y Pakistán a propósito de Bengala oriental. La derrota del ejército pakistaní dio lugar al nacimiento de un país nuevo, Bangladesh. Las armas se habían silenciado hacía muy poco tiempo, cuando el Ministerio de Relaciones Exteriores encomendó a nuestra sociedad una misión exploradora: ¿de qué manera ayudar a este país, el más pobre del planeta probablemente? Me fue asignada la misión de proyectos agrícolas sencillos.

Al preparar mi viaje para Daca, viaje que requería algunas escalas, descubrí que una de ellas podía ser… Tel-Aviv. Nunca había visitado Israel, y de repente tuve ganas de ver este país hacia el cual, durante todos mis años de comunismo, había fingido una indiferencia hostil. Decidí entonces detenerme en Israel, en el viaje de vuelta, aunque fuera por tres días.

Salí para Daca. El viaje me pareció interminable, luego de una primera escala en Delhi y una segunda en Calcuta, en donde tuve una espera de varias horas en medio de la humedad y la incomodidad de la sala de espera del aeropuerto. Descubrí además el penoso malestar que produce el defasaje horario. Llegué a destino agotado, con una sensación de borrachera producto del cansancio. Mientras atravesaba la ciudad en un taxi, me pregunté por qué semejante muchedumbre abarrotababa los caminos a esas horas tempranas de la mañana. La realidad de Bengala me tomaba de entrada de una manera cruda y violenta. Esa muchedumbre no iba a ningún lado. La gente vivía allí, dormía en el suelo; una población que ya para entonces duplicaba la francesa en un país con una superficie cinco veces menor a la de Francia, infinitamente más pobre, inundado con frecuenia en el sur por el océano, sin ningún recurso natural, arruinado por la guerra; en una palabra, en un desamparo total.

Durante los días siguientes, visité al cónsul de Francia, luego los servicios locales, que comenzaban a reorganizarse, conseguí un coche destartalado y un chofer para recorrer el campo. Las horas transcurridas alrededor de la pileta del hotel fueron igualmente bien aprovechadas. Los periodistas, que habían dado cobertura a la guerra venían a descansar en este oasis, y se les podía sacar información. Al cabo de una semana, logré esbozar una serie de pequeños proyectos sencillos, que podrían permitirme una primera acción de desarrollo agrícola: formación de pozos dotados de pequeñas bombas, cultivos de verduras durante la estación seca, mejoramiento de los cultivos de arroz, cría asociada de pescados...

En el camino de vuelta, aproveché las tres horas de escala del avión en Calcuta para alquilar un taxi y recorrer, sin abandonar el vehículo, este símbolo de la miseria más extrema. El centro de la ciudad, completamente descuidado, me pareció, en el contexto del desgaste general de toda la región, contener bellezas inesperadas. Pero no me podía detener más tiempo. El avión para Tel-Aviv salía a la noche. En una posición incómoda,durante interminables horas de vuelo, busqué en vano, las piernas entumecidas e hinchadas, la espalada quebrada,conciliar el sueño. Finalmente llegué al aeropuerto Ben-Gurion, muerto de cansancio, emocionado, sin querer admitirlo, por el hecho de pisar la tierra de mis sueños de niño creyente, de adolescente sionista. La dura realidad de Israel me despertó inmediatamente. Estábamos en vísperas de la guerra de *Yom Kipur*, que nadie preveía. De todos modos, el terrorismo era una preocupación permanente. Algunos aviones habían sido derribados. Mi apellido, bastante difundido en el Medio Oriente, era también el de un terrorista famoso entonces. Proviniendo de Bangladesh, y saliendo para París a los tres días, era evidente que desperatría la sospecha de los servicios de seguridad de Israel. El policía a cargo del control de pasaportes me pidió seguirlo a una oficina donde se le unió un colega. Debí soportar un registro profundo de mi cuerpo y vestimenta, y un interrogatorio muy preciso; abrieron mi equipaje, mi valija fue revisada en todos sus rincones. ¿Por qué había ido a Bangladesh? ¿Cuál era mi hotel en Tel-Aviv? Todavía no había hecho ninguna reserva. Proporcioné la dirección de unos primos que vivían en el país. Todo aquello era sumamente sospechoso, pero no me percataba de la situación. Como no encontraron nada sospechoso en mi equipaje, salvo los *Escritos* de Lacan, me dejaron abandonar el aeropuerto luego de varias horas de trato poco amigable.

Al chofer del taxi que me preguntó dónde quería ir, le contesté sin vacilar:

—Jerusalén.

—¿La vieja o la nueva ciudad?

—La vieja, por supuesto.

Para mí, "ciudad vieja" significaba vivir en el interior de las fortificaciones, la verdadera Jerusalén de mis sueños. Ignoraba la existencia de un barrio árabe. El chofer me dejó en la calle Salah-el-Din, frente a un hotel de apariencia poco acogedora, sin ninguna comodidad. Estaba tan agotado y mi inglés era tan precario que renuncié a toda discusión. Tomé la habitación que me ofrecían, y me hundí inmediatamente en un profundo sueño.

Me desperté dos horas más tarde, bañado en sudor. El calor era sofocante. Estaba en Jerusalén. No era el momento de dormir. Dejé el hotel, y luego de dar algunos pasos, descubrí las grandiosas murallas. Atravesé con pasos rápidos la puerta de Damasco, avanzaba sin vacilar, caminando en una línea recta que se extendía frente a mí, como si supiera adónde tenía que ir. Era como un sonámbulo, pero al mismo tiempo tenía dentro de mí un extraño saber, una música inmemorial que empezaba a surgir, a la manera de un fino hilo de agua fresca. El sol estaba en su apogeo. De repente, delante de mí, el Muro, ese muro que reconocí inmediatamente, la metonimia de mi memoria judía, de mi deseo. Quizá debí romper en llanto. Pero tenía que desprenderme de la irrealidad de mis impresiones, de ese combate recién empezado en contra de mi alienación, de mi subjetividad opaca.

Algunos minutos más tarde, deambulaba en la elegante explanada de las Mezquitas, rodeada de una especie de claustro formado por arcos de piedra, silenciosa y desierta. Allí, antaño, estaba el templo de Salomón, el Santuario, *sancta sanctorum*, lugar preciso de mi mirada mental. La paz del lugar y su belleza irreal me proporcionaban una dulzura infinita.

Un joven palestino se acercó a mí y me propuso ser mi guía en la visita de las dos mezquitas. La mezquita de El Aqsa había sido casi incendiada algunos meses antes por obra de un judío fanático, que creía de esta manera apresurar la llegada del Mesías.

Abandoné este lugar sublime, al que, desde entonces, no tuve la oportunidad de volver. Mis pasos me llevaron a la calle Jaffa, la vidriera de una agencia de viajes proponía varias excursiones; visitas a Tiberíades, al desierto, a Galilea... Empujé la puerta. Tenía que aprovechar al máximo mi escala de tres días. Establecí rápidamente mi programa. Gran excursión al desierto de Judea, con parada en el Mar Muerto, y luego Masada, vuelta a través del desierto del Neguev y Bersheva, retorno a Tel-Aviv para dirigirme al norte, visita de Galilea, excursión en el lago Tiberíades, llegada a Haifa y despertarse a la madrugada para tomar el avión. Las dimensiones reducidas del país me permitían semejante circuito.

Vivencié cada etapa como una nueva sacudida, una irrupción del sueño en lo cotidiano, un encantamiento. Si bien mi estadía duró nada más que tres días, habría que agregarle las tres noches, que preferí no desperdiciar durmiendo.

Pero pronto volvería a la realidad gris de los tiñosos policías del aeropuerto. Yo no me daba cuenta de que cada uno de mis actos de esos últimos tres días no podía sino provocar la sospecha de los policías, incluso de los menos paranoicos: mi residencia en la calle Salah el Din, el veloz recorrido por la mitad del país. Mis idas y vueltas probablemente habían sido vigiladas. Me hicieron nuevamente un registro exhaustivo, mi valija fu vaciada dos veces. Enfrenté el interrogatorio de dos policías que se turnaban. ¿Qué hacía usted en Bangladesh? ¿Por qué vino a Israel? Para visitar el país, ¡naturalmente! ¿En tres días? Esos pobres policías no comprendían mi presencia allí, tan atípica y por lo tanto sospechosa. Las computadoras debían haberles suministrado una información errónea sobre mi persona. El altoparlante anunciaba ya la partida de mi avión, y estaba empezando a preocuparme en serio; por lo tanto, me estaba poniendo tenso. ¡Estoy a punto de perder mi avión! ¿Qué quieren de mí? ¿Qué significan estos registros, estas preguntas? Seguridad, me contestan. Obsesión de la seguridad, que desgastaba al país hasta en sus capas más profundas. Aquello me recordó el cuento de Edgar Allan Poe, *La carta robada*, con el empecinamiento de la policía por encontrar un objeto que estaba bajo sus narices. Ese peligro que se buscaba en el hipotético doble fondo de mi valija, estaba sin embargo allí, evidentemente, y nadie o casi nadie quería verlo, en la ocupación y la opresión de otro pueblo.

Finalmente, me liberaron justo a tiempo para tomar mi avión. *¡Shalom!,* me dijeron los dos policías que me investigaron. *¡Bye Bye!* les contesté, dando a entender que no experimentaba ningún deseo de volver a esos sitios inhospitalarios. No podía adivinar que, años más tarde, una pasión ardiente se despertaría en mí por este país, y me llevaría a abandonarlo todo en París, donde mi posición ya era muy confortable, para instalarme en Israel. Ningún acontecimiento particular había provocado este despertar, simplemente el develamiento progresivo de un sentimiento reprimido durante mucho tiempo. Luego, vendrá el tiempo de las desilusiones, y después de haberlo amado apasionadamente, terminaría abandonando un país que se había vuelto extranjero para mí.

De vuelta a París, me olvidé por el momento de todas estas emociones intensas. La brecha vertiginosa que se había abierto en mí fue colmada rápidamente. Se elogió mucho el informe que traía sobre Bangladesh. Francis Bour me convocó a su oficina. En primer lugar, me felicitó por el trabajo realizado, la claridad de mis propuestas. Luego, tocó el tema de la verdadera razón de la convocatoria:

—Usted sabe que la cooperación técnica está en crisis. Hay cada vez menos dinero para los emprendimientos de desarrollo en el tercer mundo. Debo reorganizar la sociedad, simplificar su organigrama. La sociedad tendrá de ahora en más, bajo mi mando, cinco orientaciones.

Enumeró las cuatro primeras.

—La quinta, que podemos llamar *prospección y desarrollo*, consistirá en concebir en las regiones de mundo donde no estamos todavía arraigados nuevas operaciones de desarrollo. *He pensado confiarle este puesto directivo.* Usted se podrá organizar como le parezca, irá a cualquier país tropical que le pueda resultar prometedor. Espero, de su participación, nuevas ideas. Por supuesto, su salario será equiparado a sus nuevas funciones. Igualmente, tendrá que abandonar sus estudios de medicina, que, según me dijeron, no van muy bien.

Esta propuesta superaba todas mis esperanzas. Estaba impulsado, a los treinta y un años, hacia la cumbre de la jerarquía envejecida de esta sociedad. Todas mis preocupaciones de dinero, mi situación humillante de estudiante de mal desempaño, serían borrados inmediatamente. La tentación era verdaderamente diabólica. Algo en mí vaciló. Pedí un tiempo de reflexión de tres meses. Sabría para ese momento el resultado de mis exámenes universitarios, y si había sido admitido en tercer año. En caso de un fracaso, habría vuelto sin vacilar a la agronomía. En caso de éxito...

—No, necesito una respuesta mucho más rápida.

—Bueno, le daré mi respuesta dentro de un mes.

Aceptó. Salí de la oficina de ese patrón benévolo dividido entre un sentimiento de orgullo y un sentimiento de malestar. Algunos minutos después de esta entrevista, me fui a mi cita cotidiana con Lacan. Le conté la novedad. Me escuchó atentamente, durante un largo tiempo. Al dejar el diván, pude ver su sonrisa:

—Y bien, volveremos a hablar de esto.

Y luego, agregó una de esas frases, en apariencia tan insignificantes, pero que tuvieron siempre una gran incidencia en mis decisiones:

—Hay que saber tomar *riesgos calculados*.

¿De qué riesgos y de qué cálculo se trataba? Durante toda la semana pensé sin cesar en la difícil decisión que debía tomar. De hecho, estaba profundamente agradecido a Francis Bour, que me había seleccionado entre tantos ingenieros que tenía a su cargo. El hombre, con su altura imponente, sus maneras aristocráticas, sus caprichos y su generosidad, suscitaba el afecto o la frustración típicos de las cortes principescas. Mi decisión no dependía, pues, de un análisis frío de la situación, sino del triunfo de un apego sobre otro. El apego a Lacan resultó rápidamente más potente.

Durante esos días en los que estaba entregado al torturante debate de la decisión a tomar, Lacan se mantuvo en una neutralidad total, no pronunció una palabra que pudiera influenciarme en un sentido o en otro. Por cierto, no me hizo víctima de las "miserias" que me hacía padecer a menudo en las sesiones. El viernes a la noche, cinco días después de haber recibido la propuesta de Bour, anunciaba a Lacan que mi decisión estaba tomada: elegía el psicoanálisis. Me saludó con un apretón de manos sin decir una palabra.

La semana siguiente, Bour, María Novak y yo fuimos al Ministerio de Relaciones Exteriores, para discutir sobre Bangladesh. María Novak, en aquel entonces la colaboradora más cercana a Bour, me demostró a lo largo de esos años mucha simpatía y comprensión. La reunión fue excelente. Pero nunca sabré si tuvo consecuencias concretas. En el camino que nos conducía a la oficina de Bour, le informé mi decisión, sin esperar la finalización del plazo que me había otorgado. Nos quedamos en silencio. Acababa de quemar mis últimas naves.

El asunto tuvo su epílogo algunas semanas más tarde. El patrón me convocó nuevamente.

—Usted conoce las dificultades que tiene nuestra empresa… Voy a despedir un cuarto del personal fijo. Su estatuto de tiempo reducido, que ya provoca muchas críticas, se torna imposible de sostener. Ahora usted debe optar entre dos soluciones: retomar su puesto de tiempo completo o renunciar.

—Yo veo una tercera opción.

—¿Y cuál es?

—Que me echen.

—Pero no quiero despedirlo. ¿Por qué me lo dice?

—Porque el despido implica una indemnización. Hace siete años que trabajo para una u otra de sus fundaciones.

Una vez más, Bour aceptó. Algunos días más tarde, me encontraba compartiendo una oficina con tres otros agentes de la sociedad, todos condenados al despido. El teléfono sonó. J. fue el primero en ser llamado. Volvió unos minutos más tarde, pálido: despedido. Luego llegó el turno de P. Esta oficina se parecía en realidad a un pasillo de la muerte. Entonces fui llamado a la oficina para enterarme de lo que ya sabía. Faltaba firmar unos papeles. Recibí según lo acordado una pequeña suma de dinero. La entrevista tuvo un tono helado. Todo aquello no representaba ninguna sorpresa para mí, pero sin embargo sentía una conmoción. Mi carrera de agrónomo se había detenido definitivamente.

Me inscribí, algunos días más tarde, con un profundo sentimiento de vergüenza, en la Caja del Seguro de Empleo de Créteil. De ahora en adelante, cada quince días, tenía que presentarme en ese lugar siniestro, firmar un formulario y recibir mi indemnización de desempleado. Esta situación me resultaba insoportable. Mi despido, la venta de mi departamento, ponían en mis manos un pequeño capital que tenía que permitirme solventar mis gastos durante dos o tres años.

En ese mes de junio, tan cargado de acontecimientos, eran también los exámenes finales. Debía aprobarlos costara lo que costara. Volví a vivenciar la misma energía imparable que me había permitido ingresar en Grignon. Había incorporado el modo de pensamiento tan particular de la enseñanza médica, las pequeñas trampas más o menos lícitas para compensar los olvidos de la memoria. Recuerdo todavía la sorpresa del asistente en fisiología que nos comunicó nuestras notas, y que me consideraba como un incapaz. No podía creer lo que leía: había obtenido la mejor nota de la promoción. Había pasado a tercer año. Faltaba poco tiempo para las vacaciones, y mi análisis pronto se interrumpiría. Una pregunta me quemaba los labios: ¿podría a la vuelta de las vacaciones empezar a recibir pacientes? Me sentía todavía tan mal preparado. Esta idea me angustiaba terriblemente. ¡Qué comodidad hubiera sido bajar los brazos, postergar mi decisión para una fecha lejana, indefinida! Sin embargo, en la última sesión del mes de julio, me tiré a la pileta: ¿acaso Lacan no me había prometido "contestarme en algún tiempo"? ¿Ese tiempo no había llegado?

Mi pregunta provocó en Lacan la misma clase de agitación ansiosa que yo ya había percibido, especialmente cuando la cuestión de mi futuro como analista volvía a circular:

—Usted seguramente entenderá que todavía no puede autonombrarse analista. Pero creo sí, que puede empezar...

Estas palabras se perdían en frases que no comprendía. Lacan parecía más emocionado que yo. Llamó a Gloria, le pidió que anotara mis datos.

—Pero ya los tengo.

Esta curiosa agitación del viejo, hombre cuya experiencia en esta extraña profesión era tan profusa, me sorprendía una vez más. Nunca, hasta su último día de trabajo, su práctica se convirtió en una rutina. Su implicancia e identificación con la profesión eran totales. Semejantes recuerdos todavía despiertan en mí un sentimiento de radical limitación.

Esta vez, claramente Lacan había abierto la puerta de acceso a la profesión de analista, emitiendo también una señal de prudencia. El hecho me traía más molestia que satisfacción. Quizá también tenía el presentimiento de que conocería, a partir de ese momento, las tempestades más violentas de mi existencia, frente a las cuales aquellas que había atravesado no eran más que simples ventiscas. Mi universo mental sería transformado completamente en un tiempo muy corto. Entraba de lleno, y sin saberlo, en esa instancia que Lacan había definido como momento del *pase*, embudo que lleva al analizante a abandonar su queja para ocupar su lugar de analista. Semejante desenlace tenía que provocar un movimiento de retroceso. ¿Estaba realmente preparado para escuchar la queja de quien era mi hermano en el reino de lo humano, yo que seguía siendo tan atascado con mis dificultades? ¿Había entendido bien el mensaje de Lacan? Mis dificultades conyugales, que me habían llevado al psicoanálisis, estaban en su apogeo.

Postergué la respuesta a estas cuestiones acuciantes, y me fui de vacaciones a la casa de mis suegros, en Udine. No podíamos derrochar el pequeño capital que acabábamos de constituir. Aunque mi esposa a partir de ese año cobraba un modesto salario como maestra auxiliar en la Educación nacional, éste era arrastrado por el río de nuestros gastos, es decir, el costo de mi análisis.

La estadía en Udine me deprimía. Bajo la canícula, soñaba con el mar, con la montaña, pero debía contentarme con el aburrimiento de una ciudad provinciana, abandonada por sus habitantes.

Para distraerme, tuve la idea de visitar Viena. Udine se encuentra precisamente en la línea directa de tren que lleva a los viajeros austríacos de Viena hacia Italia. Freud tuvo que pasar necesariamente por esta estación en sus múltiples viajes a Italia.[10] Además, existía, por cierto, aquella "promesa" de peregrinaje a la casa de Freud, una vez que yo mismo me hubiera convertido en analista, promesa que debería haberme inducido a postergar el viaje. ¿Pero por qué motivo me tenía que quedar atado a semejantes pensamientos, de alguna manera recubiertos de un matiz religioso? La decisión estaba tomada. Salí de viaje un día viernes del mes de agosto.

10. Ver A. y G. Haddad, *Freud en Italie*, ob. cit.

La frontera austríaca se encuentra a algunos kilómetros de Udine. La travesía de las sonrientes colinas de Carintia ahuyentó las impurezas de la canícula. Llegué a Viena al caer a la noche. Ya era tarde para ir a visitar el museo Freud, mi verdadero objetivo. Encontré una habitación en un modesto hotel, cerca de la estación, y me dormí con un sueño agitado.

A la mañana siguiente, pregunté la dirección del museo. Poca gente conocía su existencia. Finalmente asesorado, con un plan de Viena en la mano, me fui al museo. Seguí el *Ring*. Pero mi humor ese día no era precisamente turístico. La belleza de la ciudad no me interesó. Llegué al cabo de un tiempo al lugar mítico en el cual el psicoanálisis hizo su aparición, donde vivió ese hombre cuya doctrina había organizado mi vida y mi pensamiento.

De los muebles de Freud, quedaban únicamente algunas sillas de la sala de espera, testimonio concreto de la presencia del maestro. La sala de espera conducía a una amplia habitación vacía, con las paredes recubiertas con grande fotos tomadas en 1938, antes de la partida para Londres. Eran las del consultorio como estaba en aquel entonces, con su diván cubierto con un tapiz. A la derecha, la habitación de trabajo de Freud, también llena de fotos, las fotos de las famosas estatuillas que coleccionaba. También había algunas pequeñas vitrinas en este lugar desierto y conmovedor en su desnudez; contenían los originales de Freud. El mobiliario, la biblioteca, los objetos de colección, el alma del consultorio se encontraban en realidad en Londres, donde Anna Freud creó otro museo que yo visitaría algunos años más tarde.

Miré un rato las fotos y luego abandoné el lugar. Mi intención de quedarme más tiempo en Viena me pareció de repente inútil. Yo no sabía aún que próximamente ocuparía ese lugar de analista que Freud había instituido. En realidad, no había llegado allí por algún motivo irrisorio, por ejemplo huir del griterío de mi suegra, sino para cumplir con un acto fundamental: anunciar a los Manes de Freud que iba a retomar su mensaje. De alguna manera, acababa de realizar a la manera de un sonámbulo mi promesa de peregrino. Más allá de mi conciencia miope, descubriría una vez más, la existencia de una instancia mucho más lúcida, que Lacan designa como *sujeto del inconsciente*, la cual sabe dónde quiere llegar, si se la escucha o se la deja, en alguna oportunidad, conducir las riendas de la vida.

Una y el Otro

Mis vacaciones no habían calmado la tortura suscitada por esta cuestión imposible: ¿Era concebible, en el estado de desamparo en el cual me encontraba, considerar la posibilidad de asumirme como psicoanalista? Es cierto que Lacan me había dado su aval al respecto, pero no había puesto término a mi dilema.

Un acontecimiento se estaba preparando, un congreso de la Escuela en el mes de septiembre. Será mi primera participación en una actividad de psicoanalistas. Grupos de trabajo preparaban estas jornadas, y yo formaba parte de uno de ellos, apoyado por Jean Clavreul.

Una gran tensión reinaba entre los principales representantes de la Escuela, los barones del lacanismo. Por el momento, yo atribuía este estado febril, perceptible apenas se franqueaba el umbral de la puerta del local, a mi propia angustia de debutante, que se atrevía a pisar el atrio del templo. Deleuze y Guattari, este último miembro de la Escuela, acababan de publicar, con escaso éxito, *El Anti-Edipo*, pero la consigna en la Escuela era no hablar de eso. "Una gran estupidez", eran las palabras que circulaban. Sin embargo, la sombra de la obra sobrevolaba nuestros trabajos. El alumno se había atrevido a poner en tela de juicio el centro de gravedad de la enseñanza de Lacan, el Edipo precisamente, luego rebautizado como Nombre del Padre. La tesis del libro me causaba rechazo, y aún hoy lo hace, ya que estoy convencido que la cuestión paterna es el único operador consistente del que dispone el psicoanálisis. De todas maneras, en nuestra arena "científica", debatir, criticar, me parecía mejor que ese silencio stalinista. Desde luego, me mantuve al margen.

Teoría, teoría, producción teórica, efecto de la impronta de Althusser sobre varios miembros de la Escuela; en esa época se escuchaba únicamente esta palabra, ambición latente o verdadero prurito mental, como si cada uno de nosotros tuviera que soportar sobre sus espaldas el peso de una deuda paralizante. En el curso de una reunión de nuestro grupo, me vino a la mente una idea: ¿teoría no suena parecido a Torá? ¿En qué consiste una producción teórica sino en una exégesis de los textos fundadores? ¿Por qué el pensamiento judío se había agotado después de una exégesis indefinida? Comparé esta situación a la de alguien que hubiera contraído una deuda de dinero y que intentaría pagarla con los dividendos del capital recibido. Los intereses producidos vendrían a amortizar la deuda inicial a través de una espiral sin fin. Expresé pues esta idea en voz alta (juntando todo el coraje que tenía a mi disposición). Clavreul encontró la idea interesante, y me pidió que la volviera a poner en circulación en las próximas jornadas del Congreso.

Éstas tuvieron lugar el sábado siguiente. Yo no entendía gran cosa de los discursos que se pronunciaban en la tribuna. Clavreul presidía la sesión de la mañana. Nuevamente, el significante *teoría* volvió a circular en los discursos. Guattari, presente en la sala, no intervino. Entonces, en esta sala totalmente colmada, me atreví a pedir la palabra, tratando de controlar los latidos de mi corazón que parecía a punto de estallar. Yo estaba siguiendo la propuesta de Clavreul. Pero el humor de éste, entretanto, había cambiado. Tuve mucha dificultad para que me otorgara un turno para hablar, pero finalmente lo obtuve. La claridad de mi pequeño discurso me sorprendió. No me puse a farfullar en ningún momento. Fue de esta manera que llevé a cabo mi primera incursión en la escena psicoanalítica, con este significante Torá-teoría. En esa época, ignoraba todavía en qué camino me involucraba.

Siguió una pequeño receso. La mayoría de los oyentes habían abandonado la sala por un momento, y encontré a mi lado a Maryse P., una joven psicoanalista que encontraba a menudo en el seminario y en las reuniones de la Escuela, pero sobre todo en la sala de espera del consultorio de Lacan. Parecía petrificada, y no se atrevía a caminar por el pasillo vacío. Le pregunté el motivo de su parálisis. Con el mentón, en silencio, me señaló a nuestro común analista, parado un poco más adelante. No se atrevía a pasar delante de él. Semejante inhibición me pareció llamativa luego de tantos años de análisis, y de trabajar ella misma como analista. La dejé librada a su angustia, y me dirigí a la salida. Pasé delante de Lacan, que me sonrió y me dio la mano. Quizá mi intervención le había gustado. También era una señal de bienvenida a su escuela. Dos años más tarde, en Roma, en un contexto semejante y con Lacan a dos pasos del sitio donde yo me encontraba, experimenté la misma parálisis que Maryse P. La transferencia es, en algunos de sus aspectos, una auténtica experiencia de la locura.

También me encontré con Anne C. Habíamos retomado nuestro grupo de estudio de matemáticas. Le recordé su promesa de esclarecerme con respecto al "modo de empleo" del devenir analista. Me propuso que almorzáramos juntos. Quedamos en encontrarnos. Anne era una analista ya confirmada, y yo la admiraba. El hecho de que aceptara almorzar conmigo, miserable gusano, era para mí un honor inconmensurable. Ningún sentimiento amoroso perturbaba nuestra relación. Por otro lado, durante todos esos años, la idea misma de una aventura amorosa ni siquiera rozaba mi mente, ya que toda mi energía apenas me alcanzaba para llevar a buen puerto mi proyecto insensato. ¿Qué le demandaba yo a Anne? Que ella me ayudara a franquear ese cuello de botella, este *pase* que me angustiaba.

Me fui a almorzar con ella como hubiera ido a una reunión de información. Con el fervor que me agarra cada vez que tengo que dar cuenta de un punto esencial para mí, le hablé de mi pasión por el psicoanálisis, del recorrido que yo había hecho. Anne me alentaba a dar el paso. Me predijo un brillante futuro como psicoanalista. Otros analistas de la Escuela que había consultado me habían aconsejado postergar este comienzo, y mientras tanto profundizar mi propio análisis. La palabra de Anne constituía un poco de luz en mi noche oscura.

Dos días después de este almuerzo, me encontré nuevamente con Anne en una reunión de la Escuela. "Espéreme después de la reunión me dijo, tengo que hablar con usted." Para evitar los oídos indiscretos, me invitó a sentarme en su automóvil, estacionado en la calle Ulm. Parecía agitada, conmovida por frases que acudían a sus labios, y que no vacilaba en pronunciar. "He recibido tus palabras en nuestro almuerzo como un regalo maravilloso..."

¿Habré agarrado sus manos, o bien ella colocó a sus manos sobre las mías? Dante, a propósito de Francesca da Rimini, expresó este pensamiento escuchado en mi adolescencia en Túnez, según el cual no se podía resistir al amor de un corazón noble. Fue como un fuego que estalla en la selva, y que en pocos día arrasa y consume todo. La declaración de amor de Anne me conmovió profundamente, a mí, Job sentado sobre su montículo de basura. Debajo de la luz pálida de un farol, entreví la solución a todos mis problemas. Pensaba haber encontrado al Otro lacaniano en carne y hueso. Sería el final de la pesadilla conyugal, una vida digna y cómoda en el contexto de un trabajo compartido.

No pasaron muchos días cuando Anne, casada, madre de dos niños, anunció a su marido la decisión de dejarlo, decisión que provocó una pequeña tragedia. Arrastrado por tanto ímpetu, informé a mi mujer la intención de divorciarme. Su reacción me sorprendió. Pensaba que estaba agobiada por mis reproches insoportables, por nuestros permanentes conflictos; yo creía que ya no me quería. ¿Acaso la separación no era para ella también una liberación? Me di cuenta de que le asestaba a ella, y también a nuestros hijos, un golpe terrible, un cruel sufrimiento. Presa de un gran desamparo, ella buscó desesperadamente un analista. Su elección recayó en Charles Melman. Me dijo que no era cuestión de esperar, de reflexionar, la situación debía ser aclarada inmediatamente, sin equívocos. Tenía que terminar esa relación o dejar mi casa. Elegí partir.

Anne y yo alquilamos un pequeño departamento oscuro y apenas amueblado. Provisoriamente, había que resignarse a esta estrechez. El lugar, por otro lado, no era adecuado para que yo recibiera mis primeros pacientes. Era el comienzo del mes de octubre. Esta transformación, aparentemente radical, de mi vida, se había producido casi en una semana.

Quedaba pendiente la cuestión de mi asunción como psicoanalista. Decidí, para romper la espiral de mi inhibición, fijarme un plazo de un mes. Entonces estaríamos llegando al fin de semana de la Fiesta de Todos los Santos. Consideraba la posibilidad de viajar hacia una playa del Mar del Norte, y allí, como ya lo había hecho en varias oportunidades, caminar descalzo sobre la arena fría del otoño y tomar mi decisión. En realidad, estaba esperando alguna señal misteriosa, por ejemplo, que mi inconsciente expresara su "ábrete sésamo" a través de un sueño. Había hecho pues una cita conmigo mismo para la simbólica fecha de comienzos de noviembre. No me había percatado, en mi ceguera, que esta fecha era el cumpleaños de mi mujer y de mi hijo mayor, la fecha en que me había convertido en padre.

Evidentemente, yo mantenía a Lacan al corriente de estos acontecimientos día tras día. La brevedad de las sesiones no me impedía tenerlo al tanto. Lacan no decía nada al respecto. Creía, sin embargo, percibir cierta aprobación. Siempre había pensado que Lacan deseaba mi divorcio como solución a mi neurosis. En realidad, este eximio pescador de almas, o eximio jugador de póker, me dejaba por el momento tirar de la tanza, porque sabía que yo estaba bien agarrado del anzuelo.

El mes llegó a su fin. Parecía que la corriente de mis sueños se había agotado definitivamente agotado. El fin de semana en el mar no constituyó tampoco una gran ayuda. Deduje pues que el momento para debutar en la práctica profesional no había llegado todavía.

El lunes 6 de noviembre de 1972, llegué a mi sesión y la actitud de Lacan me sorprendió. Él, que en esos últimos tiempos había estado tan silencioso y tan distante, se colocó a la cabeza del diván en una posición firme y mirándome directamente a los ojos, me interrogó. Su pregunta tenía una densidad increíble:

—¿Y entonces?

—Entonces pienso que es algo prematuro empezar como analista, que convendría...

No tuve la oportunidad de decir nada más. Me cortó abruptamente la palabra con su habitual gruñido, y se dirigió a la puerta del consultorio, frustrado, quizá irritado. Nunca podía haber imaginado semejante reacción por parte de Lacan. Esperaba en realidad su aprobación por mi prudencia y mi humildad, en un momento en el cual tantas personas, adoptando para sí mismas la famosa frase de Lacan, tan mal entendida: *El psicoanalista no se autoriza más que por sí mismo*, se apresuraban a declararse psicoanalistas. Por otro lado, ¿cómo había recordado él lo que yo había comentado sin ninguna particular insistencia, que tomaría mi decisión durante el primer fin de semana del mes de noviembre? Este hombre maravilloso, que tenía en análisis decenas de pacientes, estaba bien presente en el día D, el día de mi cobardía.

Estaba totalmente descolocado. A pesar del caos de mi situación actual, a pesar de mi falta de madurez profesional, Lacan no sancionaba mi decisión de postergar mi asunción profesional. La duda ya no se podía sostener, y la señal que yo esperaba se expresaba de manera paradójica a través de esta irritación de mi analista, a través de su forzamiento de la situación. "Decidí" entonces empezar a trabajar como analista, y anuncié la noticia a Anne. Se mostró sorprendida por mi cambio de opinión, y por la actitud de Lacan, con quien nunca se había encontrado. Me trajo a colación las palabras tan trilladas con respecto al equívoco que produce el lenguaje, y en consecuencia el que puede producir el lenguaje de Lacan en particular, y que las impresiones que había recogido con respecto a la actitud de Lacan estaban a la medida de mis propias expectativas. Además, ¿tiene derecho un analista de intervenir de esta manera? Las palabras de Anne no estaban en consonancia con el terremoto que yo acababa de vivir. La moda analítica, entonces, era favorable a aquello que tuviera apariencia confusa, a la magia de las palabras que convocan al deseo asimilado al capricho, y sobre todo a la duda obsesiva indefinida, adornada por el nombre de *pensamiento complejo*. Lacan me enseñó el arte de cortar por lo sano, de seguir el atajo más directo.

—Me equivoqué —dije a Lacan a la sesión del día siguiente, sintiendo un poco de vergüenza—, quizá el tiempo ha llegado...

Lacan exhaló un suspiro, y dio su conformidad a lo que le decía. Le hubiera gustado que yo fuese más valiente, que estuviese en condiciones de tomar mi decisión sin este empujón suplementario. No me sentía eufórico, sino dueño de un nuevo sentimiento de responsabilidad. Ya vislumbrado el final del túnel, me dirigía hacia él, despojado de toda vanidad, y poseído por un extraño sentimiento de derrota, de duelo. La suerte estaba echada.

Mi relación con Anne seguía su curso. Ya había empezado la facultad. Ya estaba en tercer año de medicina, año que comenzaba con mejores augurios que el anterior. El segundo año tenía una función selectiva, y había cumplido perfectamente con su papel. El anfiteatro no estaba tan lleno, y era fácil encontrar un lugar. Habíamos terminado con el aplastante estudio de la anatomía, que me resultaba tan arduo. Empezábamos con el estudio de la clínica, extraña palabra cuya ambigüedad me había llevado al consultorio de Lacan. Esta disciplina me fascinó. Leer en la más mínima alteración del cuerpo algo así como la estructura de un diagnóstico es algo apasionante, y hoy en día lamentablemente muy dejado de lado. Íbamos dos veces por semana a un servicio hospitalario para tener un primer contacto con "el lecho del enfermo". Mostrábamos con orgullo nuestro delantal blanco, y nuestro primer y flamante estetoscopio al cuello. Había elegido el servicio del profesor Carol, famoso especialista del hígado. Los jefes de clínica encargados de iniciarnos en el arte médico, Maurice Smadja y Valentin Nusinovici, eran excelentes médicos, y además apasionados por el psicoanálisis, lo que facilitaba nuestras relaciones.

El 22 de noviembre de 1972, Lacan retomó su seminario, que ese año se llamaba *Aún*. Asistí al mismo, sentado al lado de mi nueva compañera, orgulloso, creyendo en la armonía de nuestra pareja fundada en una común adhesión al psicoanálisis, a la doctrina lacaniana, respecto a la cual Anne mantenía cierta distancia, lo que me irritaba profundamente.

Ese día, Lacan parecía de muy mal humor, lleno de una bronca contenida:

—En primer lugar, voy a suponer que ustedes están en la cama, una cama con horario completo, de a dos... hoy, no me voy a despegar de esta cama... el concubinato, lo que quiere decir acostarse juntos... es lo que se hace en esta cama, estrecharse mutuamente...

Y así todo el resto. Estas palabras me tocaban de cerca, me perturbaban. Parecían apuntar directamente a mi persona. Radio Londres. No hay relación sexual, gritaba Lacan.

Dejé el seminario como si hubiera salido de una borrachera. "¿Qué significa todo aquello?", se burló Anne. Para mí, la palabra de Lacan tuvo, y lo sigue manteniendo, el peso de una profecía, ya que el profeta es aquel que despeja al hombre de su narcisismo. Por el momento, me resultaba imposible extraer de ese discurso alguna consecuencia concreta. Seguía convencido de que Anne ocupaba para mí ese sitio del Otro en donde estaban depositadas las llaves de mi deseo. Sentí la necesidad urgente de formular mi sentimiento en una sesión. A través de ese encuentro, había reemplazado una, mi esposa, por el Otro, Anne. Pero una vez recostado en el diván, surgieron otras palabras:

—He sustituido al Otro con una.

—¡Exactamente!

Lacan literalmente se había expulsado de su sillón. Me di cuenta entonces de que estas palabras que acababa de pronunciar significaban exactamente lo contrario de lo que mentalmente me había preparado para decir. En la estructura de la frase, *una* remitía necesariamente a Anne, y el *Otro* a mi mujer. Quise tragar mis palabras, retractarme, pero fue en vano.

—¡Hasta mañana!

Una luz imprevista, muy dolorosa, acababa de atravesarme y conmoverme profundamente. Mi pseudo amor por Anne se derrumbó al instante, cual castillo de naipes, e incluso me resultó totalmente insoportable. Esta palabra de Lacan me vino entonces a la memoria: "Su mujer es la causa de todo, de todo…"

Apenas salido del consultorio, llamé a Anne para anunciarle mi decisión, que ella no podía imaginar, de separarme de ella. Ni sus súplicas ni su pedido de reflexionar algún tiempo tuvieron efecto. Ya estaba todo pensado, irreversible. Una fuerza implacable y cruel, una voluntad que no era mi voluntad, tan lábil, me impulsaba a actuar de esta manera. Volví avergonzado al domicilio conyugal, y me hice perdonar mi pobre aventura.

Más adelante, me encontré con Anne en dos o tres oportunidades. Ya no teníamos mucho para decirnos. Para ella fue un golpe terrible, con su vida conyugal destrozada, y sin deseos de retomarla. "¿Qué es un hombre para una mujer?", preguntó un día una oyente del seminario. "Su estrago", contestó Lacan. Me sentía profundamente culpable por el estrago que había llevado a cabo en la vida de Anne, y de muchos otros más.

"¡Que esta historia no le impida disfrutar de sus vacaciones!" Lacan lanzó esta frase en el momento de la interrupción del fin del trimestre. Mi culpabilidad se había vuelto excesiva. Tenía que consagrar mi energía a resolver los problemas planteados por mi iniciación profesional. Y en primer lugar, ¿dónde recibir a mis pacientes? Mi casa no era adecuada para tal propósito.

Me puse a buscar un consultorio, mientras paseaba por las calles de París, mirando los anuncios de alquiler en las agencias inmobiliarias. Entré en una, casualmente, simplemente para informarme.

—¿Por qué no se anima a comprar?

—Porque no dispongo de los medios.

—Le puedo conseguir un préstamo completo. Justamente, tengo un negocio para proponerle, una herencia cuya liquidación tiene que ser rápida, dos estudios contiguos que puede juntar para formar un solo departamento.

Me dejé tentar. Estaba sorprendido por el precio módico e interesado por el sitio del departamento, sobre la avenida Saint-Antoine, a un paso de la facultad. Los alrededores del mismo no me convencían mucho, en la planta baja del edificio había una fiambrería que exhibía en el mostrador testículos de toro y un montón de menudos de todo tipo de animales. El pequeño edificio parecía abandonado, sin mantenimiento. Al departamento se accedía por una escalera totalmente vencida. Los dos estudios, por otro lado, estaban particularmente derruidos, y requerían una refacción importante.

—Tengo al artesano que usted necesita —me dijo el agente inmobiliario—, un artista.

Estaba en posesión del dinero de mi despido, y había adquirido, por necesidad, una cierta habilidad para los negocios inmobiliarios. Anne me había convencido de que apenas instalado en mi consultorio, tendría que rechazar pacientes dada la cantidad que acudiría. En resumen, la inversión me pareció interesante. Acepté la propuesta.

El artesano-artista fue convocado. Vino, acompañado de un amigo decorador. Les expliqué mi proyecto. El decorador no hablaba. La nariz orientada hacia el techo, parecía husmear el aire del departamento polvoriento.

—¡Hay vigas! —exclamó, saliendo de repente de su mutismo—. Todo el techo está hecho con vigas de roble. Habrá que ponerlas en evidencia.

La moda entonces se inclinaba hacia las vigas expuestas. Me gustó la idea. Hicimos un presupuesto sumamente restringido, y los trabajos empezaron. Ignoraba que romper una mampara, poner en evidencia las vigas, que, por otro lado, aparecieron con toda su belleza, produciría un montón de cascotes. La vigilancia de la obra, los avatares de la misma, los caprichos habituales de los obreros de la construcción con sus ausencias imprevisibles, todo empezó a provocar en mí una depresión. Los trabajos duraron meses.

En el fondo, este atraso me tranquilizaba. Pronto iba a estar colocado entre la espada y la pared, iba a recibir mi primer paciente. ¿De dónde provendría? ¿Quién me lo iba a mandar? ¿Qué milagro tenía que producirse? ¿Qué clase de locura? Ya no creía en la ilusión que sostenía el hecho de que bastaba instalarse para recibir pacientes en cantidad. Estaba frente a una suerte de imposible.

En este período, cuando los trabajos se acercaban a su finalización, tuve un llamativo sueño. El sueño esperado vanamente en el período anterior a mi decisión surgía una vez que esta decisión había sido tomada.

Me encontraba en mi futuro consultorio, mucho más amplio en el sueño. El suelo estaba recubierto de montículos de cascotes. Reinaba en él mismo una extraña luz crepuscular. En el fondo de la sala, sentado en la penumbra, mi primer paciente. Sentía una gran vergüenza por recibirlo en estas condiciones, en este consultorio cuya reforma aún no había terminado. Para acercarme a él, tuve que franquear un montón de cascotes. Me quedé estupefacto: descubrí que era mi padre. Tenía un semblante enfermizo, y no pronunciaba una palabra. Padre de ultratumba, aunque en esa época estaba gozando de buena salud. Sentí la necesidad de decirle algo. Pero no pude decirle otra cosa que estas palabras, que al mismo tiempo en el sueño me parecían ridículas, una suerte de acto de fe:

—No soy un analista jungiano.

¿Acaso éste era mi deseo, analizar a mi padre? No se analiza al padre, había dicho un día Lacan. "Jungiano", *jung*, tenía múltiples sentidos: joven, no soy tan joven, tan inexperimentado para no poder ocupar mi lugar de analista. Afirmaba simultáneamente mi filiación y mi afiliación a la Escuela de Freud y de Lacan, ese hilo conductor de mi existencia. Mi padre, figura principal de mi análisis, a quien había odiado y querido tanto, y respecto al cual tuve que confesar un día, en una sesión, que me daba vergüenza. Nuestras dos existencias estuvieron siempre desencontradas: él había renunciado a la práctica religiosa en la época en la cual yo estaba poseído por un gran fervor religioso. Cuando él se volcó hacia la religión, yo me volqué al ateísmo. Se interesó en el Estado de Israel cuando yo militaba en el P.C., luego adhirió a la posición opuesta al sionismo cuando yo no veía otra salvación que una radicación en Jerusalén y experimentaba todos los efectos que este fervor implicaba. Este padre que no entendía nada del recorrido errático de su hijo con extrañas inclinaciones, nada del amor que sentía por la música y los libros, nada de su curiosidad fatigosa, padre irascible, tirano doméstico, generoso, avaro, inculto, inteligente. Recuerdo la hermosa exposición de un pintor chino; todas sus grandes pinturas, grandes telas en blanco y negro, representaban un solo tema: el hombre más hermoso, el hombre más feo, el hombre más inteligente, el hombre más estúpido, el hombre más generoso, el hombre más mezquino… Así era mi padre. Su partida de Túnez a la edad de cincuenta años lo había herido profundamente, quizá lo había quebrado. Estaba tan aferrado al país natal, su segunda piel, su ambiente natural. Había encontrado un trabajo en París, una vivienda que le convenía. Pero la nostalgia fue demasiado intensa, y en las primeras vacaciones que tuvo, volvió a Túnez. Este viaje lo traumatizó, o más bien puso de manifiesto la fractura que había padecido. Naufragó, dejó su actividad profesional. Yo lo incitaba para que fuera a una consulta, e incluso le proponía acompañarlo. Fue en vano.

Su enfermedad me afectó mucho. Pero él también fue conmovido profundamente. Sentía bronca hacia Lacan, causa de mi cambio, este ladrón que me despojaba de todo mi dinero y me condenaba a la miseria. De todos modos, rápidamente percibí que una suerte de diálogo se había establecido entre ambos a través mío. El análisis, contrariamente a lo que se piensa, no es un ejercicio egoísta, egocéntrico, sino una polifonía en la cual se mezclan otras voces a pesar de su ausencia concreta en el diván.

Un día relaté en sesión los esfuerzos que llevaba a cabo para convencer a mi padre de empezar un tratamiento, cuando Lacan me interrumpió:

—No existe sólo el psicoanálisis. Su padre está en vía de solucionar su conflicto en la vida real.

La exactitud de esta reflexión se puso de manifiesto poco tiempo después. Para alegría de toda la familia, mi padre terminó de salir de la melancolía que lo aplastó durante tantos años, y recobró su serenidad, un humor que yo nunca había conocido, y viajó. Luego, en sus últimos momentos, enfrentó su destino mortal, el dolor que le provocaba su enfermedad, con un coraje que provocó mi admiración. Este vínculo tan complejo que mantenía con mi padre alimentaba mi apego transferencial con Lacan. La cuestión paterna, que él designó con el significante Nombre del Padre, estaba en el centro de su enseñanza, cuestión que el mismo Lacan, según yo lo descubriría más tarde, vivía dolorosamente fundando su teoría sobre este dolor.

* * *

Yo había escuchado decir que la primera tarea del analista debutante es elegir un "supervisor", o sea un analista experimentado que guiará sus primeros pasos, le enseñará los primeros trucos de la profesión, y lo orientará y sostendrá en el momento de las dificultades. Luego del largo período del ascetismo de su propio análisis, con sus silencios, sus delirios asociativos, el supervisor es aquel que recibirá al analista debutante, lo apadrinará en la gran familia freudiana. A través de un diálogo frente a frente, el supervisor le permitirá un aterrizaje, un retorno a la realidad concreta.

Antes de recibir un solo paciente, me dediqué a la búsqueda de un supervisor, y mi elección recayó en M.S., uno de los analistas más conocido de la Escuela, y además, único psicoanalista árabe de su generación. Apreciaba al hombre, pero tenía además algunas cuentas pendientes, dada mi historia personal, con la cultura musulmana, tan cercana y tan lejana de la mía. Apostaba al diálogo de la supervisión para apresurar la resolución de las mismas. Pedí pues una cita. M.S. me abrió él mismo la puerta y me hizo pasar a una pequeña sala, y me pidió que lo esperara algunos instantes, mientras él terminaba una entrevista con un paciente. Había en la sala un sillón y dos sillas de aspecto incómodo. Como estaba yo solo, me enfrentaba a un dilema imprevisto: ¿dónde sentarme? Ocupar una de las dos sillas mientras el sillón me extendía sus brazos hubiera sido poner de manifiesto mi timidez, una inhibición indigna para un analista, aunque fuera debutante. Elegí pues el sillón, y empecé la lectura del diario que acababa de comprar. Entretanto, M.S. volvió y parecía que nuestra conversación tendría lugar en esta habitación. Entonces me di cuenta de que M.S. estaba perplejo. ¿Acaso él ocuparía una de esas incómodas sillas? Semejante elección, a mi criterio, habría demostrado cierta dosis de coraje, ya que hubiera puesto de manifiesto que un analista estaba más allá de estas consideraciones mezquinas. M.S. no llevó a cabo ninguna elección, y prefirió quedarse de pie, apoyado a la chimenea durante todo el tiempo de nuestra entrevista. Sin embargo, la misma me resultó muy útil. M.S. me aconsejó que no me precipitara para conseguir un supervisor, que empezara mi práctica profesional, y que más adelante nos pusiéramos otra vez en contacto. Por otro lado, yo estaba en análisis, y podía perfectamente pedir la ayuda de mi analista.

Sin embargo, este episodio había roto el encanto, y M.S. nunca sería mi supervisor. Lacan dirá un día —¿habrá escuchado el incidente?— que un analista nunca pierde el tiempo en la elección cuidadosa de los muebles de su consultorio.

Esta historia de sillas me recuerda otra historia, mucho más esclarecedora. Estaba en Israel, en el Hospital Psiquiátrico de Beer-Sheva, donde dirigía el servicio de consultorios externos. Este cargo me permitía participar de la enseñanza en la escuela de psicoterapia creada y financiada en la Universidad Ben-Gourion, por parte de reconocidos psicoanalistas anglosajones, que mantenían celosamente su control sobre ésta. Una vez por año, el principal promotor del proyecto abandonaba su opulento país, Estados Unidos, para sumergirse en la aridez de nuestro desierto, con la intención de beneficiarnos con su enseñanza, gracias a una supervisión grupal semanal. Era nuestro *supervisor*.

Las reuniones tenían lugar siempre en la misma sala, alrededor de una larga mesa rectangular, rodeada de confortables asientos, esta vez todos iguales. Pero esta sala tenía otra particularidad muy curiosa. En una de sus paredes, quizá según la moda norteamericana, estaba colgada una serie de retratos fotográficos, los retratos de los benefactores, fundadores, eminentes docentes (vivos o muertos, lo ignoro) del Departamento de Psicología de la Universidad. Entre los retratos... estaba el de nuestro *supervisor*.

Me di cuenta rápidamente de que él se sentaba siempre en el mismo lugar, exactamente frente a su retrato, bajo la mirada de éste. Entonces tuve la idea de llevar a cabo un pequeño experimento psicológico. Llegué al encuentro siguiente más temprano que mis colegas, y me senté frente al famoso retrato. El *supervisor* llegó poco tiempo después, y viendo el lugar ocupado, tuvo un instante de vacilación, avanzó, retrocedió, y luego se sentó en otro asiento. Su malestar era evidente. Parecía haber extraviado su orgullosa autoridad, al punto que balbuceaba. Finalmente, con el primer pretexto que encontró, levantó la sesión. Yo no esperaba semejante violencia en su reacción, no se me había ocurrido que el hecho de que no estuviera bajo la mirada de su propio retrato pudiera descolocar a un analista con semejante experiencia. Es cierto que el *supervisor* pertenecía a la corriente norteamericana de la *ego psychology*. Quizá nunca se había detenido a reflexionar sobre el texto de Lacan "El estadio del espejo..." No tuve la crueldad de repetir la experiencia, y el *supervisor* se reencontró, a la semana siguiente, con su sitio, su retrato, y su autoridad.

* * *

Los trabajos de refacción estaban a punto de finalizar, pero yo me encontraba frente a la misma dificultad. Esta ecuación simple, un analista es alguien que atiende a personas que le piden un análisis, encubría, para el debutante que yo era en entonces, un abismo. ¿Y si nadie me presentaba esta demanda, a mí, estudiante atrasado en sus estudios de formación médica, desprovisto de los atributos habituales de la gente de la corporación? En un momento determinado había esperado la ayuda de Anne. Ahora ya no podía contar con ella. Desesperado, me dirigí al secretario de la Escuela, Christian Simatos. ¿Qué podía hacer?

—¡Hágase conocer! —me repitió una vez más.

Decidí, como lo hago cuando pierdo el punto de referencia, tomar este consejo al pie de la letra, en su función de oráculo. Llamé, pues, a una decena de psicoanalistas, los más destacados de la Escuela, quienes aceptaron amablemente y sin excepción recibirme. A cada uno, le anuncié la instalación de mi consultorio, por el momento, vacío de contenido. En el curso de la entrevista con uno de ellos, Xavier Audouard, sonó el teléfono:

—Discúlpeme, lo dejo un instante para contestar el llamado.

Volvió apurado, algunos segundos más tarde:

—Rápido, rápido, me tiene que dar su dirección y su teléfono, este paciente es para usted.

Todavía no tenía teléfono en mi consultorio. En esa época, conseguir una línea telefónica era una hazaña. Le di el teléfono de mi casa. Se trataba de un viejo analizante que había interrumpido su cura algunos meses antes, y que deseaba reanudarla. Pero Audouard, demasiado atareado, ya no disponía de tiempo para atenderlo. Por lo menos, esto fue lo que me dijo.

—¡Tómelo! ¡Tómelo!

Audouard había percibido perfectamente mi falta de seguridad, propia de un debutante, la inhibición que podía provocar el fracaso de nuestra primera entrevista. Su exhortación resultó muy útil; cuando, dos semanas más tarde, recibía al paciente. Conservo un sentimiento de eterna gratitud hacia Adouard.

En el ínterin, otra candidata a paciente había concertado una cita conmigo, y luego una tercera paciente en la misma semana. Sí, colegas que yo apenas conocía, Alain Didier-Weil, el doctor Sécheresse, me demostraban esta confianza increíble. Si este ritmo se mantenía, rápidamente iba conseguir una clientela, fue el pensamiento que vino a mi mente y que me provocó una suerte de vértigo. En realidad, las cosas se iban a mantener así durante meses, años.

Recibí a mi primera paciente una noche del mes de marzo del año 1973. Mi artesano acababa de colocar el alfombrado. Ni tuvo tiempo de sujetarlo al suelo. La señora, desde el primer vistazo, comprendió la situación. Cuando ingresaba a mi consultorio, en el cual flotaba un olor de pintura fresca, se enredó el pie en ese desgraciado alfombrado flojo. Ignoro cuál de los dos temblaba más en ese encuentro que podía ser decisivo. Yo tenía como un nudo en la garganta. Nos vimos una vez más. Venía para informarme cortésmente que no pensaba volver. Paradójicamente, este fracaso me liberó.

Dos días más tarde, recibí a M., el paciente derivado por Audouard. Esta vez, ya no temblaba. El alfombrado finalmente estaba adherido al suelo, y los trabajos, aunque dejaban bastante que desear, estaban terminados.

—Mi análisis anterior me mostró que tenía un problema respecto a la paternidad.

Estas fueron las primeras palabras del paciente. Llegaban para mí en un buen momento. Fue una cura memorable, que siguió su curso durante varios años, a pesar de las frecuentes mudanzas que iba a tener. M. había nacido al final de la guerra, de padre desconocido, le habían dicho que se trataba de un miembro de la resistencia caído en combate. Yo iba a descubrir que el miembro de la resistencia en cuestión era, en realidad, un soldado alemán. Curiosamente, M., tan provocador en su estructura perversa, nunca había tratado de profundizar el tema de su origen, y se había quedado con la mentira de la madre.

De esta manera, la primera cura que dirigí me llevaría rápidamente a una clínica muy particular, a los traumas devastadores que la Segunda Guerra Mundial, el nazismo y sus atrocidades, provocaban en el aparato psíquico de las generaciones siguientes. Descendientes de judíos deportados y asesinados, o descendientes de colaboradores y de nazis, unos y otros a veces extrañas mezclas, abundan en los consultorios de los analistas; en todo caso, en el mío.

Poco después, recibía a una segunda paciente, una joven anoréxica. Ella me confrontaría sin demora con otra terrible pregunta, la que había provocado mi huida de la psiquiatría, la psicosis. Así, mis primeros pasos en la profesión no fueron sencillos. Mi práctica profesional, que se desarrollaba con muchas vacilaciones y que me apasionaba, se mezclaba íntimamente con la prosecución de mi propia cura. Lacan promovía esta interacción, ya que las primeras curas tenían como efecto despertar en el analista debutante cuestiones que hasta entonces se habían mantenido en la oscuridad. "¡Es necesario que el trabajo los penetre en todos los poros de su piel!", dirá Lacan en su seminario, dirigiéndose a los analistas en formación.

Durante años, mi clientela se redujo a dos o tres pacientes, y los ingresos que obtenía apenas me alcanzaban para cubrir los gastos del consultorio. Además, para sentirme más seguro, había declarado oficialmente el inicio de mi práctica profesional. Por lo tanto, renuncié a la insoportable visita que tenía que hacer cada dos meses a las oficinas de ASSEDIC de Créteil. Ya no podía beneficiarme con el seguro de desempleo. Para la administración, ya formaba parte del plantel de psicoanalistas, y tenía que pagar las cuotas correspondientes. La compra de mi consultorio y los trabajos de refacción habían agotado mis reservas. Por lo tanto, volvía a encontrarme con los tormentos financieros, que, en definitiva, a lo largo de mi vida fueron mis más fieles compañeros.

Continuaba, por lo tanto, en forma simultánea a este angustiante comienzo en la práctica profesional, con mis estudios de medicina, con mi propio análisis y sus sesiones diarias, el que se reducía a quejas permanentes de algunos segundos, y con mi asistencia a los seminarios de Lacan. También formaba parte activa del grupo de lectura que Melman coordinaba en la Escuela, sin mencionar algunos otros grupos que frecuentaba. A todo aquello agregaría una nueva actividad que tendría mucha importancia.

Cada quince días, en el hospital Sainte-Anne, en la sala Magnan, Lacan realizaba su "presentación de enfermos". Decenas de personas se apretujaban en una sala no muy grande; era prudente llegar por lo menos una hora antes del comienzo para encontrar un sitio. Entonces, algo mágico se producía. En medio de esta muchedumbre que aguantaba su respiración, Lacan lograba crear con su paciente como una especie de burbuja de intimidad. "Le daba la palabra", según él mismo decía, y lo más llamativo era que efectivamente el paciente la tomaba. Hablaba, desplegaba su historia, sus alucinaciones, con una verdad que provocaba vértigo. A menudo yo tenía la sensación de que este enfermo, a veces un simple obrero, un inmigrante, había leído a Lacan. Me iba de estas presentaciones con la mente bañada en una suerte de borrachera angustiante. Así aprendí una gran cantidad de cosas valiosas.

Los alumnos de Lacan, en realidad más partidarios de Dolto que de Lacan, racionalizaban hasta el infinito sobre el lenguaje. Dolto había dicho ese enorme embuste que todo el mundo retomaría en seguida: "Todo es lenguaje". En los comienzos del psicoanálisis, algunos alumnos de Freud, ¿no habían incurrido en una exageración semejante, "todo es sexo"? Así, el mismo Freud debió criticar el sexualismo generalizado de sus discípulos. Esta vez, estábamos confrontados a una "extensión desmedida del lenguaje". Lacan tratará en varias oportunidades de rectificar esta desviación, por ejemplo en su teoría del nudo borromeo, en el cual lo imaginario tiene un papel de importancia semejante a la del lenguaje. Para mí, la burbuja de que "todo es lenguaje" estalló en una presentación de enfermos el día en que Lacan pidió, con picardía, un martillo para comprobar la localización de los reflejos. Luego, de una manera exhaustiva, examinó uno por uno los reflejos de las rodillas del enfermo, y después sus tendones de Aquiles. Al público que se asombraba con el hecho de ver al maestro en significantes dedicar tiempo a estas tareas de medicina elemental, Lacan lo interpeló:

—Saben ustedes, también hay enfermedades reales.

Otro día, luego de una apasionante entrevista con una enferma inteligente, alguien en la sala le preguntó:

—¿Usted no piensa que habría que aconsejarle un análisis a esta mujer?

—Yo le aconsejaría más bien un estudio de las arterias. Me temo que allá arriba tiene una protuberancia.

Lacan sospechaba entonces que, por debajo de los trastornos psíquicos de esta señora, había un tumor en el cerebro.

Fue en esta misma presentación de enfermos que descubrí una de las fuentes del judaísmo donde Lacan se había nutrido, concretamente la obra magna del rabino especialista en Cábala Elie Benamozegh, *Israel y la humanidad*. Aquel día, el enfermo que Lacan iba a presentar tenía un delirio "místico". Este hombre había sido concebido en un campo de concentración luego de la liberación por las tropas aliadas. Los dos padres, luego de tanto sufrimiento, habían decidido ocultar el origen judío común al niño, creyendo de esta manera evitarle una eventual tragedia. Este silencio radical respecto al origen, este secreto, provocó otra tragedia, la locura de su hijo.

—Es lo que yo llamo —nos dijo ese día Lacan—, una forclusión del Nombre del Padre.

Por primera vez, teníamos, pues, a la vista un ejemplo concreto, simple, encarnado, de este misterioso y valioso concepto, que dio lugar a tantas especulaciones.

Esta presentación tuvo otro incidente muy perturbador. Luego de haber acompañado cortésmente al enfermo, como siempre lo hacía, Lacan volvió hasta nosotros presa de una gran emoción, repitiendo estas palabras: "¡Lo leyó! ¡Lo leyó!" ¿Qué había leído este enfermo? ¿Qué libro tan extraordinario? *Israel y la humanidad* de Benamozegh. Lacan nos aconsejó fervientemente su lectura: "¡Una de las mejores introducción a la Cábala que se pueden encontrar!", agregó. Yo conocía perfectamente este libro, que había leído en mi adolescencia, y que me había marcado mucho. Toda esta escena me conmovió profundamente. Una vez más, de alguna manera, mi trayectoria se había entrecruzado con la de Lacan. Contardo Calligaris, un analista que había efectuado trabajos de documentación para Lacan, me comentó una frase de Lacan sobre este libro, "por el cual me convertiría al judaísmo, si fuera necesario". Desde entonces mencioné varias veces esta presentación a algunas personas presentes aquel día. Nadie la recordaba. Habían presenciado tantas presentaciones apasionantes. En este ejemplo radica una de las ambiciones de este libro: suprimir algunas amnesias selectivas.

Finalmente, no puedo dejar de recordar una de sus últimas presentaciones, cuando ya estaba profundamente invadido por la enfermedad, y hablaba con parsimonia. Lacan estaba a punto de retirarse cuando una de las mujeres presentes en la asistencia, una de sus pacientes que yo conocía, le hizo una pregunta respecto al enfermo que él acababa de examinar. Escrutándola con una sonrisa amarga, Lacan pronunció estas palabras: "¡Todos al asilo! ¡Todos al asilo!" La persona insistió y él repitió: "¡Todos al asilo!" Este era su último diagnóstico respecto a la humanidad moderna algunos meses antes de su partida. Todos locos.

Esta presentación también me permitió codearme más de cerca con cierta fauna lacaniana, indigna del maestro alrededor del cual se apretujaba. Así, me encontré luego de una presentación particularmente emotiva, almorzando solo en un bar cerca del hospital. En una mesa vecina estaba sentada una mujer que asistía a todas las presentaciones, Muriel D., quien haría una brillante carrera en Roma. Le comenté el profundo interés que había despertado en mí la presentación. Su respuesta me clavó al asiento:

—¿Qué hace una persona como usted en estas presentaciones?

Otro día, el médico encargado de la elección del paciente confiado al examen de Lacan, como consideraba necesario seleccionar al auditorio, me impidió el ingreso. En aquel entonces, yo estaba agobiado por mis estudios, y durante algún tiempo no había asistido a las presentaciones. Pero apenas pude, retomé el camino de Sainte-Anne. Ahora me encontraba con un personaje que me impedía el acceso al hospital. Me quedé unos instantes frente a la puerta cerrada, sintiendo una tristeza mezclada con bronca. Llegó Lacan:

—¿Qué hace usted aquí, querido amigo? —me dijo.

—Me gustaría asistir a su presentación, pero parece que no es posible.

—¡Hágame el favor de pasar!

157

Franqueé la puerta en compañía de Lacan, pasando junto al furioso cancerbero. Ese día, Lacan examinó a un joven sirio, que estaba delirando.

—Que vuelva a su patria, y se va sentir mucho mejor —ésta fue su conclusión.

En verdad, yo me encontraba como a contrapelo en esta sociedad formada por los adeptos a Lacan; por eso luego de su muerte, me despedí sin dificultad ninguna de todo este mundillo.

* * *

Una joven analista, Marie M.C., quien daba, como yo, sus primeros pasos en la profesión, manifestó el deseo de encontrarse conmigo. Claude Conté, una de las figuras más importantes de la Escuela, y por quien Lacan sentía un afecto particular, le había aconsejado a Marie que viniera a verme. ¿Con qué finalidad? Ella me proponía que alquiláramos juntos un departamento para convertirlo en consultorio compartido. Compartiríamos los gastos.

—¿Conté le aconsejó hacerme esta propuesta?

Todo era un poco sospechoso. Conté, quien dos años más tarde sería mi supervisor, apenas me conocía. ¿Qué significaba esta iniciativa? Tuve que intuir la discreta intervención del mismo Lacan. En aquel tiempo de la Escuela Freudiana, tan denostada más adelante, había silenciosos "ángeles guardianes" que cuidaban a las semillas en formación.

—Pero yo ya tengo un consultorio —le dije—, el mismo en el cual nos encontramos. Si usted quiere, podría subalquilarlo.

—No, este lugar no me viene bien —M.C. poseía un poder de convencimiento al que era difícil resistirse. Yo no podía fácilmente rechazar su oferta.

—¡Voy a tener que pensarlo! —le dije.

En realidad, su propuesta llegaba en el momento adecuado. Mi situación financiera se tornaba catastrófica. "¡Venda su consultorio!", me interpeló un día Lacan.

La idea de revender ese consultorio, comprado hacía solo unos pocos meses, en donde había invertido mucho dinero, y que, además, me gustaba, era algo difícil para mí. ¿Pero acaso tenía otra opción? En esos años de penuria, por lo menos había entendido el arte de las transacciones inmobiliarias. Por lo tanto, logré vender rápidamente mi consultorio, e incluso pude obtener un pequeño beneficio. Podría haber aprovechado la experiencia adquirida para convertirme en un negociante de bienes raíces.

Llamé a M.C. para anunciarle que aceptaba su propuesta. Encontramos un departamento en la calle Mayet, a un paso del bulevar de Montparnasse. Pasaba a integrar, así, el gran grupo de psicoanalistas de la orilla izquierda del Sena. Luego de algunas reformas menores —no podía resignarme a trabajar en un lugar poco acogedor— M.C. y yo nos disponíamos a mudarnos cuando finalizaran las vacaciones de verano.

Entretanto, se terminaba el año lectivo con su cúmulo de exámenes. La angustia de un posible fracaso volvió a surgir. ¿Qué pasaría si trastabillaba? ¿Cómo consagrar a mis estudios la atención necesaria con todo lo que me había tocado vivir? El peso de los exámenes era, de cualquier manera, menor al de segundo año. Sin embargo, los de semiología en particular requerían una masa de conocimiento impresionante que había que volver a actualizar. Mis inquietudes encontraban su eco en el diván. En la víspera del examen de semiología quirúrgica, en un momento en que mi estado anímico empezaba a flaquear, Lacan con una cálida sonrisa me dirigió estas palabras:

—Tome las cosas con tranquilidad. ¡Usted va a aprobar este examen!

Era el otro aspecto de su arte. Luego del "¡usted está jodido!", Lacan me prometía el éxito en un examen. ¿Qué sabía él al respecto? Pero yo tenía la férrea convicción de que el "viejo" tenía un don de vidente. Por ejemplo, un día llegué al consultorio de Lacan completamente destruido porque mi paciente, o sea la mitad de mi clientela, no había concurrido a su sesión.

—No se preocupe —me dijo Lacan sonriendo—. Faltó solamente esta sesión. Estará allí la próxima vez.

En efecto, al día siguiente, cuando fui a mi consultorio, mi analizante, la pequeña anoréxica, estaba allí, esperándome en la puerta. Respecto a este extraño don de videncia, debo reconocer que Lacan más adelante me dará otras confirmaciones de él, aun más espectaculares. Las interpreto, de acuerdo a mis posibilidades, como efectos de la intensa relación transferencial que nos unía.

Sin embargo, el examen de semiología empezó muy mal. Frente al cuestionario, tuve la sensación de gran vacío. No recordaba nada. Esta sensación se incrementaba al punto de provocarme un vértigo cuando yo trataba de recobrar mi lucidez mental. El asunto parecía liquidado. El fracaso estaba asegurado. Debería volver a dar el examen, esto significaría un atraso que no me podía permitir. Sentía que mi cuerpo estaba bañado en un sudor frío. De repente, las palabras de Lacan me volvieron a la mente: *Tome las cosas con tranquilidad. Usted va a aprobar ese examen*. Y también de repente, algunos fragmentos del curso volvieron a mi mente, a semejanza de un pequeño arroyo con un cauce cada vez mayor. Me reencontré con mi valentía y mi deseo de lucha. Poco a poco, pude llevar a cabo un examen presentable. Por cierto, ¡no fue un triunfo! Pero obtuve un poco más que la nota media en esta materia difícil, suficiente para pasar a cuarto año. Así, finalicé el primer ciclo de mis estudios de medicina.

Otro acontecimiento tuvo lugar en este período de exámenes, un recuerdo luminoso de mi relación tan complicada con Lacan. Tenía un examen el mismo día que la última clase de su seminario *Aún*. A pesar de todo, asistí a la clase, pero no me pude quedar hasta el final. Un cuarto de hora antes de que terminara el seminario, abandoné con tristeza el anfiteatro, y me fui a Arcueil, donde sería el examen. Esa misma noche llamé a gente conocida para que me informaran sobre lo que se había dicho en la conclusión del seminario y, sobre todo, para saber si Lacan había anunciado el tema del año siguiente. "No —me contestaron—. Incluso dejó la duda acerca de si seguiría con él." A continuación, cito las últimas palabras del seminario, así como se las puede leer en la edición publicada en vida de Lacan:

"Ahí está, los dejo. ¿Acaso les digo: hasta el año que viene? Hagan sus apuestas. ¿Cuál va a ser el resultado? ¿Y podremos llegar a la conclusión de que quienes acertaron en el pronóstico me quieren? Saber aquello que el *partenaire* va hacer no constituye una prueba de amor."

Mi amor hacia Lacan no podía ser puesto en tela de juicio. Pero no tenía ningún deseo de involucrarme en un juego de apuestas. La idea de que el seminario pudiera interrumpirse me angustiaba. Era como la señal de un final que yo no podía concebir, una falla concreta del mito personal de la inmortalidad de Lacan.

—No trataré de adivinar si retomará o no el seminario —le dije a Lacan en una sesión de comienzos de julio, algunos días antes de las vacaciones de verano—. Solamente le ruego que de ese seminario del año 1964, sobre los Nombres del Padre, que usted rehusó hacer luego de su expulsión de la IPA.

Lacan se sobresaltó, como ocurría cada vez que una palabra lo tocaba muy de cerca. Emitió un gruñido.

Pasaron las vacaciones, y luego la vuelta a París. Un día, recibo en el correo de la mañana, el circular de la Escuela que anunciaba el comienzo del seminario. Leí el título del mismo: *Les non-dupes-errent*. Estaba desilusionado, por supuesto. ¿*Les non-dupes*? ¿Qué significaba el título? Lacan, como tenía que haberlo previsto, no dio mucha importancia a mi demanda. Dejé la hoja sobre un mueble, y me disponía a salir para el hospital cuando de repente las palabras que acababa de leer adquirieron una significación completamente distinta. ¡Pero por supuesto! *Les Noms-du-Père, les non-dupes-errent.*[11]

Era un juego de palabras, una de estas homofonías de las cuales Lacan tenía el secreto. A su manera, respondía a mi demanda. Estaba profundamente conmovido por el hecho de que Lacan me guiñara el ojo, por esta marca inesperada de simpatía. Este seminario era mi seminario. Hasta el día de hoy, treinta años más tarde, sigue sin ser publicado.

---

11. *Les noms du père* ["los nombres del padre"] es homófono de *Les non-dupes errent* ["Los no ingenuos yerran"]. [N. de T.]

Kipur o el triángulo de Pascal

Mi análisis con sus sesiones cotidianas marcaba el ritmo, como un bajo continuo, a mi tiempo y a mis pensamientos. Era el motor de mi vida, y este motor funcionaba a toda potencia. Yo avanzaba a toda velocidad, corría por un camino cuyo meta ignoraba.

¿De qué estaban hechas estas sesiones de algunos minutos? De quejas, elucubraciones, la mayoría de las cuales carecían de interés, eran relatos de hechos sin importancia, fragmentos de sueños que la mayoría de las veces no nos llevaban a nada; en definitiva, pequeñas cosas de las cuales resulta inútil e imposible acordarse. Pero también, a veces, preparados por esta labor ingrata, surgían, fulgores, poco frecuentes, pero que hacían oscilar la existencia. Este zumbido, sin embargo, terminaba por definir una melodía, un movimiento, y al considerarlo retrospectivamente, es el analizante quien en primer lugar se ve sorprendido. Estoy absolutamente seguro de que nada de la metamorfosis, de la desbordante actividad de aquellos años se hubiera producido sin mi análisis.

En septiembre de 1973 empecé mi cuarto año de medicina, en el cual, en calidad de externo, realizaría mis primeras prácticas, y tendría a mi cargo algunos pacientes. Mi tarea era, supervisado por la autoridad del interno, examinar a mis enfermos, establecer un expediente, controlar su evolución. Elegí el servicio de neurología del hospital Saint-Antoine. Una iniciación seria en neurología me parecía un complemento indispensable para mi formación de psicoanalista.

Mis primeros pasos en este servicio no fueron muy agradables. Los pabellones de neurología son a menudo siniestros. A esto contribuyó mi actitud arrogante de psicoanalista en cierne que poseería cierta verdad sobre la histeria. Las grandes histerias, de las que se dice que constituyen una especie en extinción, encuentran en realidad su refugio en este tipo de servicios. Recuerdo el caso de una señora elegante, que debió someterse a un estudio completo de las arterias antes de que se le diera el diagnóstico de pitiatismo, término que, se sabía, era sinónimo de histeria ¿Por qué no confiarme el cuidado de esta paciente? ¿Por qué no probar el psicoanálisis en vez de esas prácticas peligrosas? Se me invitó más bien a que me ocupara de mis historiales, tarea que, efectivamente, estaba bajo mi responsabilidad.

Pronto tuve que enfrentar una situación dolorosa. Uno de mis enfermos, un hombre ya viejo, padecía la terrible enfermedad de Charcot, llamada esclerosis lateral amiotrófica, cuyo origen aun hoy es desconocido. Se creía que estaba emparentada con la enfermedad de Creutzfeld-Jacob, cuya etiología era tan misteriosa como la otra. Se decía que la causa era un "virus lento", en estos tiempos en los cuales el concepto de *prion* todavía no existía. Se había confeccionado un protocolo de investigación para mi enfermo. Era necesario, durante los minutos posteriores a su fallecimiento, hacer una autopsia para poder extirparle su cerebro y algo de tejido nervioso para intentar infectar con los mismos a un mono de laboratorio. Esto planteaba un problema: ¿a qué hora se decidirá a morir este pobre hombre? ¿Y si moría a las tres de la mañana?

Todos los días, conversaba un rato con mi paciente, y se había tejido entre nosotros una especie de amistad. Un día a la mañana, observé que su estado se había agravado de repente.

—¿Cómo está? —le pregunté.

—Cada vez mejor —me contestó.

El interno llegó unos minutos más tarde. Se dio cuenta de la gravedad del cuadro, llamó al jefe de servicio, al investigador de La Salpêtrière que coordinaba esta investigación. Se tomó la decisión. Había que evitar que el enfermo falleciera durante la noche. Se le iba a inyectar pues una dosis de morfina suficiente para acelerar su muerte. Me opuse a semejante decisión. ¿Con qué derecho se iba a privar a este hombre de las últimas horas de vida que le quedaban, sin siquiera tener la excusa de acortar un sufrimiento intolerable, solamente para no molestar la comodidad de algunos médicos? Por supuesto, mi pobre objeción de externo no tuvo mucho peso, y el interno hundió la jeringa. Algunos minutos más tarde, el asunto había concluido. Me tocaba a mí acompañar a mi muerto a la sala de autopsia y ayudar a los investigadores del laboratorio encargados de la tarea. Esta sala me había aterrorizado siempre, con sus cadáveres recostados, despedazados, y el olor insoportable que reinaba allí.

Ese día tuve que hacer frente a dos muertos, a quienes se les practicaría una autopsia. Recostaron a mi paciente sobre uno de los colchones tirados en el suelo, y la siniestra tarea de despedazamiento em pezó. Una terrible náusea estaba a punto de invadirme cuando de repente, un especie de click se produjo en mí. Percibí claramente que los hombres y mujeres que habían habitado estos cuerpos ya no estaban en ellos, que yo estaba apenas frente a un soporte vacío para siempre. Admití la muerte como destino del hombre y llevé a cabo mi tarea a conciencia, sin experimentar ningún estado de ánimo especial: corté, despedacé, serruché.

Algunas horas más tarde, relaté en el diván la prueba que había tenido que soportar, y cómo de repente había tomado conciencia de que no era el cuerpo de mi paciente el que yo estaba despedazando, pues ya *no estaba ahí*. Lacan aprobó. Quizás valoraba mi nueva resistencia frente al horror, impensable algunos años antes. La muerte había aflojado su dominio sobre mi mente. Ignoro de qué manera se llevará a cabo mi propia muerte, y no la considero sin experimentar una preocupación, a veces cierto alivio también, pero ya no me causa terror. Mis estudios de medicina, mi pasantía en neurología, y más adelante otra pasantía muy penosa en oncología me han permitido acompañar a numerosos seres humanos hasta su destino final.

En ese otoño de 1973, otro acontecimiento me conmovería profundamente, y prepararía el terreno para una nueva y decisiva mutación: la guerra de *Yom Kipur*. El 6 de octubre de 1973, la gran noticia estalló: los egipcios habían atravesado el canal de Suez y arrasado con las defensas de Israel. En el norte del país, Siria a su vez se involucraba en el conflicto. A mi alrededor, en el anfiteatro donde más de la mitad de los estudiantes eran judíos, no se le otorgó al acontecimiento mucha importancia. Esta vez, seguramente, los ejércitos árabes iban a ser derrotados en menos de seis días.

A pesar de que ya no era miembro del Partido, yo me consideraba todavía miembro de la gran familia antiimperialista y pro Palestina... siempre y cuando la la existencia de Israel pareciera asegurada. Pero pronto el desarrollo de los acontecimientos fue desfavorable para Israel. Tsahal estaba en grandes dificultades.

Recuerdo esa tarde, cuando, de regreso a casa, A. me recibió contándome con las últimas informaciones. Ella mencionó las "últimas agresiones de los sionistas". Entonces, la mordaza que ahogaba mi voz y mi mente cayó bruscamente.

—¡Es suficiente!

—¿Qué quieres decir?

—¿Cómo se puede hablar de agresión cuando Israel, un pequeño país con tres millones de habitantes se encuentra rodeado por decenas de millones de enemigos y su supervivencia está amenazada?

A. me miró, totalmente desorientada. Ella no se esperaba semejante viraje. No dijo una palabra, pero muy rápidamente adhirió a mi nueva posición, sin siquiera debatir sobre la misma. ¿Los judíos estaban nuevamente amenazados con el exterminio, y yo iba a estar del lado de sus enemigos? ¡No, verdaderamente, ya basta! Sentía una inmensa y dolorosa libertad. Yo era judío, ésta era mi verdad profunda, y esta guerra me conmovía con la violencia de un terremoto. A partir de ese día, vivía con el oído pegado a mi pequeña radio, escuchando con los compañeros de la facultad, entre los cursos, las últimas noticias. Y éstas eran cada vez más inquietantes. Lo peor era inminente. Me derrumbé, ya ni podía dormir.

El lunes a la tarde, luego de un terrible fin de semana, fui a mi sesión y estallé en lágrimas sobre el diván. Anuncié a Lacan la decisión que acababa de tomar: ofrecerme como voluntario en Israel.

—¿Qué hará usted allí?

—Cualquier cosa, enfermero por ejemplo. Moriré con ellos. No puedo quedarme aquí con los brazos cruzados.

Lacan se mostraba serio y emocionado. Me conocía bastante bien como para saber que no vacilaría en transformar mis palabras en acciones concretas. No dijo otra cosa que su habitual "¡Hasta mañana!", seguido por un largo suspiro.

Esa misma noche, o al día siguiente, Tsahal realizaba el famoso avance y cortaba en dos al ejército egipcio. El cerco se había roto, los sirios retrocedían, Israel ganaba con gran sufrimiento esta nueva guerra, y así le quitaba razón de ser a mi proyecto insensato.

Esto fue el comienzo de mi "deshielo", de mi retorno a cierto judaísmo, que adquirió al principio los colores del sentimiento nacional, del sionismo y se reforzó hasta convertirse en un deseo imposible de contrarrestar, irme a vivir a Israel, cosa que haré doce años más tarde, en el año 1985. Vivir en ese país, descubrir el problema palestino, y sobre todo encontrarme con Y. Leibowitz, fueron acontecimientos que llevarían a mi progresivo alejamiento respecto a la ideología sionista. De esta manera, adhería a través de mi propia evolución a la posición de Freud, para quien un psicoanalista no podría comulgar con ninguna posición nacionalista.

Mi sionismo provisorio no fue otra cosa que la metonimia, el signo precursor de un interés mucho más fundamental, mi interés por el judaísmo, sus libros, y en el centro de esta cultura, el tema candente del

Dios de Moisés, con quien, según lo dirá Lacan, hay que contar, se crea en el mismo o no.

Durante las vacaciones de Pentecostés que siguieron a estos días penosos, participé en el congreso de la escuela, que tuvo lugar en La Grande-Motte. Varios centenares de personas estaban ubicadas en este complejo turístico, analistas famosos, analistas debutantes, estos últimos pacientes de aquéllos, todos mezclados, y molestos por el hecho de que tenían que entrecruzarse. El ambiente general era muy tenso. Las rivalidades mortíferas, las disputas violentas que padecía la Escuela se incrementarían y tendrían como desenlace, algunos años más tarde, el estallido de la misma.

Ahí descubrí que jóvenes analistas de mi edad habían sido admitidos en la Escuela, mientras que mi candidatura se mantenía en la nebulosa; esto me causó un gran dolor. Tenía ganas de gritar, cosa que hice el último día, a través de una torpe intervención. Puse en tela de juicio la eficacia del psicoanálisis, el cual no solamente no había aplacado mi dolor, sino que lo había incrementado. Una mujer joven que parecía bastante molesta se apoderó del micrófono para afirmar que la enseñanza de Lacan ya figuraba en el Talmud. El comentario me pareció ridículo. El congreso se convertía en una suerte de *happening*. Hubo, de todos modos, un momento luminoso cuando Lacan, con voz apagada, realizó una improvisada intervención. "Si somos psicoanalistas —dijo Lacan—, se debe a que el psicoanálisis es una cosa apasionante." Esta palabra de Lacan era una respuesta a mi crítica. Lacan mencionó esta frase de Heráclito: "El relámpago gobierna todas las cosas". El análisis debía conducir a la producción de este relámpago, donde el ser oscila en su verdad. Por mi parte, no me habían faltado esos relámpagos.

De regreso en París, comentaba en mis sesiones hasta qué punto estas jornadas me habían sacado de quicio. "Me molestaron más que a usted." Ésa fue la asombrosa reacción de Lacan.

Abordé el tema de mi admisión formal a la Escuela. Me podía otorgar un estatuto más presentable que el estatuto de estudiante de medicina atrasado, de viejo ingeniero en agronomía. Sobre todo, esta admisión hubiera significado un reconocimiento simbólico por parte de una institución cuyo presidente era precisamente mi analista. Sobre este punto, Lacan pareció inconmovible. Sabía siempre cómo proceder para llevar mi exasperación hasta el punto de la ruptura, y llegado a este punto, a través de alguna gratificación simbólica, relanzaba la dinámica de mi loca carrera.

El punto neurálgico de mi existencia seguía siendo mi problema conyugal, preocupación de todos los días, y a veces dolor insostenible. Mi breve relación con Anne y su extraño final no habían producido otra cosa que un aplacamiento provisorio.

En el ínterin, Anne se había divorciado; ella consideraba este acto como eminentemente analítico, el ideal freudiano, aquel en el cual debía desembocar toda cura exitosa. ¿Acaso desapareció totalmente el prejuicio de aquel tiempo? Recientemente, un analista de moda consideró adecuado llamar a su revista *Célibataire*. Un analista no puede ser fundamentalmente más que soltero. Esta posición me parece hoy en día completamente aberrante. ¿Pero podía permanecer insensible frente a este prejuicio traído de la mano de eminentes analistas? Incluso creía detectar en Lacan este anhelo de mi divorcio, el cual me iba a permitir cortar definitivamente el anudamiento neurótico que me estrangulaba. Un día, le dije muy claramente a Lacan:

—¿No es cierto que usted desea mi divorcio?

—¿Yo? Usted está equivocado. Es usted el único que desea ese divorcio. ¡*Usted*!

La respuesta tajante de Lacan me colocaba dolorosamente entre la espada y la pared. La perspectiva de pasar el resto de mis días al lado de A. me pareció claramente insoportable. El mismo día de la sesión, decidí al salir de la misma dejar el departamento familiar e ir a vivir solo en mi nuevo consultorio.

—Necesito tomar cierta distancia —le dije a A.

Con la infinita indulgencia que siempre demostró frente a mis locuras y mis cambios de humor, A. aceptó la situación sin decir una palabra. Me ayudó a empacar, a trasladar al consultorio algunos objetos indispensables a mi vida cotidiana. Me hizo solamente una pedido:

—De todos modos, sería bueno si pudieras volver a casa los fines de semana. Los niños necesitan tu presencia.

La sorpresiva actitud de Lacan me iluminaba definitivamente un rasgo fundamental de su clínica, sobre su estrategia de conducción de las curas, por lo menos de la mía. A semejanza de un jugador de póker, un analista debe saber esconder su juego. ¿Acaso Lacan no había logrado que la gente creyera en sus simpatías marxistas, sin las cuales ni yo, ni toda una generación, hubiéramos acudido a la consulta con él? Volvía a encontrar esta misma actitud respecto a mis estudios de medicina. Ya describí el rol decisivo que Lacan tuvo en este aspecto. Sin embargo, en un segundo tiempo, cuando las cosas parecían encaminarse hacia un fracaso, su actitud cambió, y terminé creyendo que él había cambiado de opinión. Por otro lado, en la Escuela, pensaban que mi nueva carrera era un recorrido inútil, incluso estúpido, motivado por una necesidad de seguridad, tan opuesta al ideal del análisis de vivir en el riesgo. En consecuencia, pensé seriamente en abandonar mis estudios. Pero al final de una sesión se tocó el tema y Lacan se encargó de puntualizar:

—Tenga la seguridad que no trato para nada de obstaculizar sus proyectos.

Y entonces, ¿por qué hacerme creer lo contrario durante meses? Quizá para compensar la alienación que podría haber provocado en mí una implicación decisiva de su parte en mi elección de estudios de medicina. ¿Esta elección era mía o suya? ¿Acaso este equívoco no era la causa de las dificultades que yo experimentaba para llevarlos a cabo? Había que desanudar este punto.

Este mismo modo de intervención paradójica fue elegido para vaciar a mi pareja de su carga destructiva: hacerme creer que Lacan me sugería el divorcio cuando en realidad se comprobó que yo no tenía salvación alguna fuera del marco de esta pareja. Su conducta posterior será perfectamente clara respecto a este punto. Lograr aceptar y superar el malentendido fundamental e irreparable que separa a un hombre de una mujer (que es lo que significa su famosa fórmula "No hay relación sexual"), tal es la meta final de la cura con el duelo que ésta implica, el de la ilusión de una posible armonía idílica.

* * *

Ya vivía solo, en mi consultorio de la calle Mayet, y esta soledad que había elegido no me brindó ningún alivio. Por lo contrario, fue un período siniestro, de mucha depresión. Podía estar horas enteras recostado sobre mi diván, la mirada fija hacia el techo, sin poder emprender ningún trabajo.

Mi clientela no se había incrementado, y apenas alcanzaba para pagar los gastos del consultorio y de mis estudios.

Mi hermano, que ejercía la psiquiatría en las afueras de París, en Garges-lès-Gonesse, me propuso trabajar con él. Me ofreció compartir su consultorio el miércoles y el sábado a la tarde, para atender, sobre todo, niños con problemas y, eventualmente, también a algunos adultos. Esta práctica, aunque los pacientes no eran numerosos —en efecto, no se amontonaban en la puerta del consultorio—, tendría importantes consecuencias en mi vida, sobre las cuales volveré más adelante. Pero no me ayudó a salir de mis problemas financieros. En cambio, mi hermano tenía un importante número de pacientes, además de un buen salario en un empleo hospitalario, y vivía con holgura. Esta situación exacerbó mi frustración, y complicó la rivalidad fraterna, que estaba en el corazón de nuestras dos neurosis. Yo me pasaba horas enteras sin un solo paciente, mientras él trabajaba sin descanso.

* * *

Mi vida transcurría en medio de sacudidas cada vez más importantes. Mi relación con Althusser se había interrumpido desde el envío del informe sobre el trabajo de los campesinos africanos, que él mismo había auspiciado, y que se convirtió con el tiempo en una reflexión general sobre el trabajo humano. Nuestra relación se interrumpió cuando me escribió que ya no podía leer.

Desde entonces, yo acarreaba dolorosamente el peso de este texto huérfano, cuya copia había mandado a Lacan. En una lectura del boletín de la Escuela, me enteré de que un psicoanalista, el doctor Martin, anunciaba la continuación de su seminario, "El dinero y el psicoanálisis", y que este año iba a considerar la cuestión del trabajo humano. Las reuniones se realizaban los viernes cada quince días. El público era escaso, y tengo que confesar que no entendí casi nada del discurso del conferencista. Sin embargo, me acostumbré a asistir.

Este doctor Martin, con su cabeza ancha y totalmente calva, no me era completamente desconocido. A veces lo encontraba en la sala de espera de la calle Lille. Vivía en Montpellier, y venía a París dos veces por mes para dar su seminario, pero también para encontrarse con Lacan. Durante un curso, me armé de coraje, y después de su charla me acerqué a él para comentarle mis propias reflexiones sobre la cuestión del trabajo humano, y le entregué una copia de mi escrito. Se mostró muy cortés, y me prometió leer mi texto.

Algunas semanas más tarde, durante un fin de semana que transcurría en el domicilio conyugal según lo que habíamos acordado con A., ella me informó que había llamado un doctor Martin, que quería encontrarse conmigo. Había dejado un número de teléfono. Lo llamé. Nos encontramos el sábado siguiente a la tarde en el café Bonaparte. Martin pertenecía al grupo más selecto de la Escuela, y su invitación constituía una importante muestra de interés. Empezó diciéndome que mi trabajo le había gustado, y me propuso otorgarme un espacio en su seminario del viernes a la noche para exponer el contenido.

—Usted podrá exponer cuantas veces sea necesario.

—Dos o tres exposiciones de media hora serán suficientes.

—La continuación de su análisis lo ayudara a precisar la interpretación de sus observaciones.

Más adelante descubriría que esta fórmula *la continuación de su análisis* era una suerte de cliché del querido doctor. Cada uno tiene los suyos. Pero de repente, nuestra entrevista se prolongó y cambió de contenido. Pronto la propuesta se convirtió en un verdadero programa de estudios. Martin me aconsejó, por supuesto, leer los textos de Freud y de Lacan, cuestión que me ocupaba desde ya varios años. Luego, insistió sobre la importancia de la obra de Claude Lévi-Strauss, y en particular su *Antropología estructural*, sus *Estructuras elementales del parentesco*, *Lo crudo y lo cocido*, toda su obra, en definitiva. El estudio de los trabajos de Lévi-Strauss era indispensable para la formación de un psicoanalista, y coincidía además con mis intereses de entonces. En el programa figuraban también otros autores, filósofos, antropólogos, etc.

Sabía que Lacan y Lévi-Strauss, en un momento muy cercano, se habían distanciado como consecuencia, según lo que se comentaba, del suicidio del alumno de Lévi-Strauss, Lucien Sebbagh, suicidio cuya responsabilidad Lévi-Strauss atribuía a Lacan. Este distanciamiento le provocaba a Lacan mucho dolor. En la Escuela, los trabajos de Lévi-Strauss seguían siendo una referencia.

Esta entrevista, esta posibilidad de tener un primer espacio de docencia, estos consejos, me trajeron mucho aliento. Yo se los atribuía exclusivamente a la iniciativa del doctor Martin en su calidad de miembro destacado de una estructura que supervisaba el recorrido de quienes se formaban en ella.

Pero dos días más tarde, un lunes a la tarde, cuando fui a sesión, Gloria me hizo pasar a la biblioteca, ya que la sala de espera estaba llena de pacientes.

Algunos minutos pasaron, y de repente escucho la voz sonora tan característica del doctor Martín:

—He visto *pues* a Haddad... —comenzó su sesión.

Evidentementa el había esperado en la sala y no sabía que yo estaba en la biblioteca. Entonces escuché un "¡silencio!", y el ruido de la puerta del consultorio, que se cerraba. De repente, entendí. Había sido por un pedido de Lacan que Martin había querido encontrarse conmigo. Yo, que vivía tan miserablemente mi estatuto de analizante perdido en la muchedumbre de los que frecuentaban el número 5 de la calle Lille, descubría que Lacan, tan distante habitualmente, tan duro respecto a mí, se preocupaba discretamente de mi formación, intervenía solapadamente a través de gente que le era cercana para colocar algunos puntos de referencia en mi camino. El hecho me conmovió profundamente. ¡Cuántas veces había abrumado al querido viejo con mis quejas permanentes, mis amenazas tan frecuentes de abandonar el análisis!

Cuando empezó mi sesión, algunos instantes luego de que Martin hubiera dejado el consultorio, fingí no haber escuchado nada. Lacan no se dejó engañar.

Intervine, pues, en tres oportunidades en el seminario de Martin. Luego de su propia exposición, me daba el uso de la palabra durante media hora aproximadamente. La asistencia era muy reducida, cuatro o cinco personas que insistían en escuchar el discurso esotérico de Martin. El trabajo de exposición tuvo como consecuencia ayudarme a aclarar mis observaciones con respecto a los campesinos de Casamance, a tomar conciencia de que el trabajo humano, en un nivel elemental, estaba estructurado como el inconsciente, con sus dos vertientes que Freud había descrito, el desplazamiento y la condensación, y que Lacan intentó trasladar a las figuras lingüísticas de la metonimia y de la metáfora. *El trabajo humano está estructurado como un lenguaje.* Aquello que sería mi último trabajo como agrónomo fue, en definitiva, mi primer trabajo teórico en el campo freudiano.

En el mes de noviembre del año 1975, Pierre Martin fue el encargado de la organización de las jornadas de estudio en la Escuela de la Casa de la Química. El tema principal era la psicopatía, pero también distintas cuestiones afines a su seminario, el dinero, el trabajo. Decidí intervenir en estas jornadas, y proponer una comunicación de mis reflexiones sobre el trabajo campesino.

Estas jornadas tuvieron poco éxito, las solicitudes de participación fueron pocas, y el público no fue tan numeroso como lo era habitualmente.

En el momento de apertura de las jornadas, la amplia sala de la Casa de la Química tenía poco público, y allí viví una extraña experiencia. Lacan se encontraba en una tarima elevada, y al registrar mi presencia, me saludó con una voz sonora para que yo lo pudiera escuchar. Yo estaba sentado al lado de una amiga, Brigitte. Al escuchar la voz de Lacan, me di vuelta para ver a la persona a quien Lacan saludaba.

—Pero te está saludando a ti —me dijo Brigitte.

La idea de que Lacan pudiera dirigirse a mí en un lugar público me pareció totalmente irreal.

Una vez que terminó la inauguración de las jornadas, el público se repartió en dos salas, el gran anfiteatro en donde se leerían los trabajos sobre psicopatía, y la otra sala, en la cual, entre otros participantes, yo hablaría. Lacan se quedó en el gran anfiteatro, cosa que me alivió. El tema de la psicopatía suscitó varias polémicas, incluso un orador, de apellido Lévi, fue acusado de nazi.

Durante la tarde, me encontré con Lacan en el sitio más incómodo que se pueda imaginar, frente a los mingitorios de la Casa de la Química.

—Dígame Haddad, ¿cómo anduvo?

—Bien, creo.

—No pude ir a escucharlo, a pesar de que quería hacerlo. Me retuvieron en el gran anfiteatro...

—Si, creo que tuvo lugar allí un debate importante... —alcancé a balbucear—.

—Usted quiere decir un debate estúpido.

Dialogar de esta manera con mi analista que, terminando de orinar, sacudía su miembro, no era una posición cómoda. Era la primera vez que le hablaba fuera del contexto de mi análisis, y no hubo muchas ocasiones similares. Salí de esta situación lo más rápidamente que pude.

Al año siguiente, intenté prolongar mi reflexión sobre el trabajo a través de un seminario que la Escuela me autorizó a dar en su sede. Los participantes que respondieron a mi invitación eran gente bien formada. Así conocí a Maria Landau, Marie Balmary, Mund, Botvinik, para quien la cuestión del judaísmo fue tan candente que terminó consumiéndolo. Preparaba cuidadosamente mis exposiciones, que escribía a máquina, y remitía una copia a Lacan. Percibí en él como una frustración. Le pregunté su opinión sobre mis textos. Recibí a modo de respuesta una observación hiriente:

—El resultado es modesto, como todo lo que emprende... pero no está mal.

El acento estaba puesto evidentemente en la palabra "modesto", y lo que seguía atenuaba de alguna manera la sensación de bofetada. En verdad, no había ido mucho más allá de mi primer esbozo, y el resultado era una charla acorde con la moda psicoanalítica del momento. El programa de lectura que me había propuesto Pierre Martin seguía inexplorado, a pesar de que había conseguido varias obras de Lévi-Strauss. Los estudios de medicina no me permitían emprender una documentación profunda. Al finalizar el año se interrumpió mi primer seminario. Otro tema empezaba a absorberme vertiginosamente, y mi trabajo sobre "el trabajo" contribuyó a este interés, sobre todo a través de mi diálogo con Botvinik.

Pero debo volver al momento en el cual me encontraba con Pierre Martin, un año atrás. El temporal estalló sin aviso previo durante mi vacilante práctica profesional de analista debutante. M. C., mi primera analizante, esa chica jovencita que padecía una anorexia severa, me llamó un domingo a la noche, presa de una gran angustia.

—Tengo mucha hambre. No como desde ayer. Tengo tantas ganas de comer...

—¿Y por qué no come? Hablaremos sobre esto mañana a la mañana.

Yo creía haber alcanzado la meta. M.C. tenía hambre, iba a comer, estaba casi curada de su anorexia. Mi primera cura, tan complicada, era un éxito. ¡Ay de mí!

La atendí al día siguiente a primera hora, antes de ir al hospital para cumplir con mi pasantía de externo. Me miró de un modo extraño, concentrando sobre mi rostro sus grandes ojos verdes. Se rehusó a recostarse sobre el diván. Y de repente, emitió un grito terrible, interminable, antes de derrumbarse desvanecida sobre la alfombra. ¿Qué ocurría? ¿Acaso se había envenenado antes de venir al consultorio? Llamé a su casa. Su padre me contestó. Le informé de la situación. Corrió hacia mi consultorio. Mientras tanto, M.C. se había reincorporado. La ayudé a sentarse. Cuando vio a su padre, se dirigió hacia él, y apuntándome con el dedo, pronunció estas palabras: "¡Es él!" Escuché allí todo el desamparo del amor imposible de una niña.

Lacan me había enseñado, a través de su propia práctica, que en un momento de crisis convenía recibir al paciente todos los días. Fue lo que hice. El sentido común hubiera aconsejado quizá que hiciera ingresar a mi paciente a un hospital. Pero en aquella época la psiquiatría tenía muy mala reputación en el ambiente psicoanalítico. Por otro lado, ¿como hubiera llevado a cabo esta hospitalización a la cual M.C. se habría rehusado de todas maneras? Habría tenido que derivarla.

Le di, pues, una cita para el día siguiente, en presencia de su padre. Ignoraba que iba a tener que atravesar todos los círculos del infierno. M.C. inventaba todos los días un nuevo horror: profundos tajos en los antebrazos, tragar delante de mí un puñado de comprimidos. Esta anorexia se ponía de manifiesto como una verdadera psicosis. En la cumbre de la crisis, me mostró con una risa loca sus dos ojos cuyo blanco ya no era otra cosa que una mancha de sangre. ¿Había intentado reventarlos?

Una vez ingresada a mi consultorio, no se quería ir. Las sesiones se volvían interminables, insoportables. Para romper este *tête à tête* maléfico, había pedido a A. que me llamara cada diez minutos, como si tuviéramos ambos una cita a la cual tenía que acudir. Esta irrupción del timbre del teléfono tenía el valor del llamado de la realidad, y lograba de esta manera, después de una hora, liberarme de este encierro. Esta ayuda me acercó a mi mujer. En un momento de crisis, podía contar con su apoyo.

También recibí en este momento difícil el sostén firme y benévolo de Lacan. Sí, ahora podía enfrentar en toda la magnitud de su horror esa locura frente a la cual había huido antaño.

La semana se terminó con una cita para el lunes siguiente. Pero en el curso de la tarde del sábado. M.C. me llamó. Me comunicaba con una voz muy tranquila que se sentía mejor, que la crisis había terminado, y que vendría más a verme. Encontrarse conmigo la conmovía demasiado. Iba al campo, para descansar unos días.

En efecto, no la volví a ver nunca más. Diez años más tarde, ordenando algunas de mis notas, volvió a mi mente el recuerdo de M.C., y sentí el deseo incontrolable de tener noticias de la que fue mi primera paciente. Llamé por teléfono, y fue su padre que, una vez más, contestó:

—¡Es extraño que usted llame justamente hoy! M.C. se encuentra hospitalizada desde hace algunas horas en el hospital Sainte-Anne.

A veces se establece entre el paciente y su analista un lazo tan fuerte que podríamos evocar al respecto fenómenos parapsicológicos. ¿Gracias a qué extraño mecanismo sentí la necesidad de llamarla el día de su hospitalización? ¿Simple casualidad? En cualquier caso, era como si hubiera escuchado su grito.

¿Qué había ocurrido durante estos años?, le pregunté al padre. M.C. había retomado sus estudios de arquitectura, conseguido su título, y había empezado a trabajar. La cura había tenido, pues, sus efectos benéficos. Sin embargo, había sufrido una recaída en esos últimos días, y debió ser hospitalizada.

Yo conocía el servicio donde estaba internada. Hablé con un psicólogo, J.A., que yo conocía y que trabajaba allí. Justamente, tenía a su cargo a M.C. Me informó que en su delirio, M.C. pronunciaba mi nombre, el cual tenía una vaga homofonía con el nombre del psicólogo. Pregunté si era posible hacerle una visita. Recibí una rotunda negativa. Los médicos, igual que los psicoanalistas, frecuentemente consideran a sus pacientes como su dominio privado.

Tiempo después del desenlace de la crisis, al finalizar una sesión, Lacan me anunció:

—Yo lo hice admitir a la Escuela.

Insistió en el "yo". Este reconocimiento, que me conmovía profundamente, llegaba en un momento propicio, no el momento de la reivindicación que yo había puesto de manifiesto algunos meses antes, sino en un *après-coup* que no suscitaba ninguna exaltación malsana. Este reconocimiento simplemente era el registro de un hecho consumado.

La noticia fue confirmada a través del correo oficial de la secretaría de la Escuela. Una nueva cartilla estaba en preparación, y mi nombre figuraría en ella. Me preguntaron con qué título era necesario acompañar a mi nombre, conjuntamente con mis coordenadas. Conocía bien la cartilla anterior, en la cual cada nombre era seguido de títulos universitarios. Médicos y psiquiatras en su gran mayoría, había también numerosos psicólogos, egresados de la Escuela Normal con títulos de licenciado en filosofía o en matemáticas, e incluso un antiguo alumno de la Escuela Central. Por lo tanto, ¿por qué no poner "egresado de Grignon", el único título académico que podía exhibir en aquel entonces? Me llamaron de la secretaría de la Escuela para pedirme, con cierto malestar, que suprimiera esta mención. Un campesino en el medio de una asamblea tan distinguida, no quedaría bien. No insistí, e hice figurar al lado de mi nombre el vago titulo, comodín, de "psicoterapeuta".

* * *

Mi vida de recluso en el consultorio de la calle Mayer no producía ninguno de los efectos esperados. Mi mal humor estaba a la orden del día, mi clientela no solamente no se había incrementado, sino que además parecía a punto de extinguirse. En realidad, extrañaba a A., y también el vital griterío de mis hijos. La dura prueba que acabábamos de atravesar A. y yo nos había acercado. Decidí, pues, volver a mi casa. La organización de mi tiempo se complicó enormemente. De ahora en más, tenía que recorrer París y sus suburbios de una punta a la otra: vivir en Maisons-Alfort, seguir mis estudios en el hospital Saint-Antoine, recibir a mis últimos pacientes en la calle Mayet, ir a Garges-lès-Gonesse al consultorio de mi hermano en donde atendía a niños... Semejante dispersión no iba a poder sostenerse durante mucho tiempo.

Algunos días más tarde, mi hijo mayor me hizo una declaración, que yo jamás esperé escuchar, y me trastornó completamente:

—Tengo doce años. Pronto voy a cumplir trece. Es la edad del *bar mitzva* para un joven judío. ¿Cuándo piensas preparar el mío?

—¿De dónde sale esta historia del *bar mitzva*? Nosotros somos ateos, marxistas, no practicamos ninguna religión.

—Bueno, el abuelo me dijo que él mismo se ocuparía del asunto.

Por lo tanto, el golpe provenía de mi padre. Esta intervención en mi vida familiar, de por sí complicada, y sin consulta previa conmigo, desató en mí un viento de cólera. Seguía considerándome, aunque había dejado el Partido, como un marxista ateo, sin haber pensado profundamente en el sentido y el alcance de esta posición. Por otro lado, no era la primera vez que tropezaba con la cuestión religiosa, siempre a través de mis hijos. Algunos meses antes, una noche en la cual yo ya creía que todo mi pequeño mundo se había dormido, sorprendí a mi segundo hijo arrodillado en su cama, frente a la pared, en una evidente actitud de invocación religiosa.

—¿Qué estás haciendo?

—Rezo por ti papá, para que Dios te perdone.

—¿Y por qué?

—Porque es un gran pecado no creer en Dios.

Un compañero de escuela lo había convertido al catolicismo. ¿Pero cómo entender semejante influencia a no ser que la cuestión religiosa ya hubiera atormentado su alma de niño? En esa oportunidad, le hice a mi hijo el sermón habitual sobre nuestras opiniones, las de su madre y las mías, nuestro rechazo hacia toda clase de supersticiones. Me contestó que de todas maneras seguiría con sus oraciones nocturnas.

Por el momento, sentí hacia mi padre una gran bronca, ya que no perdía ninguna oportunidad de atentar contra mi autoridad de padre, que estaba, por otro lado, tambaleando. En el medio de dos cursos en el anfiteatro, me fui hacia la oficina de correo más cercana para llamarlo por teléfono y expresarle sin tapujos mi enojo. Como ocurría habitualmente, mi padre reaccionó muy mal. Nadie en la familia se había atrevido a enfrentar a ese perfecto tirano doméstico con sus gritos, y yo por lo general no procedía de otra manera, y prefería la ruptura a la confrontación. Sin embargo, esta vez no aflojé. Nos despedimos muy enojados el uno con el otro, una vez más.

Un rato después, fui a mi sesión, y por supuesto relaté el episodio. Lacan me felicitó. Este enfrentamiento con el padre tirano, no con su ley sino con su permanente capricho narcisista, aliviaba el peso que yo arrastraba.

—Usted tenía toda la razón.

Una sesión decisiva como ésta, en la que mi vida sufrió un vuelco, no duró más de dos o tres minutos. No sospechaba en ese breve instante sus consecuencias, pero éstas caerían sobre mí en el mismo momento en que dejaba el consultorio. Algo en mí cambió, y me encontré tomado por una decisión imperiosa, una de esas decisiones que no dejan otra opción más que la aceptación forzada: el *bar mitzva* de mis hijos era cuestón mía y de nadie más, era preciso que yo me ocupara de él.

¿Qué había pasado en lo profundo de mi ser en esos escasos segundos? Algo así como la muerte simbólica del padre imaginario, el padre animal, y sobre el despojo del cadáver todavía caliente, el surgimiento inmediato de la instancia de la Ley.

Ya no había en mí duda, ni vacilación, ni tergiversación. Volví a mi casa, y anuncié mi decisión a A. Su reacción fue absolutamente contraria. La idea no le agradaba para nada.

—Los niños quieren hacer el *bar mitzva*, y no me voy a desentender.

—Y claro, les hablan de regalos, de fiesta...

—Una fiesta, ¿por qué no? De todos modos, no creo que ésta sea la razón principal.

—Bueno, si te importa tanto...

Me encontraba nuevamente frente a esta inercia, la que constituía el arma más eficaz, más desalentadora. Mi dolor conyugal, más allá del síndrome de Solal ya mencionado, estaba sostenido por esta inercia que bloqueaba todo movimiento, y que encontraba su expresión más insoportable en la contradicción sistemática. El juicio más trivial, más insignificante, que yo podía formular a propósito de un hecho cualquiera, tenía mucha probabilidad de provocar en mi mujer, de forma inmediata, antes de cualquier examen del mismo, su refutación. Ahora bien, desde que había empezado su análisis con Melman, esta característica se había atenuado, y nuestras relaciones habían mejorado.

Ese día, la frialdad de A. no me afectó.

Al día siguiente, como siempre, fui a mi sesión. ¿Cómo tomaría Lacan mi decisión, tan sorpresiva, de conducir a mis hijos hacia la consagración religiosa? Debo resaltar lo siguiente: con la excepción justificada del momento adecuado para empezar a recibir pacientes, nunca le pregunté a Lacan qué conducta adoptar, o qué decisión tomar. Sabía que estas decisiones tenían que ser mías, total y exclusivamente. Una vez tomada la decisión, se la comentaba y él la aprobaba o no. Pero la mayoría de las veces, Lacan conservaba una absoluta neutralidad. Ese día, esperaba por parte de él o bien una actitud muy reservada, más bien hostil, o bien una perfecta neutralidad. Sorpresivamente, frente a mis comentarios Lacan manifestó una especie de entusiasmo.

—¡Extraordinario!

Y me apretó la mano durante un buen rato para subrayar la importancia del momento. A partir de ese día, el judaísmo ya no será para mí una lejana referencia y se convertirá en un dato concreto de mi existencia, con consecuencias gravitantes. Aquello que empezaba a emerger era mi pasión de infancia por el judaísmo y sus escritos. Lacan, el *goy*, fue quien supo acoger y permitir que se expandiera este amor de juventud furiosamente reprimido, la cuestión paterna con todo su enigma, mi fascinación para el velo del Santuario.

Relaté a A. la sorpresiva reacción de Lacan, y la impresionó. Algunos días más tarde, pareció tolerar mejor mi decisión. Seguramente, había percibido, *après coup*, su alcance simbólico, y su conveniencia para nuestros desorientados hijos. ¿Cómo no estar fascinado, hasta el vértigo, por este amor materno, aparentemente sin límites, y del cual podía observar la expresión en la conducta de mi mujer hacia con sus hijos? "Dar aquello que no se tiene" tenía para ella un sentido muy concreto. Esta decisión, que ella hacia propia, ocultaba una tragedia que mi ceguera masculina me impedía vislumbrar. Nacida en el seno de una de esas familias italianas marcadas por un curioso sincretismo católico stalinista, la judaización de nuestros hijos abría una crisis dolorosa, una ruptura con su familia. Sin embargo, aceptó la situación.

De estas idas y venidas, habló, por supuesto, con Melman, con su analista, aunque consideraba que el camino ya estaba señalado y el problema resuelto. Sorprendida, escuchó al finalizar la sesión, este comentario:

—Respecto al *bar mitzva* de sus hijos, voy a pensarlo, y más adelante le diré lo que pienso

Efectivamente, dos semanas más tarde, después que A. hablara de otro tema, Melman le dijo al final de la sesión:

—Según lo prometido, he reflexionado respecto al tema del *bar mitzva*. Su primera reacción me parece muy justificada. Evidentemente, usted obrará como le parezca...

Seguía el lamentable chapurreo pseudopsicoanalítico de quien no enfrenta los destrozos de su acto. Recordemos que la primera reacción de A. fue oponerse, y era esa posición la que Melman acababa de rehabilitar y así desautorizaba mi decisión.

Cuando me comentó la sesión, mi mujer me declaró hasta qué punto le habían molestado las palabras de Melman. ¿Qué trataba de hacer él? Ella no le había pedido consejo. Eso no era psicoanálisis sino manejo eclesiástico de conciencia, algo en lo cual Melman era especialista, según lo obervé más adelante en varias ocasiones.

Me invadió una terrible cólera. No había tolerado la intervención de mi padre, ¿iba a tolerar la de un extraño? ¿Qué ocurriría de ahí en adelante con mi palabra, con ese deseo incómodo y doloroso que yo me esforzaba por reencontrar y sostener?

—Es inadmisible que continúes tu análisis con Melman. El no cumplió con su función.

A., como siempre, hubiera preferido evitar un enfrentamiento, seguir adelante con su análisis sin tener en cuenta mi opinión. Pero yo sentía que se presentaba en mi camino un peligro inútil, y que convenía eliminarlo. A. llamó a Melman para comunicarle que no iba a volver. Escuchó su voz furiosa, antes de interrumpir bruscamente la conversación:

—La espero mañana como quedamos

Ahora Melman daba órdenes, manipulando una espada de madera. Fui yo el que se encontró al día siguiente con un Lacan furioso. Evidentemente, el teléfono había sonado. Yo me sentía tan abrumado que no me molestó la reacción de Lacan.

—Entonces, ¿qué sucede?

Le volví a hablar del *bar mitzva* de mis hijos.

—Pero yo lo apoyé en esa decisión.

—Usted sí, pero Melman...

Y le relaté a Lacan lo que mi mujer me había contado.

—¿Con qué derecho actua así?

Mi testimonio, evidentemente, lo había sorprendido.

—No lo sé —le contesté a Lacan de una manera un poco insolente—, usted lo ve más que yo. Pregúnteselo a él cuando pueda.

Ahora era Lacan quien parecía abrumado. Me dio la mano cálidamente. En el conflicto que me oponía a uno de sus alumnos más cercanos, Lacan tomaba partido por mí. Sin lugar a dudas, mi testimonio coincidía con otros testimonios, los que daban cuenta de la inquietante evolución de Melman, de su inclinación por el poder y la manipulación. Probablemente en aquel momento comienza ell deterioro de la relación entre ellos, que se agravará hasta llegar al estallido final.

Otro acontecimiento, aparentemente sin importancia, aceleraría mi evolución y mi retorno al judaísmo. Este se produjo en el curso de un seminario de Lacan.

Esa vez, Lacan se sumergía de nuevo en esa cuestión que tanto lo preocupaba, los números, su generación a partir de *Uno*. Con frecuencia mencionaba los nombres de Frege y Cantor. Ese día el puesto de honor lo ocupaba el trinángulo de Pascal. Escribió en la pizarra las primeras líneas:

$$
\begin{array}{ccccccc}
& & & 1 & & & \\
& & 1 & & 1 & & \\
& 1 & & 2 & & 1 & \\
1 & & 3 & & 3 & & 1
\end{array}
$$

Luego se puso a nombrar uno por uno los números que acababa de inscribir: uno, uno y uno, uno y dos...

De repente, me invadió la sensación extraña que acompaña el retorno sorpresivo de recuerdos totalmente olvidados. Se trataba del recuerdo de las tardes de *Kipur*, en los lejanos tiempos de una niñez renegada, en los últimos calores sofocantes del otoño de Túnez. Yo trataba de luchar frente al dolor del ayuno que me retorcía el estómago, cuando el oficiante se puso a cantar con un ritmo determinado, y repetía con cierta frecuencia estas palabras aparentemente vacías de sentido: *ehad, ehad ve ehad, ehad ve chtaïm...* uno, uno y uno, uno y dos... En aquel entonce yo ignoraba el sentido de este canto rítmico. Pronto, sabría que pertenecía al rito de un sacrificio llevado a cabo ese día por el gran sacerdote. Este último, luego de haber sacrificado el animal designado, extraía la sangre del mismo, y rociaba con ella el *Parokhet*, el famoso velo del Santuario, de una manera muy precisa: salpicaba primero la parte superior del velo, y luego la parte inferior; después salpicaba la parte superior una vez y dos veces la parte baja, y así sucesivamente hasta llegar a siete.

Estas salpicaduras se repetían en varias ocasiones, con la sangre de distintos animales sacrificados. Finalmente yo comprendía, a través del triángulo de Pascal, el sentido de este rito antiguo, el más solemne de la ceremonia más grave del judaísmo, el *Yom Kipur*. Se trataba del misterio de la generación de los números.[12]

Hacía cerca de veinte años que no había franqueado el umbral de una sinagoga, y de repente sentía el deseo de conseguir un compendio de las oraciones de *Yom Kipur*, para volver a encontrar *ese texto* cuyo sonido en mi memoria provocaba esta imperiosa demanda. ¿Quizá era el texto que había estructurado en mi inconsciente el fantasma que me había llevado, como un sonámbulo, al consultorio de Lacan, con la finalidad de depositar en él mismo esa mirada dirigida hacia el velo del Santuario.

12. Como me lo observó François Rouan, la operación se parece al *dripping* que practican los pintores modernos y en particular Pollock. ¿Será que la pintura contemporánea retomó el camino de la búsqueda del Uno?

Transcurría el mes de junio, y se acercaba mi cumpleaños. Mi padre me preguntó entonces qué quería de regalo. Desde el día en el que yo había decidido que mis hijos tendrían su *bar mitzva*, nuestras relaciones habían retomado su curso normal, con la habitual alternancia de conflictos violentos y reconciliaciones. Le pedí una Biblia hebrea bilingüe, y un *Mahzor*, el ritual de las oraciones de *Yom kipur*. Mi pedido lo sorprendió:

—Quisiera releer ese texto... tú sabes... *ehad ve ehad*, uno y uno...

—Se acaba de publicar una edición bilingüe del *Mahzor*...

—Ése es el libro que yo quiero.

Freud también había recibido, tardíamente, una Biblia como regalo de su padre. Por mi parte, yo le pedía una al mío. Pero mi acto implicaba una ventaja sobre el que protagonizó Freud, porque esa Biblia era un pedido mío.

Pronto, mi padre me entregó los dos valiosos ejemplares, y agregó por su cuenta un tercer libro, una *Hagadah de Pesah*,[13] establecida y abundantemente comentada por un rabino de Túnez. Desde hacía más de diez años que yo no tocaba, menos aún leía, un libro en hebreo, esos libros que durante mi infancia habían sido mis compañeros habituales, aunque a veces no comprendiera nada. ¿Cuál fue mi reacción del momento? ¿Emoción? No, el retorno de lo reprimido está generalmente acompañado por una sensación extraña que implica cierta molestia, el *unheimlich* freudiano.

Pensaba haberlo olvidado todo. Sin embargo, al cabo de algunos instantes, pude descifrar la letra hebrea, y encontrar ese texto que de ahí en más llamaría "oración del triángulo de Pascal". Sentí, sin embargo, una pequeña frustración, ya que esta edición, por motivos que yo ignoro, no tenía la traducción del pasaje. Pero en definitiva no hacía falta ser un experto en la lengua hebrea para descifrar esta poca cantidad de números, esos que marcaban mi retorno definitivo al texto hebraico.

Comenté a Lacan todos estos acontecimientos, que me conmovían hasta lo más profundo de mi alma, en particular el episodio de la oración de *Yom Kipur*, del *Mahzor* que había pedido a mi padre.

—¿Me puede prestar el libro?

—Falta la traducción del pasaje.

—Me puedo manejar bastante bien en hebreo.

Se quedó con el ejemplar varios meses, y tuve que reclamárselo.

En varias ocasiones, durante su seminario, Lacan afirmó que no conocía el hebreo. Mi testimonio, con otros del mismo tenor, refuta esta

13. Libro que se lee la víspera de Pessah, la Pascua judía.

declaración sobre la cual volveré cuando me dedique investigar las relaciones misteriosas que Lacan mantenía con el judaísmo. Sin embargo, daré a conocer dos testimonios más que corroboran el mío. Un amigo mío, paciente no judío de Lacan, le preguntó algún día con qué traducción Lacan le aconsejaba la lectura de la Biblia. La respuesta de Lacan lo paralizó de sorpresa:

—Es preferible leerla en hebreo.

Otro amigo, Alex Derczanski, me comentó que un día, a comienzos de los sesenta, se había encontrado con Lacan en la Escuela de Lenguas Orientales, justamente en la calle Lille, y éste último estaba conversando con el bibliotecario, Emmanuel Raïss. Lacan acababa de pedir prestado el diccionario talmúdico Jastrow. Esta obra puede ser consultada solamente por alguien que ya conoce bastante los textos hebreos.

Mientras tanto, se despertaba en mí un deseo cada vez más intenso de volver a retomar el estudio de esos textos, abandonados desde hacía tanto tiempo, y de los cuales tenía, por otro lado, un conocimiento muy limitado. De niño había aprendido a leer hebreo pero no a comprenderlo. Mi conocimiento actual en la materia, por más fragmentario e incompleto que fuera, aunque no desprovisto de consistencia, debe ser considerado, pues, como efecto de mi análisis.

También debía iniciar a mis hijos en la lectura de estos textos, y conseguirles un rabino que los preparara para su *bar mitzva*. En este nostálgico retorno de la memoria, volvió la figura de mi antiguo maestro de hebreo, el rabino Mordekhaï Koskas. Su hombría de bien, y el afecto permanente que me había demostrado, me habían sostenido en mis años de desamparo. A menudo les preguntaba a mis padres sobre mí; ellos contestaban con un suspiro:

—¡Si usted supiera!...

Y el rabino tenía siempre la misma respuesta llena de infinita indulgencia:

—Mi hijo —el rabino me llamaba así— no puede hacer el mal. Está buscando...

Tenía casi cien años, pero conservaba la mente clara. En los momentos más ingenuos de mi "búsqueda del tiempo perdido", tuve el anhelo de confiarle mis hijos para que les transmitiera esa rectitud que yo tanto admiraba.

Entonces, tuve este sueño. Me encontraba, en una actitud grotesca, infantil, sentado sobre las rodillas de mi rabino. Comprendí, ademas de otros aspectos del sueño, el llamado a cierto orden que contenía. Mi regresión tópica no debía convertirse en un infantilismo. Había que vivir el tiempo presente. Yo debía, pues, encontrar un rabino para mis hijos. Además, pocos meses más tarde, el querido anciano moría. Su muerte no provocó mi llanto, y su desaparición en aquel momento no me conmovió. Quizá sea ésta y tantas otras tristezas ocultas que no supe enfrentar en ocasión de la muerte de quienes encarnaban para mí, de manera auténtica, la fe judía, las que estallaron en un infinito dolor años más tarde, en ocasión de la muerte de mi último maestro, Yeshayahou Leibowitz, ese hombre de Dios.

Las preocupaciones financieras, semejantes a un cólico que por momento se aplaca, y luego vuelve para retorcer el estómago, estaban presentes nuevamente. La pequeña suma conseguida a través de la venta de mi consultorio me había permitido sobrevivir un año. Esta vez, había agotado efectivamente todo mi patrimonio. Lacan, mientras tanto, había aumentado el costo de mis sesiones. De ahí en más, debía desembolsar, día tras día, ciento cincuenta francos. Era necesario, como siempre, encontrar dinero o disminuir mis gastos.

Mi hermano psiquiatra me anunció entonces que había comprado un departamento en Garges, donde pensaba instalar un pequeño centro médico. Me propuso desarrollar allí mi actividad tan escasa, sin pedirme que participara en los gastos del centro. ¿Acaso iba a aceptar esta generosa oferta, dejar París con sus hermosos barrios, para instalarme en ese suburbio austero, donde hasta entonces ningún psicoanalista había pensado en instalarse?

Me ahorraría el alquiler del pequeño consultorio.

Las relaciones con mi hermano eran complicadas desde mi infancia. Formaban parte activa de nuestras mutuas neurosis. No solamente rechacé la oferta sino que bajo un pretexto insignificante, un comentario que yo había tomado como una ofensa, tuvimos una discusión.

Pasaron los días, el año lectivo acababa de finalizar, y yo había pasado a quinto año. Un sábado estaba almorzando en la casa de mis padres, cuando mi padre me informó que la Caja de Depósitos acababa de comprar nuevos edificios, muy confortables, en las afueras de Sarcelles, y que a su vez los alquilaba a precios muy razonables, ni siquiera comparable al de mi alquiler en Maisons-Alfort. No me costaba nada ir a visitarlos. El día era precioso, soleado, y el almuerzo materno abundante, como de costumbre. Un paseo nos haría bien a todos. La nueva avenida 8 de Mayo con sus edificios flamantes tenía un bello aspecto. Los suburbios de la región no estaban todavía afectados por los graves problemas de la delincuencia. Nos hicieron visitar un hermoso departamento, amplio, nuevo. Me encantó. Comprendí rápidamente todas las ventajas de la situación. Pronto descubriría que mi inconsciente las había evaluado mucho más allá de lo imaginable. La cercanía de mis padres y el apoyo que me brindaban me proporcionaban el contexto necesario para llevar a cabo de manera satisfactoria el *bar mitzva* de mis hijos, proyecto que para mí había adquirido una dimensión metafísica, y en el cual me involucré completamente.

Con el consentimiento de A., firmé en seguida el contrato de alquiler. Mi padre estaba muy satisfecho. No solamente yo viviría allí, sino que además la pelea con mi hermano se me apareció en toda su puerilidad. Decidí aceptar su oferta: trasladaría mi consultorio parisino a su centro médico. Este giro se realizó, como siempre, atravesando una crisis; un violento rechazo se desanudaba en la alegría de una aceptación, el alivio del tormento que se acaba. El esfuerzo que llevé a cabo ese día, la renuncia a porciones íntegras de mi narcisismo estéril, de mis celos fraternos, era inmenso. Las consecuencias de ese cambio de domicilio fueron considerables.

Durante mi sesión hice el relato pormenorizado de aquellos acontecimientos. Llegué a la aceptación de la oferta de mi hermano, yo, que estaba en una situación poco gloriosa aunque era el mayor. A través de este acto vislumbraba la posibilidad de superar la rivalidad con mi hermano, tan llena de odio y de destrucción del otro y de uno mismo. En ese momento, Lacan salió de su sillón como impulsado por un resorte. Parecía muy emocionado, incluso conmovido. Nunca lo había visto en este estado.

—Sensacional —repetía mientras me agarraba la mano—, estoy verdaderamente muy contento.

Ese día, algo de la mueca grotesca de la neurosis obsesiva, incluso algo de mis tendencias a la paranoia, había caído definitivamente.

Informé a M.C., con quien compartía el consultorio de la calle Mayet, de las decisiones que había tomado. Ella misma tenía otros proyectos. Cancelé mis dos contratos de alquiler, y comuniqué a mis dos únicos pacientes la nueva dirección, que tendría después de las vacaciones. M. accedió a seguirme a mi nuevo consultorio.

*   *   *

El análisis había despertado en mí desde hacía unos meses una dolorosa nostalgia de mi país natal, Túnez. Soñaba con sus playas, con la dulzura de la vida que este país podía proporcionar, con sus calles, con todos estos detalles que habían conformado mi infancia. La *Odisea* habla del inolvidable país de los lotófagos, al que llegó Ulises. Según una tradición tunesina este país mítico era precisamente Túnez; yo experimentaba en mi cuerpo la verdad contenida en esta tradición. Algo de mi dolor neurótico hundía también sus raíces en esta nostalgia. Ignoraba entonces que la misma encubría la nostalgia de la madre, la sustituía. ¡Cuántas veces en el diván había denunciado la insensatez de la afirmación de Freud acerca de una libido *pro matrem*! Aquella libido, la que buscaba ciegamente, el gran secreto edípico que me proporcionaría la llave de mi ser, había adquirido el disfraz de esa nostalgia.

Mi padre, sin consuelo por la pérdida de su Mediterráneo, desde hacía varios vacaciones había retomado el camino de Túnez y me propuso acompañarlo una vez. Alquilaba en el Kram, una estación balnearia cerca de Túnez, una casa modesta. Acepté la propuesta con alegría. Luego de trece años de ausencia, volvía a Túnez. En Marsella reencontré el barco con perfume a vacaciones, que me había transportado tantas veces antes del desarraigo.

Esta decisión no fue realmente feliz. El Túnez de mi infancia se había modificado profundamente, y yo no encontraba ningún rostro conocido. El país estaba atravesando un difícil momento de repliegue y de angustia. Poco a poco, me invadía la misma melancolía que había conocido mi padre en su primera estadía. Además, en la cercanía que imponía esta casa incómoda, mis relaciones con él se tornaron ríspidas. Volví de estas vacaciones amargado y desalentado, creyendo haber acabado definitivamente con una nostalgia fuera de época. Me parecía que Túnez pertenecía a un pasado olvidado. ¡Qué equivocadas eran estas impresiones! Edipo o no, el país natal no puede ser olvidado. Volvería a encontrar mi Túnez veinte años más tarde, luego de haber atravesado unas cuantas revoluciones mentales, gracias a un coloquio en Cartago, en el cual pude anudar algunos hilos de mi pasado. Esta vez, verdaderamente, algo de mi dolor, hijo de un rechazo amoroso, se aplacó.

Mi conversión

El retorno a Túnez me había dejado un sabor amargo. Retomé mi puesto de externo en el hospital Trousseau, con sus agotadoras guardias nocturnas. Había elegido como segunda pasantía el servicio de cirugía infantil, notablemente dirigido por el profesor Gruner, quien moriría demasiado pronto a causa de una enfermedad. Yo no quería que se confirmara a través de mí la definición habitual del psiquiatra: un médico judío que tiene miedo a la sangre. Sostuve mi lugar en la sala de operación, en las urgencias, durante varias semanas, y he cortado, cosido, enyesado, sin experimentar una emoción especial, tratando de trabajar lo mejor posible, y de familiarizarme con las herramientas más diversas del arte médico.

Una vez que terminó esta pasantía, pude elegir finalmente comenzar mi especialización psiquiátrica en el servicio del profesor Alby, quien sería, algunos meses más tarde, mi benévolo director de tesis. Simultáneamente, rendía mis exámenes, sin mucho brillo pero sin fracasar nunca. Solamente en dos oportunidades, tuve que volver a dar en septiembre dos exámenes recuperatorios.

Mi pasantía en el servicio de psiquiatría no resultó ser siempre agradable. No lograba admitir mi doloroso estatuto de simple estudiante. Exibía, pues, de modo provocativo, en un medio donde estas ideas no estaban bien vistas, mi posición "lacaniana". Ésta, sin embargo, me permitió un día anotarme un pequeño éxito, una pequeña revancha.

En determinado momento me enteré de que habían admitido en el servicio un travesti. La policía lo había encontrado en el bosque de Vincennes, presa de un estado de gran agitación, y lo había llevado al servicio de urgencias.

—¡Si puedes sacarle alguna palabra te voy a felicitar! —me dijo amablemente el médico interno—. Nadie pudo hacerlo. Sin embargo, parece gozar de buena salud. Examen somático normal.

Me volvió entonces a la memoria un episodio del cual fui testigo en la biblioteca de Lacan, durante esas interminables esperas a las cuales él me sometía. (Retrospectivamente, eran esperas maravillosas, durante las cuales aprendí una buena parte de mi profesión.) Un hombre joven esperaba pacientemente su turno. Su aspecto era muy afeminado, y demoré algunos instantes para definir su condición de hombre. Lacan apareció al cabo de un rato, y le dio la mano.

—¡Pase *mi* querida! —dijo Lacan a este hombre.

Había puesto de un modo imperceptible el acento sobre la palabra *mi*. Me quedé sorprendido, y bastante conmovido por el hecho de que Lacan se dirigiera a un hombre usando el femenino. Aprendí entonces que la única esperanza para modificar el discurso de un sujeto consistía en entrar en él, aceptarlo de la manera en que se desplegaba…

Entré, pues, en la habitación de mi paciente. Se había recostado, y se había tapado la cabeza con la sabana. Solamente se veía un puñado de cabellos descoloridos. Recurriendo al todo el coraje del cual era capaz, exclamé con voz sonora:

—¿Cómo está, *mi querida*?

Algunos segundos transcurrieron. Luego, una voz emergió de la cama:

—¡Ando mucho mejor doctor!

El silencio se había roto. El joven se enderezó en su cama. Hablamos, entre otros temas, de su "trabajo" en Vincennes, que andaba muy bien. Pero estaba cansado de él. Los perversos, a veces, pueden experimentar severas depresiones. Pude llenar totalmente la historia clínica. Algunos instantes más tarde, se la entregaba al asombrado residente.

Supe mantener la modestia a pesar del triunfo.

—Hay que entrar en el discurso del sujeto, y no imponerle el nuestro.

* * *

Pero ese año mi vida tenía puesto el acento en otro lado, en la escena familiar, como siempre. Me había mudado a Sarcelles, y en este nuevo espacio iba a tejer mi nueva vida. Mi hermano, que me acogió en su consultorio, jugó un papel importante. Me ayudó a desarrollar mi clientela, y sobre todo, gracias a sus vínculos estrechos con el importante medio religioso de la ciudad, me permitió llevar a buen puerto mis dos proyectos, el *bar mitzva* de mis hijos por un lado, y mi formación en literatura religiosa, por otro. Yo quería que estos acontecimientos transcurrieran en el seno de la ortodoxia más estricta. Las cosas hubieran sido mucho más fáciles si me hubiera dirigido a una de las comunidades de judíos liberales de París. Pero yo no quería —como siempre, igual que en mi compromiso político y mi formación de analista— hacer las cosas a medias y así correr el riesgo de soportar más adelante objeciones humillantes.

Un rumor empezaba a circular, el de una influencia desconocida del judaísmo en la aparición del psicoanálisis. Tenía cierto éxito un libro de David Bakan inspirado por los trabajos de Gershom Scholem sobre la mística judía, que sostenía que la Cábala había tenido su influencia sobre Freud. La Cábala y el esoterismo eran temas que podían propiciar los sueños de espíritus frágiles y en formación como el mío. Para responder a todas estas demandas, mi hermano me propuso que yo me encontrara con uno de sus amigos rabinos, Abraham E.H. Este encuentro me permitiría evitar numerosos rodeos.

—¿Qué le gustaría estudiar? —me preguntó el rabino alisando su barba.

—El Zohar, la Cábala.

—¿Entonces usted domina bien el hebreo, ha leído nuestros grandes textos? Y por supuesto conoce el *Talmud*.

El erudito ocultaba mal su ironía. Evidentemente, yo ignoraba totalmente esas cosas. Pero esta ignorancia era la que sostenía mi desprecio por el *Talmud*, ese gran depósito de textos polvorientos y sin interés.

—¿Por qué un juicio tan negativo? ¿Usted estudió, leyó una página del *Talmud*?

No podía dejar de confesar mi ignorancia radical: nunca había abierto un tratado del *Talmud*.

—Usted no puede decir que un fruto tiene mal gusto si nunca lo probó. Sepa que el *Talmud* es el fundamento de todo el judaísmo, incluyendo la Cábala. Le propongo algo. Yo doy un curso sobre el *Talmud* en la sinagoga todos los sábados a la tarde. ¿Por qué no hace la prueba? El tema que trabajo en este momento no le resultará de interés. Pero más adelante le mostraré textos que pueden interesar a un psicoanalista.

Mi rabino pensaba quizá en textos sobre la sexualidad, el principal de los intereses de Freud.

En lo que se refiere a mis hijos, me propuso inscribirlos el domingo siguiente en el curso de preparación para el *bar mitzva*.

El sábado siguiente, con mucha vergüenza, atravesé después de tantos años el umbral de una sinagoga. Quizá los grandes avances se llevan a cabo luego de retrocesos. Yo me disponía a escuchar el curso, y luego me escabulliría, para evitar el oficio religioso que tendría lugar a continuación. Aceptaba aprender los textos del judaísmo, pero bajo ningún concepto me convertiría en un practicante de la religión judía.

Este primer curso me trajo una de las emociones intelectuales más fuertes de mi existencia. ¿De qué hablaba el rabino? De una carta perdida en la vía pública.[14] ¿Qué conducta tenía que adoptar quien la encontrara? ¿Devolverla a quien la había escrito, o a su destinatario? El texto talmúdico discurría sobre el tema a lo largo de quince densas páginas.

—¿Pero cuál es la complicación? —preguntó un oyente.

—Porque una carta que anda en la vía pública es, por esencia, altamente sospechosa —contestó el rabino.

Era imposible expresarse mejor, ni ser más lacaniano. Había concluido hace poco tiempo una relectura del texto sobre *La carta robada*, de Edgard Allan Poe. Esta carta perdida, en esta oportunidad un documento que era al mismo tiempo una letra de cambio y el testimonio de una deuda, era aún más perturbadora que el mismo texto de Lacan. El *Talmud* me conquistó de inmediato.

Pero no la saqué tan barata. No era cuestión de escabullirse después del curso para no presenciar el oficio religioso. La mínima cortesía requería mi presencia. Y entonces, volví a encontrar, con una emoción que había rehusado experimentar, las palabras borradas parcialmente de la oración judía.

El lunes siguiente, le comenté a Lacan mi descubrimiento, y la tormenta que se había desatado en mí. Agudizó la escucha, y me hizo una pregunta. Yo percibía que solapadamente se establecía un diálogo entre nosotros sobre este tema, sin que yo pudiera, en ese momento, apreciar su alcance, tanto para Lacan como para mí.

Tuve la confirmación con la lectura del texto *Radiofonía*, que había conseguido desde su aparición hacía dos años, y en el cual no lograba sumergirme. El tiempo de esta lectura finalmente había llegado. Descubrí allí, con gran sorpresa, el paralelo que Lacan establecía entre el *Midrash* judío y la interpretación en psicoanálisis. Nadie antes de Lacan se había atrevido a trazarlo. En lo que a mí respecta, ignoraba la existencia de la palabra *midrash*, y más aun su significado. Aproveché mi relación nueva con el rabino Abraham E.H. para instruirme un poco y descubrir el inmenso y fascinante universo textual que se abría delante de mí. De alguna manera, el *Talmud* pertenece al corpus del *Midrash*. Más tarde, cuando la editorial Desclée de Brouwer me propuso dirigir una colección sobre judaísmo, recordé esta palabra mágica en la cual mi pasa-

14. Tratado *Baba metzia*, cap. 1, 3ra michna.

do y mi futuro de psicoanalista se entrecruzaron, gracias a Lacan. Llamé a la colección "Midrash", en homenaje a Lacan.

Me parece un hecho notable que Lacan, en su búsqueda de la influencia del judaísmo en el pensamiento de Freud, no haya recorrido la Cábala, el esoterismo. Si hay un efecto del judaísmo en el psicoanálisis, éste radica en la estructura misma del discurso, es decir, en el *Midrash*, y conviene, pues, interrogarlo.

Esto significó, al comienzo, un verdadero tembladeral. Como la crecida de un río, esta conmoción arrastraba irresistiblemente todo aquello que se interpusiera. Cada vez que se presentaba la ocasión, la charla de un rabino, la aparición de una obra, yo me precipitaba a recolectar algunas migajas de saber, para aplacar una sed nueva y ardiente, que surgía con la exaltación que acompaña necesariamente el proceso psíquico de conversión. Lacan se empecinará en encauzarla, y a la vez me permitirá recorrer hasta el final el camino que se abría.

La conversión no es un fenómeno puramente intelectual. Sabemos que está acompañada en su punto límite por la aparición de manifestaciones físicas. Las mías serán más discretas que las de Santa Teresa de Avila, hija de marranos. Estas manifestaciones serán, al comienzo, de índole gastronómica. Convertido hacía mucho tiempo a la cocina europea o exótica, china o hindú, de repente se despertaba en mí la nostalgia por la cocina judía, tanto la de mi país natal, Túnez como la cocina *ashkenazi*. Frecuentaba, pues, todos los restaurantes de la calle Richer y de la calle des Rosiers. Era solamente una primera etapa. Pronto le pedí a mi mujer que no comprara más carne de cerdo y otras comidas prohibidas. Finalmente, le sugerí que no comprara en las carnicerías que no eran *casher*. Este último pedido le molestó profundamente. Se resistió. Expuse muchos argumentos, aparentemente razonables, como por ejemplo la posibilidad de invitar a mis padres, ahora vecinos nuestros. En realidad, poco a poco, me estaba convirtiendo en un judío practicante. Mi mujer, por su parte, se encerraba en sí misma cada vez más. Le desagradaba cómo evolucionaban las cosas desde hacía unos meses. Estaba herida en lo más profundo de su ser. ¿Hasta dónde llegaríamos?

Recuerdo un fin de semana que transcurrió en Etretat. Nos sirvieron ostras. Desde el período que pasé en el liceo Montaigne de Bordeaux, me encantaban los productos de mar, fundamentalmente las ostras.

—Disfruta estos mariscos. Son los últimos que comeremos —le dije a mi mujer.

—Me cago en los frutos de mar. Nunca me gustaron. Tú me obligaste a comerlos. Es lo otro lo que me molesta.

Yo pensaba que le estaba haciendo un chiste a mi mujer. Sin embargo, esta frase resultó profética. Desde entonces, hace ya veinticinco años, nunca volví a probar un marisco ni comida prohibida alguna. Esta extraña evolución será la inspiradora de la tesis expuesta en mi *Comer el libro*.

La respuesta de A. anunciaba la eclosión de una nueva crisis. Habíamos experimentado un gran número de crisis, incluso ellas habían sido nuestro modo cotidiano de funcionamiento. Pero esta última casi nos arrastra hacia la separación. Algún tiempo después de la inscripción de nuestros hijos al curso de instrucción religiosa, el que debía prepararlos para el *bar mitzva*, el director del curso, mi nuevo amigo rabino Abraham E.H., me pidió que tuviéramos una charla.

—Hay un problema —me dijo el rabino. Me enteré de que su mujer no es judía. En consecuencia, sus hijos no son judíos.

—¿Cómo? Se convirtió al judaísmo hace quince años, y tuvimos un casamiento religioso. Le he mostrado el documento que certifica lo que digo.

—El acta que me dio no está reconocida por nuestra comunidad rabínica...

Fue un golpe terrible. Traté en vano de negociar.

—Pero mis hijos han sido circuncidados por un rabino.

Me enteré entonces de que se puede ser judío sin estar circuncidado, y estar circuncidado sin ser judío. Me invadió un sentimiento muy doloroso. Este discurso me alejaba de mis hijos, yo no era más que un padre sin legitimidad. El rabino percibió mi desamparo, y quiso atenuarlo.

—Mientras se regulariza la situación, sus hijos pueden seguir normalmente el curso.

Algunos minutos más tarde, le contaba todo a A. sobre la situación, frente a la cual la única solución era una conversión. ¿Pero una conversión de quien? ¿De nuestros hijos? ¿De ella? ¿Mía? En mi mente, la situación estaba clara. Solamente una conversión de toda la familia nos brindaría la base clara y sólida sobre la cual podríamos avanzar.

—¡Me niego categóricamente! —exclamó, profundamente herida.

Ciego al mundo exterior, impulsado por no sé qué fuerza irresistible, no me daba cuenta de la crueldad, la barbarie de la demanda que formulaba a mi compañera, el drama que le hacía vivir. No quería ver otra cosa que su habitual y rígida negativa sistemática, anterior a toda reflexión. A partir de esta negativa, nuestra convivencia se tornó cada vez más tensa, una suerte de paz o guerra fría, sin la alternancia de ternura, de deseo o de conflicto, que hasta entonces había atemperado las cosas.

Un nuevo personaje apareció pronto en la escena de la comunidad judía de Sarcelles, un rabino ultraortodoxo. Su notable conocimiento del *Talmud*, su energía y su arrojo, su carácter amable y jovial causarían un impacto en la comunidad, y la llevarían cada vez más al camino de la ultraortodoxia. Yo mismo me quedé impactado por esta fuente inagotable de un saber olvidado.

—Me parece que tenemos muchas cosas para decirnos —le dije en nuestro primer encuentro.

—¡Ya lo creo! —me contestó.

Ninguno de los dos podía medir en aquel momento el alcance de nuestras palabras.

*   *   *

Desde entonces, yo calculaba mes a mes el tiempo que me separaba del día liberador, el día en que, terminada mi tesis, sería médico y accedería a una vida profesional digna y reconocida. Pero toda mi empresa estaba marcada por un único sello: no hacer nada a medias, profundizar los estudios, no escamotear ninguna conversión, pagar siempre el precio más alto. Esta preocupación era también válida para mi tesis.

En efecto, los estudios de medicina concluían con este pequeño recordatorio, muchas veces hecho a las apuradas: la tesis de medicina. Yo quería, en cambio, que ésta fuera el digno coronamiento de mi largo esfuerzo. Al mismo tiempo, su redacción no debía retrasar la entrega de mi diploma. Para resolver la contradicción de estos dos términos —pronto se agregaría un tercero— bastaba que la empezara con suficiente anticipación. Mis compañeros de estudio se dedicaban intensamente a la preparación del examen de residencia. Yo pensaba, con madurez, que mi edad no me permitía considerar una carrera hospitalaria, que, por otro lado, no me interesaba. Disponía, pues, de un poco de tiempo para pensar mi tesis. Decidí empezarla dos años antes de la finalización de mi segundo ciclo de estudios. Me quedaba por determinar el tema.

Durante mi pasantía en psiquiatría, me había percatado de la frecuencia de un diagnóstico específico, concepto para cualquier uso, que en aquella época estaba de moda, el diagnóstico de *estado límite*. Ni psicosis, ni neurosis, ni perversión, se trataría de un estado difuso en el que estaría en primer plano la patología narcisista. Este concepto —lo sabía por mi presencia constante en su presentación de enfermos— irritaba a Lacan para quien la cuestión de la paternidad con sus múltiplos avatares seguía siendo el principal operador para comprender todo el abanico de los trastornos psíquicos. El diagnóstico de estado límite le parecía como el fruto de cierta pereza mental, o de la ignorancia. Los herederos de Freud, los que se postulaban como sus discípulos, ya no sabían utilizar los instrumentos dejados por el fundador. Estaban obnubilados, fuera por "los mecanismos de defensa" del yo, fuera por la patología de un narcisismo que era necesario rectificar.

Decidí pues "acudir al rescate del padre", o más bien defender su gloria. Para eso, consideraba dedicar mi tesis a la crítica de la noción de estado límite, oponiéndole la eficacia del concepto de Nombre-del-Padre. No percibía hasta qué punto esta tarea estaba más allá de mis posibilidades, además de resultar imposible y vana. ¿Con qué metodología abordarla?

Me encontré, pues, con el profesor Alby, y le informé de mi proyecto. Lo registró e incluso, me proporcionó algunas referencias bibliográficas. Estaba dispuesto a enfrentarme a Lacan, como ocurría habitualmente, es decir sin pedirle consejo, sino para someter a su consideración un proyecto suficientemente elaborado, respecto al cual no le había proporcionado aún ningún dato.

Un tiempo antes, había experimentado la curiosa ceremonia de control tal como Lacan la concebía.

—Deseo que usted me supervise el caso que tengo entre manos —le dije a Lacan.

—Y bueno, mañana, después de su sesión.

Al día siguiente, como habíamos convenido, luego de una sesión habitual, me invitó a sentarme frente a él.

—Un control —me aclaró Lacan—, se lleva a cabo frente a frente.

Luego de algunos minutos de angustia en los cuales yo percibía en cada una de mis palabras la nulidad de mi propósito y de mi capacidad como analista, Lacan, que hasta ese momento parecía estar leyendo un papel de su escritorio, me interrumpió con este sencillo consejo:

—Nunca tiene que forzar las cosas, déjelas que vengan a usted.

Y luego agregó:

—Por la supervisión, cobro honorarios dobles.

Dado que el costo de mis sesiones había llegado a los doscientos francos, me encontraba de repente desprovisto en algunos minutos de seiscientos francos, verdadero mazazo que me dejó tambaleando en el umbral de su consultorio. A partir de ese día, no le pedí nunca más una supervisión.

De todas maneras, la elección de mi tesis era demasiado importante como para no aceptar un nuevo sacrificio financiero.

—Se acerca la finalización de mis estudios de medicina —le dije un día cuando terminaba una sesión, me gustaría hablarle como si fuese una supervisión del tema de mi tesis.

—Con mucho gusto, hablaremos mañana, luego de su sesión.

El tono era amable. Quizá se podía detectar en el mismo algo de la satisfacción del artesano cuando su tarea está a punto de terminar.

Al día siguiente, durante el tiempo breve e infinito de mi sesión, momento fuera del tiempo, no pensaba en otra cosa que en la entrevista frente a frente que íbamos a tener Lacan y yo.

Lacan me detuvo brutalmente, con el semblante irritado.

—¡Hasta mañana!

—¿No habíamos acordado hablar del tema de mi tesis?

Lacan emitió el gruñido de oso furioso cuyo sentido yo conocía bien: "¡es inútil insistir!" y se dirigió con su paso cansino de anciano hacia la sala de espera donde lo esperaban numerosos pacientes.

Me quedé largos minutos paralizado, aterrado. ¿Por qué una actitud tan despreciativa? ¿Por qué este cambio brutal? La confianza que yo le tenía —seguramente excesiva, pero que me había permitido seguir adelante con emprendimientos imposibles— exigía una explicación.

A la noche, volví a Sarcelles. Volví a pensar en mi nueva pasión por el *Talmud*. Los escasos cursos y sermones, dispersos aquí y allá, ya no me resultaban suficientes. Me hubiera gustado pasar algún tiempo en una *yeshiva*, una escuela talmúdica donde se estudian de la mañana a la noche los grandes textos hebreos. Evidentemente, los estudios de medicina y la tesis me impedían llevar a cabo este proyecto. No podía preparar simultáneamente mi tesis y estudiar el *Talmud*.

De repente, tuve como una iluminación. La cosa resultaba posible, incluso necesaria. Bastaba que mi tesis fuera sobre el *Talmud*, sobre lo que éste decía de las enfermedades mentales; en resumen, una tesis de historia de la medicina, una arqueología del saber. Entendí, al mismo tiempo, el motivo por el cual Lacan me había maltratado. Probablemente había adivinado hacia qué dirección dirigía mis pasos, y al interponerse, me obligaba a adoptar otra dirección, que precisamente yo deseaba sin atreverme a reconocerlo.

¿Pero de qué manera, con mi ignorancia del *Talmud*, llevar a cabo un proyecto tan amplio que requería el examen de sesenta y dos tratados? Con la ayuda del rabino Raphaël Israël. Pero era necesario que él aceptara una tarea tan pesada. Sin perder un minuto, lo llamé por teléfono, le presenté mi proyecto y mi pedido de ayuda. Generoso, el hombre aceptó sin vacilaciones.

Recuerdo con una exactitud asombrosa el momento en el cual se produjo esta conjunción, como si se hubieran detenido las agujas del reloj: eran las veintiuno y cuarenta. En cambio, la fecha permanece en la nebulosa, era una noche del mes de febrero de 1975.

Fui a mi sesión del día siguiente, lleno de una excitación liviana y alegre. Le anuncié a Lacan el abandono de mi primer tema de tesis, y el nuevo proyecto en el cual me embarcaba.

—¡Pero claro que sí! Es así —exclamó, y simultáneamente se levantó para marcar el fin de la sesión.

Lacan me sonreía, y esta vez tuve el privilegio del amistoso apretón de manos de los días importantes. El gran arquero había alcanzado su blanco. Los medios a los cuales recurría para develar al sujeto lo que éste deseaba en secreto sin lograr reconocerlo quedarán siempre para mí como un misterio impenetrable. Un arte sublime.

Se confirmaba, además, que Lacan, a su manera, había cumplido con su palabra. Habíamos hablado de mi tesis el día convenido, aun cuando nuestra entrevista se resumió a un gruñido, mucho más eficaz que un largo discurso.

De ahí en más, me encontraba semana tras semana con mi rabino, que previamente había investigado a fondo un texto del *Talmud* con referencias a la locura. Registraba sus palabras en un grabador, y luego, en mi casa, volvía a escucharlas con el tratado del *Talmud* a la vista; luego transcribía lo escuchado. Mi conocimiento del hebreo progresaba, sostenido por las clases de hebreo moderno que estaba tomando, tan cercano al hebreo de la *Mishna* del *Talmud*.

Pronto se produjo un fenómeno inesperado. En efecto, me daba cuenta de que el rabino se excedía ampliamente respecto al tema que le había propuesto. Él seleccionaba todo aquello que en el *Talmud* le parecía picante, sugestivo, de manera tal que la cantidad de notas era impresionante. Se lo dije al rabino. Fue en vano. Entendí entonces que había desencadenado en este hombre una operación misteriosa, un recorrido subjetivo personal, y decidí darle carta blanca en el asunto.

Esta colaboración duró más de un año, y la totalidad del *Talmud* de Babilonia, el más importante de los dos *Talmud*, fue estudiado a fondo. En forma paralela, recorría solo la traducción francesa del *Talmud* de Jerusalén, como así también las traducciones al francés de ciertos tratados del *Talmud* de Babilonia, que comenzaban a aparecer. Leía también todo aquello que encontraba en relación con el *Midrash*, del cual nada aún había sido traducido. ¿Cómo, luego de haber vivenciado semejantes experiencias, de haber sido el testigo y el agente ciego de increíbles jugadas de ajedrez, de estrategias tan refinadas, yo podía seguir dudando de esa misteriosa instancia llamada por Freud *inconsciente*? Retrospectivamente, descubro además que mi provisoria instalación en Sarcelles tenía como punto de partida una compleja estrategia en donde se mezclaban los procesos de conversión y de elaboración de mi tesis, la que se convertirá en la obra *El hijo ilegítimo. Fuentes talmúdicas del psicoanálisis*, piedra angular de mi destino de psicoanalista. Una vez alcanzados estos objetivos, este suburbio demasiado austero se tornaría insoportable para mí, no permanecería en él ni siquiera un mes.

El trabajo sobre el Talmud había producido una amistad entre R. Israël y yo. Él conocía mi situación familiar e invitó a mi mujer a que se vieran, cosa que ella aceptó.

Ella seguía oponiendo, por lo menos aparentemente, la misma negativa categórica a la conversión. Yo no percibía, con mi incómoda vida cotidiana, las fisuras que ya se ponían de manifiesto en esta máscara.

¿Por qué no empezar el proceso de conversión, que consiste en iniciarse en los ritos del judaísmo, en sus textos? ¿Acaso la cuestión no era interesante en sí misma? Ella quedaría en libertad, al final del recorrido, de aceptar o de rehusar el rito. Ése fue el discurso amigable y sutil que R. Israël mantuvo con mi mujer, pero también lo que le dijo mi familia, sobre todo mi padre, quien sentía un gran afecto por A. Ella aceptó, pero aclaró que no se comprometía a nada.

El gran rabino Ernest Guggenheim la recibió, cortés pero fríamente.

—Un largo proceso la espera, y no le garantizo al final la conversión.

—Yo misma no la deseo.

Con semejantes bases, la cuestión estaba mal perfilada.

Sin embargo, mi mujer fue confiada a la tutoría, benévola y comprensiva, de la señora H., mujer de otro gran rabino, y además nuestra vecina.

Mi apasionado interés por el judaísmo no podía mantenerse por mucho tiempo restringido a consideraciones teóricas o documentales. Una fuerza violenta, contra la cual intentaba resistirme, me impulsaba a reanudar la práctica religiosa, con los ritos alimentarios mosaicos. Retomé el camino de la sinagoga. Consumía el pan sin levadura para la fiesta de Pascuas, y ayunaba para *Yom Kipur*. A cada paso que yo daba en esta dirección, A. manifestaba su oposición, abierta o de manera solapada. La convivencia, ya difícil, se tornaba cada día más insoportable.

Para las vacaciones de verano, decidí cumplir con mi sueño del momento, llevar a cabo solo una estadía en una *yeshiva*, la más ortodoxa posible, la de Aix-les-Bains, antes de pasar con mi familia una semana de vacaciones en Córcega.

Desde el instante en que llegué a esa escuela talmúdica, me sumergí en un baño de judaísmo y de estudio. Levantado desde la madrugada, despierto hasta la medianoche, la jornada se repartía entre momentos de fervientes oraciones y las largas horas de estudio intensivo. Esta experiencia espiritual, esta pasión colectiva por el estudio, me llenó de una sensación de embriaguez que llegaba al vértigo. En especial, me conmovió la modestia y la espiritualidad de Yona, un hombre joven a quien fui confiado por iniciativa del maestro de la *yeshiva* para que me iniciara, media hora todas las mañanas, en la lectura del texto del *Midrash*.

También me tomó a su cargo un extraño y atractivo personaje, el rabino Besançon, un adepto del *hasidismo* de R. Nachman de Breslav y de... Chagall. El día de mi llegada, me llevó a un largo paseo, y durante horas hizo un largo discurso sobre la fe, sobre los cuentos de R. Nachman, y sobre su propia historia. Hijo de una madre judía que le había ocultado sus orígenes, se conmovió un día de su infancia ante un cuadro de Chagall que representaba a un rabino. "Me gustaría parecerme a este hombre", le dijo a su madre. Esta última estalló en lágrimas, y le confesó a su hijo sus orígenes: "¡Tú también eres judío!"

En esa escuela me encontré además con un personaje pintoresco, la señora Blau. Se decía que era una antigua bailarina de Pigalle, luego, alcanzada por la fe, se había convertido al judaísmo y había llegado a ser la esposa del rabino Blau, el jefe de la agrupación Naturei Karta, una rama del judaísmo ortodoxo violentamente antisionista y pro Palestina. Un miembro de este grupo, ¿acaso no había arrojado una bomba en el recinto del parlamento de Israel? En realidad, todos los rabinos de esa escuela judía eran, en distintos grados, enemigos del Estado de Israel. La señora Blau estaba acompañada por dos jóvenes rusos, dos marinos, que ella quería albergar, en asilo provisorio, en la *yeshiva*.

—¡Los he arrancado de las garras de Amalek! —decía la señora.

Según la tradición, Amalek designa al enemigo mortal del pueblo judío. Yo imaginaba, pues, que había ayudado a los dos marinos a desertar de la marina soviética. Estaba equivocado, Amalek era el Estado de Israel, y nuestros dos marinos rusos eran soldados del ejército de Israel, al que, en calidad de nuevos inmigrantes, se habían incorporado desde hacía poco tiempo. Yo no comprendía cómo algunos judíos podían odiar tanto al Estado de Israel. Desde entonces, lamentablemente, los acontecimientos me han permitido darme cuenta de que esta posición tenía sus razones.

En medio de tan extraño hervidero, yo podría haberlo abandonado todo, y en un momento estuve tentado de hacerlo, de volcarme hacia la ultraortodoxia. Lacan, siempre presente en mi mente, supo durante todos estos meses, poniendo de manifiesto su tacto y su habilidad, ahorrarme este nuevo desvío. Así, insistirá para que yo acuda a mi sesión el día de *Yom Kipur*, cosa que hice, abandonando la sinagoga a la hora de mi sesión, respetando de esta manera hasta el final la regla del juego.

En los últimos días en Aix-les-Bains, mi mujer y mis hijos vinieron a buscarme para ir juntos de vacaciones en Córcega. Traté de comunicarle algo de la intensidad de mi experiencia. Fue en vano.

—Esta gente vive fuera del mundo —me dijo acertadamente—, la fe que demuestran es una forma de fanatismo.

En ese momento no fui capaz de comprenderla. Uno de mis maestros de la *yeshiva* me había dicho un día: si tiene hijos a quienes usted no puede transmitir su judaísmo, ¿acaso son verdaderamente sus hijos? Esta observación me desgarraba. Toda esta conmoción alrededor del judaísmo giraba en torno de la cuestión, tan problemática para mí, de la filiación y de la paternidad.

Esta sombra sobrevoló nuestras vacaciones en Córcega. La xenofobia de la población me irritó profundamente, pero sobre todo la estadía en Aix-les-Bains había creado entre A. y yo un verdadero abismo. Había que resignarse a la separación.

De vuelta a París, luego de estas insulsas vacaciones, encontré un pequeño departamento amueblado, a poca distancia de Barbès, y me instalé en él, alrededor con unos muebles viejos y sin ningún encanto, y entre paredes infinitamente tristes. Yo respetaba en todo su rigor las prácticas religiosas, comía comida *casher*, y rezaba todos los días con los *tefilin* que había comprado recientemente. Más de una vez, los llantos me obstruían la garganta en el medio de una oración, ola de nostalgia por mi infancia tantas veces renegada, por este amor hacia Dios que anidaba en lo más profundo de mi alma, y que cruelmente había querido desconocer. ¿Qué había hecho con mi vida? ¿En medio de qué encrucijadas me había extraviado? Era semejante a Jonás, al que el monstruo marino acababa de vomitar sobre tierra firme.

Durante el ayuno de *Yom Kipur*, el relato del sacrificio de Isaac me conmovió hasta las lágrimas. *Lleven estas cenizas a mi madre*, decía la frase de la oración repetida, *y díganle: esto es el perfume de tu hijo sacrificado*.

Me resultaba muy dolorosa la separación de mis hijos y también, aunque yo lo desconociera, la de mi mujer, con ese amor rechazado, excesivo, fusional, del que se debía hacer duelo. La tragedia de mi pareja no era otra cosa que la tragedia de Edipo.

*   *   *

Mis estudios de medicina y mi formación de analista avanzaban en medio de estas tormentas, y misteriosamente llegaban a buen puerto. Luego de la pasantía en psiquiatría, elegí el servicio de oncología del hospital Tenon. Nuevamente, decidí confrontarme con los aspectos más extremos de la medicina. Esta pasantía fue realmente muy difícil de sobrellevar. Es un momento terrible encontrarse una mañana frente a la cama vacía de un enfermo al que uno ha escuchado, cuidado, amado. Luego de un mes en el servicio del profesor Laugier, sufrí una depresión, con su cortejo de insomnio, de postración, de lágrimas. Esta depresión me abandonó poco a poco, y pude cumplir con mi tarea de externo manteniendo la distancia necesaria respecto al paciente.

Mi estadía en el servicio de oncología resultó esencial para mi formación. Comprendí la inutilidad de esta frase "decir la verdad a los enfermos", fantasma de los que gozan de buena salud. ¿Cómo, por otra parte, podían ignorar esa verdad estos pacientes que eran llevados a radioterapia, que perdían el pelo bajo el efecto de algunos medicamentos? Y sin embargo…

Recuerdo un arquitecto, un hombre simpático de alrededor de cuarenta años, que padecía una forma grave de cáncer de pulmón. Su pareja, fiel al principio mencionado, le había dado a leer el resumen de los análisis que se habían llevado a cabo: *tumor carcinoide de células pequeñas*. Como el paciente vivía cerca de la plaza del Odeon, frente a las librerías de medicina, no tuvo ninguna dificultad en conseguir una obra sobre este mal, y leer en ella su destino funesto. El impacto fue terrible, insostenible. El equipo de médicos tuvo que inventar una mentira piadosa. Un error en la clasificación había intercambiado dos expedientes. Él padecía una bronquitis severa, una gripe que trajo complicaciones. Creyó en esta mentira grosera, y su moral pudo mejorar. Entonces pudo soportar la quimioterapia, la radioterapia, inyecciones de morfina, con la convicción de que se trataba del tratamiento de la gripe.

Esta mentira me parecía insoportable. Un día, volvió a hablarme de su bronquitis. Emití un gruñido. ¿En serio creía que se trataba de bronquitis?

Apenas dejé la habitación, mi paciente pidió hablar con el jefe de servicio. Quería quejarse por mi torpeza. En serguida, fui convocado por el jefe:

—¿Qué le dijo al arquitecto?

—Traté de decirle algo de la verdad.

—Pero, mi querido amigo, ¡él conoce totalmente esta verdad! ¿Pero cómo quiere usted que pueda vivir el tiempo que le queda, con ella?

Yo quería bastante a Laugier, contrariamente a la mayoría de los estudiantes. Detectaba una verdadera humanidad detrás de su mal carácter. El "lavado de cabeza" fue en realidad un consejo, acompañado por la prohibición de ocuparme del arquitecto. El pobre hombre falleció a las pocas semanas.

En ese servicio fui testigo de otra hipocresía, la de la eutanasia. Aquí, en el hospital, como en otro lado, ninguna ley resulta necesaria para acortar el sufrimiento insoportable. Recuerdo esa mujer valiente —en esta pasantía me pareció que las mujeres se enfrentaban mejor que los hombres a la muerte—que un día interpeló al patrón:

—Laugier, usted me prometió que no me iba a dejar sufrir inútilmente.

—Querida, se lo he prometido, y voy a cumplir con mi promesa. Cuando la medicina haya agotado sus medios, la voy a ayudar.

Y en efecto, Laugier la ayudó, en el momento en el cual todo tratamiento resultó inútil y el dolor se tornó insoportable.

Así se formó en mí la convicción de que la eutanasia *legal* era una aberración, y que consistía en una manera de encubrir ciertas prácticas, como la que yo había visto en neurología.

Luego de seis meses difíciles en el servicio de oncología, finalmente pude elegir como mi anteúltima pasantía en calidad de externo —ya en sexto año de medicina, el último—, los consultorios del hospital Tenon. Se permitía a los estudiantes tener sus primeras responsabilidades como médicos. Recibíamos a los pacientes, prescribíamos exámenes suplementarios y tratamientos. Frente a un caso difícil o alguna duda sobre la conducta a seguir, consultábamos con los médicos del servicio. Así aprendí concretamente la medicina general, la medicina de todos los días. La atmósfera angustiante de mi pasantía anterior, donde terminé por creer que el mundo entero estaba afectado de cáncer, se había disipado. Durante seis meses, no vi ningún caso del terrible mal, de esa locura de lo biológico.

También continuaba preparando activamente mi tesis con la valiosa colaboración de R. Israël. En un paréntesis entre dos páginas del *Talmud*, charlamos sobre mi situación familiar. Paradójicamente, este rabino ortodoxo no desaprobaba la negativa obstinada de mi mujer. Sentía hacia ella, con mayor lucidez que yo, una profunda simpatía. Me aconsejó paciencia.

Y en efecto, sorpresivamente, se cumplió lo inesperado. Cuando yo ya había perdido las esperanzas, A. cedió. Mis hijos tuvieron un rol preponderante en este cambio.

—No eres lógica —le dijo un día mi segundo hijo—. Te casaste con un judío, tus hijos quieren ser judíos. ¿Cómo podrá subsistir nuestra familia si cada uno vive a su manera?

Mi mujer solicitó la conversión, y la obtuvo. Sin habérmelo propuesto voluntariamente, yo me había rodeado de apoyos influyentes cuya opinión fue decisiva.

La ceremonia de conversión fue particularmente emotiva. Mi madre asistía a mi mujer, yo presenciaba la ceremonia de mis hijos. Los tres desnudos en el *mikve*, la cuba ritual, con mi hijo más pequeño cuya cabeza apenas emergía del agua, tenían que pronunciar en francés alternadamente la frase ritual: "Deseo entrar en la ley de Moisés", antes de sumergirse tres veces en el agua tibia. Frente al acto de amor filial de esos tres niños, hubiera debido estallar en llantos incontenibles. ¡Sin embargo, la escena me pareció irreal!

Una vez terminada la austera ceremonia, me encontré con el gran rabino Ernest Guggenheim, que en todo este asunto tuvo un papel discreto pero determinante.

—Ahora vamos a poder proceder al *casamiento*.

Creí que había sido un *lapsus* de su parte.

—Usted querrá decir al *bar mitzva* de mis dos hijos mayores.

—No, al casamiento, ¡a *su* casamiento!

Me quedé algunos minutos sin voz. A. y yo habíamos tenido ya dos casamientos. El primero, religioso, que la comunidad judía oficial no quería reconocer, pero que había tenido lugar frente a mi familia, y había cumplido con todas las normas. Luego, nuestro casamiento civil algunos meses más tarde. Y ahora resultaba que era necesaria otra ceremonia. Tenía que considerarme un hombre con suerte, pues no se me pedía una nueva circuncisión para mis hijos. Pero pasado el primer momento de sorpresa, me gustó la idea, y pronto experimenté una gran alegría, inesperada, cada vez más intensa. Hablé con Lacan al respecto.

—¡Es absolutamente legítimo! —me contestó.

Me esforcé en cumplir con todos los preceptos de una casamiento judío, incluida mi propia inmersión en el baño ritual. Este baño me dejó una extraña sensación de libertad, de felicidad, mientras flotaba en el tibio líquido, entre dos aguas, en medio de la soledad y del silencio, como un renacimiento.

El casamiento tuvo lugar a comienzos del verano, en la sinagoga de Sarcelles, frente a las más altas autoridades religiosas del lugar, cada una más ortodoxa que la otra. No quería que la legitimidad del casamiento pudiese ser cuestionada de ninguna manera. También deseaba que este casamiento fuera un verdadero casamiento, y quise organizar una reunión en mi casa, que en pocos minutos se llenó de gente y música. Incluso hubo algunos regalos, cosa que no había sucedido en nuestros casamientos anteriores, tan tristes y grises. Vivía, pues, por primera vez la plenitud conyugal que hasta entonces me había sido esquiva. Todos nuestros esfuerzos, a veces cruelmente inhumanos, no habían sido en vano.

Pero además, esta alegría no venía sola. Algunas semanas antes del acontecimiento, recibí una llamada de un colega de la Escuela, el doctor Lauff, quien dirigía un servicio en el hospital psiquiátrico de La Queue-en-Brie. Lauff buscaba un estudiante a punto de terminar sus estudios, para ocupar un puesto de interno en su servicio. En principio, tal función podía ser desempeñada sólo después de finalizado sexto año de la carrera, y a mí todavía me faltaba cumplir una última pasantía de seis meses. Lauff pidió que me exceptuaran de este requisito y lo logró.

Esta propuesta llegaba en un momento justo. De ahora en más, tendría un verdadero sueldo, al cual se agregaban largas vacaciones. Por fin, estaba empezando a salir de la miseria, el horizonte se aclaraba, y ahora podía ir contando con un equilibrio en mi presupuesto.

Me sumergí en mi nueva función con todo el entusiasmo del neófito, reprimido durante tanto tiempo. Como yo no había aprobado el examen que habilita a los médicos internos, me tocó obviamente el pabellón más complicado, cuyo prestigioso nombre era Paracelso, y en donde habían reagrupado los casos más graves, psicoticos desde la infancia, niños mogólicos, enfermos neurológicos graves. Se trataba de un puesto que, en verdad, nadie quería.

Decidí volver a calzar mis "botas de agrónomo", como antaño en el Alto Volta, enfrentado a la esterilidad de la planicie *mossi*. Había que ocuparse verdaderamente de estos pobres enfermos, más o menos abandonados a su destino desesperado, pero también de los enfermeros desalentados, y fomentar esperanzas en los menos afectados. Logré que varios miembros del equipo se contagiaran de mi entusiasmo. Luego de un trabajo agotador de cuidados corporales, de psicoterapia, de reuniones con los padres, que ya eran convocados, pudimos insertar algunos de nuestros pacientes en estructuras del tipo CAT (Centro de Ayuda para el Trabajo). La abulia monótona que pesaba sobre este sitio olvidado por Dios y los hombres adquirió de repente cierto dinamismo. Yo descubría, además, que el trabajo en psiquiatría, este desafío a la psicosis, no estaba exento de peligro. Al movilizar las fuerzas del equipo que me acompañaba, desaté tormentas pasionales y transferenciales, que escaparon a mi control.

Estos primeros resultados justificaron el hecho de que mi contrato fuese prolongado por seis meses. Simultáneamente, se terminaba el ciclo teórico de mis estudios de medicina. De ahí en más yo podía hacer suplencias, guardias, y seguir adelante con las dos pruebas finales que me otorgarían el título de médico. La primera consistía en un examen de recapitulación que llamábamos "las clínicas". Si lo aprobaba, podía presentar mi tesis.

Pero yo, como siempre, sin entender el sentido de mis actos, estaba de nuevo en movimiento.

Unos días después del casamiento, decidí, para gran satisfacción de mi mujer, dejar Sarcelles. Los dos años que yo había pasado en ese sitio habían cumplido con mi cometido: lograr mi implante y el de mi descendencia en el tronco del cual me había desprendido, el del judaísmo, y reunir el material para mi tesis sobre el Talmud, que nunca hubiera podido llevar a cabo sin la ayuda de mi rabino. El inconsciente, ese prodigioso operador, me empujaba hacia otros horizontes.

Lacan supo desencadenar, y luego acompañar, este mar de fondo, sin oponerse nunca pero conservando el marco preciso de la cura. ¿Cuántos analistas se hubieran atemorizado frente a semejante metamorfosis, y el riesgo de fracaso que implicaba?

Yo travesaba un período de bonanza, en el cual mis proyectos tenían la gracia del éxito. Se presentó una ganga: se me proponía, a cambio de un módico alquiler, un departamento muy amplio en el distrito XVI, en la calle Lauriston. Yo ignoraba la siniestra reputación histórica de esa calle, donde durante la guerra la milicia francesa había instalado en un hotel particular su cuartel general... Allí, se había robado, torturado, asesinado a judíos. Esta información, que pronto llegó a mi conocimiento, me hizo vacilar. Finalmente, decidí no tenerla en cuenta. Si hubiera renunciado a esta magnífica oportunidad, habría concedido a los nazis y a sus cómplices, que envenenaron nuestra existencia, una satisfacción suplementaria cuarenta años después.

Luego de unas breves vacaciones en Italia, me instalé en mi nuevo y bello departamento, donde mis muebles parecían flotar en medio de tanto espacio. Sería simultáneamente mi casa y mi consultorio. Así puse término a mis actividades en el consultorio de mi hermano. Había dado vuelta definitivamente a la página de Sarcelles.

Volví a mi puesto de interno en el hospital de La-Queue-en-Brie, había reanudado mis guardias en los dispensarios, y una vez franqueada la prueba de las "clínicas", mis suplencias como médico clínico. Ya era casi un doctor.

La "leucemia" del doctor Lacan

¿Cómo se deviene psicoanalista? ¿Por qué a alguien se le ocurre ocupar este espacio? Esta fue la gran pregunta que Lacan planteó a quienes declaraban seguir su enseñanza. Esperaba como respuesta un testimonio sobre ese momento clave que él llamará momento del *pase*, un testimonio que enriquecería y renovaría la teoría analítica.

Algunos años más tarde, próximo a un final que él ya conocía y que aceptaba como tal, al rechazar una operación de su cáncer, y llegado al momento de disolver su Escuela, declaró no haber recibido de los solicitantes ningún testimonio que valiera. Al espejismo del *pase* quizás habría que reemplazarlo por el término *apase*, concepto de una experiencia imposible a la cual me sometí en su momento.

La formación que se podía adquirir al lado de Lacan, por lo menos la que yo había experimentado, era de una riqueza y una complejidad inconcebibles hoy en día.

En primer lugar, tuvo lugar esta experiencia sin la cual nada habría ocurrido: mi propio análisis. Con su infernal escansión cotidiana, operó una conmoción tanto en mi subjetividad como en mi existencia más concreta. Adquirí la convicción de que bajo la máscara de mi conciencia actuaba una subjetividad inconsciente activa, que calculaba y elaboraba estrategias para lograr sus fines. Hice la experiencia de los múltiples afectos que acompañan la emergencia de este pensamiento, esa subjetividad inconsciente que reencontraría en mis pacientes.

Estas sesiones que duraban unos minutos, incluso a veces segundos, se transformaban a veces en relámpagos que conmocionaban la mediocre tranquilidad de mis pensamientos. En esos breves instantes, me esforzaba para confesar mi miseria cotidiana, mi relación conyugal, insoportable como consecuencia de un apego excesivo, el conflicto incurable con mi padre, mis momentos de depresión, mi propia dificultad para ser padre.

Pero más allá de esta queja larga y tediosa, otra voluntad buscaba su camino, una ambición, esencialmente intelectual. Quería que el descubrimiento de Freud, a saber el complejo de Edipo, no fuese para mí una mera información intelectual, un saber adquirido en los libros, sino una experiencia vivida. Yo estaba en la posición de Job, que ya no podía contentarse con una fe en Dios transmitida por la tradición, sino que anhelaba un radical y directo redescubrimiento de él.

Esta voluntad obsesiva encubría el deseo de producir por mi parte algo nuevo, una teoría todavía nunca articulada, algo inaudito, el deseo que está en el corazón de las tres o cuatro obras que escribí luego.

Estaba particularmente molesto con el concepto de objeto a, del cual Lacan decía que era su único descubrimiento. Permanentemente en los círculos lacanianos, se repetían estas palabras: *objeto a, objeto a...* sin que se supiera en realidad de qué se trataba. ¿En qué este objeto se diferenciaba de los objetos de la pulsión definidos por Freud, el pecho, las heces, la mirada? Este objeto era el Grial que nadie había visto y que todo el mundo invocaba. Un fin de semana, fui presa de un violento deseo deponer las cosas en claro. Febrilmente, junté distintos textos en los cuales Lacan parecía definir este concepto, y los "superpuse" mentalmente, es decir, traté de extraer su denominador común. Descubrí que esta operación lógica no conducía a nada. No había una parte común. De esto deduje que el objeto a era la *nada*. Fue una suerte de epifanía, semejante a otras que experimenté en el curso de mi análisis.

Al día siguiente, traía al diván este descubrimiento todavía candente, "ese parto, fruto de una sola noche", mi "superposición":

—¿Y entonces? —me preguntó Lacan, inclinándose sobre mí y hundiendo su mirada en la mía, como demandando una confesión.

—¡Es la *nada*!

—¡Excelente!

Tuve el privilegio del prolongado apretón de manos, que puntualizaba mis avances. Pero sobre todo, tendría la satisfacción, algunos meses más tarde, de leer en uno de sus textos, que Lacan agregaba a la serie de los cuatro objetos: pecho, heces, mirada, voz, cuyo conjunto formaba el objeto a, un quinto término, la *nada,* esta nada que estaba precisamente, a su criterio, en el corazón del deseo de la anorexia mental.

En el segundo nivel de mi formación, estaba el seminario de Lacan, esa gran misa con su sentido oculto, que constituyó para mí un gran estímulo intelectual. Allí adquirí el gusto por la filosofía, principalmente las obras de Platón, pero también Aristóteles, Kant y Hegel, por la antropología, la lógica matemática, la topología (durante años seguí el curso de Michel Soury), y también por Joyce. Sin duda esta afinidad ya estaba presente en mí, pero en potencia, no en acto. ¿Cómo se hubiera podido realizar esa transformación espontáneamente en un agrónomo, recién desembarcado de los arrozales senegaleses? Tenía un atraso tan grande que recuperar y tan poco tiempo.

No tengo dudas al respecto: el análisis con Lacan me transformó. Un día se lo confesé.:

—Ya no hay ningún elemento de mi existencia, de mi pensamiento, que no haya sido elaborado al lado suyo, que no haya adquirido su raíz a través de nuestro diálogo. Usted ha sido para mí, en transferencia, mi padre y mi madre a la vez.

Lacan aprobó mi afirmación.

Mi formación incluía un tercer grado: la supervisión. Ya hice mención de este pasaje obligado para todo analista en formación, pero también para un analista confirmado que encuentra una dificultad o que desea ampliar su abordaje clínico: someter a la opinión de un colega experimentado algunas de las curas que conduce.

Tuve con Lacan, a través de un acto simbólico en el cual me reconocía como analista, mi primera supervisión. Pero este acto tuvo un costo excesivo, más allá de mis posibilidades económicas. Busqué, entonces, entre los alumnos de la Escuela ya psicoanalistas titulados, este apoyo que necesitaba para dar mis primeros pasos. ¿Y por qué no probar con una analista mujer? Mi elección recayó en Ginette Raimbault, una de las glorias de la Escuela, que aceptó recibirme en su departamento, cerca de la avenida Champs-Elysées. De un modo extraño, el consultorio de Lacan, que sin embargo contenía varios objetos de mucha belleza, adquirió por contraste una austera sobriedad. En cambio, en este consultorio de una analista exitosa, me encontraba en medio de aparadores y sillones estilo Luis XV. Mi plebeyo interior, que nunca duerme, sintió una especie de molestia, molestia que el recibimiento de la señora analista no disipó de ninguna manera. Estaba más bien paralizado frente a esta persona con esa máscara imperturbable, casi muda. Aceptó ser mi supervisora, me indicó sus horarios. Quizá la incomodidad del primer encuentro se vería sustituida, más adelante, por un poco de calidez. Por lo tanto, volví para mi segunda entrevista. Sin embargo, a medida que iba hablando, me invadía cada vez más la sensación de ser ajeno a ese lugar, a esa relación. Había que reconocerlo: la corriente decididamente no fluía. A la tercera entrevista, le informé que no volvería. La dama no me hizo ninguna pregunta, no trató de disipar ningún malentendido, ni se molestó en analizar la situación. Exhibía siempre la misma máscara de cera. Para algunos analistas, esto es psicoanálisis. En nombre de no sé qué concepto evanescente de deseo o de neutralidad. Me fui tal como había llegado. Lacan me había acostumbrado a otra clase de relación. Al día siguiente, le comunicaba que había puesto fin al insoportable ejercicio.

—Estoy de acuerdo con usted.

Esta aprobación me sorprendió. Una vez más, en disidencia con alguno de sus alumnos, Lacan adoptaba mi posición. Parecía que ya no los quería.

Pasaron los meses sin que yo volviera a intentar encontrar un supervisor.

Todavía estaba viviendo en Sarcelles cuando me encontré con una grave dificultad en mi práctica. Había tomado en análisis un adulto, un hombre de cuarenta años, muy conocido por parte de los servicios psiquiátricos de la región, casado y padre de tres niños. Presentaba un cuadro clínico complejo, en el cual las quejas somáticas se mezclaban con trastornos en su estado anímico. Este hombre me resultó simpático, y el comienzo de la cura provocó efectos tan espectaculares que el responsable del servicio psiquiátrico me llamó por teléfono. Luego de haber hecho el elogio de mi trabajo, me pidió que nos encontráramos. En mi búsqueda de reconocimiento, esta iniciativa no podía más que agradarme.

Pero transcurridos algunos meses, este paciente milagroso, que había retomado su trabajo y además había armado una pequeña empresa de transporte, puso de manifiesto el resorte que había impulsado su metamorfosis: había construido en torno a mi persona un verdadero delirio amoroso, escuchaba sin cesar mi voz que lo guiaba en el más mínimo acto de su vida. Y pronto, el castillo de naipes se derrumbó. Yo había creído que me enfrentaba a uno de esos casos de "histeria masculina" con los cuales algunos analistas se regodean, una suerte de monstruo del *Loch Ness*, que muchos analistas creen haber encontrado. Freud en sus primeros trabajos, que no tendrían desarrollo posterior, hablaba de histeria *traumática* masculina. Luego de un accidente, a pesar de que el órgano herido haya curado, el sujeto sigue sufriendo por este órgano.

Mi paciente era, en cualquier caso, psicótico. Invadía el consultorio en cualquier ocasión, gritaba, se tiraba al suelo. La situación se tornaba insostenible, no solamente para mí sino para los otros médicos que compartían el consultorio.

Le comenté a Lacan la situación, y le pedí ayuda.

—¿Y qué pasa con sus supervisiones? —preguntó furioso.

—No tengo supervisión. Me gustaría que usted me supervisara.

Emitió su famoso gruñido, que me invitaba a buscar en otro lado. Esa misma noche, llamaba a Claude Conté, a quien Lacan estimaba particularmente. Luego de un instante en el que percibí cierta reticencia, Conté aceptó mi pedido, y me recibió. Esta vez, a pesar de la distancia necesaria para este tipo de trabajo, sentí cierta calidez en el recibimiento. Alguien me tomaba a su cargo, en este comienzo de práctica profesional tan errático y torpe. Con la ayuda de Conté, aprendí concretamente mi profesión, aprendizaje que implicó el final de mi fascinación por sesiones breves de Lacan. De ahí en adelante, me otorgué tiempo para escuchar, comprender, y pronto me di cuenta de que la gente que venía para consultar se quedaba y no huía. Al cabo de unos meses, el mismo Conté me derivó algunos pacientes, que resultaron siempre muy interesantes. Lamentablemente, luego de la muerte de Lacan, en medio de las grandes convulsiones que le sucedieron, este hombre a quien yo quería, se derrumbó y tuvo un final trágico.

La polifonía instaurada por Lacan gracias a la puesta en circulación de un nuevo analista tenía, además, otras finalidades cuyo contexto era la Escuela.

En ella, analistas experimentados daban sus seminarios, y yo asistí a muchos de ellos. En primer lugar, el seminario de Melman sobre los textos de Lacan, al que fui hasta el momento de nuestra disputa, y el seminario de Conté sobre los textos de Freud relacionados con la pulsión sexual.

Además, tenía una participación en numerosos pequeños grupos de trabajo llamados *carteles*. Uno de ellos dejó en mí, por varias razones, una impronta profunda. Una colega, Marie Albertini, había invitado a cinco personas para trabajar con ella el seminario de Lacan *La identificación*, que era el tema de un congreso de la Escuela que tendría lugar en Lille, dos años más tarde.

En semejantes grupos, los intercambios no permanecen por mucho tiempo restringidos a las cuestiones teóricas. Se tejen y destejen amistades, odios. A veces pueden nacer sentimientos más intensos aún. Fue lo que me sucedió. En ese cartel encontré a una mujer joven, A.D., que tuvo un papel importante y positivo en mi existencia de aquella época.

La ternura que nos unía se transformó rápidamente en amistad. A.D. concibió un proyecto curioso que me involucraba, el de ser mi tutor en buenos modales. Se dedicó a morigerar mi mal carácter, mi personalidad expulsiva, mi torpeza y mis broncas contra todo y nada; lo hizo con éxito parcial pero con resultados concretos. Al cabo de algún tiempo, estaba presentable. A.D. creía en mí, pensaba que tenía talento aunque éste lamentablemente estaba opacado por mi carácter.

Y he aquí que el dinero nuevamente escaseaba. Luego de tantos años de privaciones, había cometido algunos deslices. Debía amueblar mi nuevo departamento. A.D. me prestó dinero, me derivó todas las personas que le pedían el teléfono de un analista, encontró para mí un puesto de médico en un dispensario para niños en Montrouge. Más tarde, iba a ser su deudor en ocasión de la edición de mi primer libro como analista, *El hijo ilegítimo*. Fue mi hada benefactora en ese momento clave de mi existencia, cuando mi metamorfosis encontraría su desenlace.

Quedaban mis estudios de medicina, tan arduos y exigentes. Me costaron mucho esfuerzo y sacrificio. Sin embargo, estoy infinitamente agradecido a Lacan por haberme empujado y alentado a realizarlos, ya que mi título de médico sería la mejor garantía de mi independencia frente a las agrupaciones selectas de analistas.

De todas maneras, quedaba un último y temible obstáculo antes de sostener mi tesis y conseguir el título salvador: "las clínicas", a las que ya hice referencia. Esta prueba de recapitulación de todo aquello que habíamos aprendido en medicina, se desarrollaba a lo largo de todo un día. El procedimiento era el siguiente: a la mañana, se confiaba un enfermo al candidato para que lo examinara, estableciera un expediente donde mencionaría las hipótesis diagnósticas y terapéuticas más pertinentes. Este trabajo escrito era expuesto a la tarde frente a un *jury* de cinco o seis profesores. Luego, había que someterse al fuego cruzado de las preguntas de este areópago.

Esta prueba me llenaba de terror por la cantidad de conceptos a repasar, y el esfuerzo de memoria que requería: ¡toda la medicina! En caso de fracaso, se volvía a hacer cuatro meses más tarde, la cantidad de veces que fuera necesaria. Esta perspectiva me resultaba insoportable, ya que atrasaba el momento de poder hacer suplencias y, sobre todo, de defender la liberadora tesis. Tenía que aprobar, porque me sentía agotado. Lo que estaba en juego, como en la época del examen de ingreso, me inhibía de tal manera que postergaba una y otra vez el momento del estudio. Me quedaban apenas dos semanas antes de la fecha fatídica, cuando se produjo uno de los fenómenos más extraños y extraordinarios de mi análisis.

Una noche, cuando nos acostábamos, tuve una de las habituales y crueles discusiones con mi mujer. La noche fue particularmente penosa para mí, llena de sueños agitados que alternaron con horas de insomnio.

Así, mi sesión del día siguiente comenzó con estas palabras:

—¡Pasé *una noche de aquéllas*!

—¿Qué? ¿Cómo? *¿Tiene leucemia?*

Lacan pronunció estas palabras como arrancado de una somnolencia. ¿Qué bicho lo había picado? ¡No había hablado de leucemia! Protesté.

—Bueno, ¡hasta mañana!

Parecía molesto, y no me dejó ninguna posibilidad de rectificar su error ni de contarle esta mala noche: ¡final de sesión!

Me fui, aterrado. ¿El viejo había enloquecido? Pero rápidamente, una idea se insinuó en mi mente antes de imponerse como certeza: *Tengo leucemia...* una de las preguntas que me harían en "las clínicas". Mi convicción era total, absoluta, loca. Conseguí no uno sino dos manuales de hematología, rama compleja de la medicina, difícil pero compacta. Me sumergí en los libros con un fervor extraño; comencé, por supuesto, con los capítulos dedicados a las distintas leucemias. Luego, arrastrado por el repentino interés que experimentaba por esta disciplina, asimilé en algunos días toda la hematología, en particular la cuestión de las anemias.

Los días pasaban y no me quedaban más que dos o tres para refrescar mis conocimientos en las otras catorce ramas de la clínica médica: cardiología, neurología, nefrología, etc..., tarea evidentemente imposible.

Llegó el día del examen. Los estudiantes estaban repartidos en grupos de tres. Debíamos consultar una cartelera donde estaba indicado el servicio al que cada uno tenía que dirigirse. Encontré mi nombre. Me mandaban al servicio del profesor Krulik. El cielo cayó sobre mi cabeza. Según sabía, el profesor Krulik dirigía el servicio de reanimación, de la cual yo sabía muy poco. Me merecía, por mi locura, semejante mala suerte. Derrumbado, me dirigí a pesar de todo hacia el "edificio axial", en donde tenía lugar la reanimación. En el camino, me encontré con otros compañeros que daban el examen:

—¿Qué estás haciendo acá? —me preguntó un de mis compañeros.

—Voy al servicio de reanimación, a lo de Krulik.

—¿Qué te pasa? Krulik no es reanimación, él coordina el servicio de *hematología*.

Extraño error. Quizá era demasiado bueno para que yo lo creyera. Estaba al mismo tiempo liberado y presa de vértigo. Tres años antes, Krulik nos había dado justamente un curso sobre leucemias. Fue él quien me recibió personalmente, y me presentó una enferma, pidiéndome que la examinara. Lo miré con una extraña sonrisa, tratando de retener las palabras que llegaban a mis labios: "¡Es superfluo examinarla! Sé lo que tiene. *¡Tiene leucemia!*"

Hice mi examen concienzudamente, y logré identificar la forma específica de la enfermedad. Prescribí los estudios necesarios, el tratamiento a realizar, y el pronóstico, lamentablemente poco alentador, del desarrollo de la enfermedad. El asunto terminó rápidamente.

Luego del almuerzo, enfrenté a la mesa examinadora. Mi examen se destacaba por la riqueza de los signos clínicos consignados.

—Ya que es tan conocedor del tema —me dijo un miembro del jurado, una especialista en anemias—, ¿qué piensa de esta fórmula sanguínea?

Examiné durante algunos minutos las distintas cifras que tenía delante de mí. Había encontrado en uno de mis manuales un cuadro analogo. Contesté con seguridad:

—Se trata de una anemia en un sujeto epiléptico tratado con *dihydan*.[15]

Toda la asistencia quedó impresionada. Ya no parecía medicina, sino videncia.

—Querido señor, usted seguramente tiene pensado orientarse hacia la hematología —me dijo la profesora.

—No, pienso hacer la especialización en psiquiatría.

¿Podía confesarle mi secreto, corriendo el riesgo de ser inmediatamente encerrado en el pabellón de los locos? Pero la fiesta estuvo arruinada por la intervención del único miembro del jurado que no era hematólogo, sino cancerólogo.

—¿Por qué no nos habla ahora del síndrome de Garcin?

No sabía casi nada de este síndrome de Garcin, salvo que se trataba de un cáncer fuera de lo común. "No encontré este significante en el diván", pensé en contestar. Tuve que balbucear algunas palabras durante algunos minutos.

El jurado me pidió entonces que me retirara algunos instantes para poder decidir mi suerte. Poco tiempo después, me llamaron de vuelta para comunicarme que había aprobado, y que habría sido merecedor de la mención "muy bueno" si no hubiera sido tan mediocre en mi exposición respecto al síndrome de Garcin. Además, se me invitó a reconsiderar mi vocación por la psiquiatría, ya que la hematología me abría sus brazos.

¿Qué me importaban estos discursos? Había aprobado; mis estudios de medicina habían terminado, luego de seis años de sufrimiento y de privaciones. Y sobre todo, *me tocó la leucemia*. Muy apurado para llegar, fui al consultorio de Lacan, a quien no me había atrevido a hablar todavía de "mi intuición". ¿Qué hubiera pensado de mí?

15. Uno de los productos utilizados contra la epilepsia.

Llegué al consultorio con la respiración entrecortada por el apuro y la emoción, y ese día, por casualidad, pasé inmediatamente al consultorio. Allí, recostado en el diván, pude finalmente liberar a través de las palabras mi agitación interior:

—Usted sabe, tuve de verdad leucemia, el tema de mis clínicas fue la leucemia. ¡Esto es magia!

Lacan entonces salió de su mutismo para pronunciar estas palabras que para siempre iban a constituir para mí un enigma:

—No se trata de magia, sino de *lógica pura"*

¿De qué lógica se trataba? Evidentemente, estaba en juego la lógica del significante. Pero era decir, como Molière, "su hija es muda porque no habla". Cuando yo había tenido esa especie de revelación, hacía quince días, los temas aún no habían sido elegidos ni los candidatos repartidos entre los distintos servicios. De todas maneras, ¿acaso mi análisis no había sido salpicado por "golpes de magia"?

Un día conocí en la sala de espera del consultorio de Lacan a un paciente que, como yo, se había involucrado tardíamente en la carrera de medicina. Pero este paciente no lograba terminar sus estudios. Fracasaba en sus exámenes, tenía que volver a repetir el año en algunas ocasiones, y estaba considerando la posibilidad de abandonar sus estudios. Me vino entonces a la mente esta idea delirante: ¿Por qué Lacan no le había comunicado los temas de sus exámenes?

El único dato absolutamente claro de mi trayectoria radicaba en la fuerza de mi deseo para llegar a un desenlace favorable, y quizá haya dejado allí una parte de mi energía vital.

El éxito en "las clínicas" suprimió el último obstáculo en mi camino al título. De ahora en más, podía hacer suplencias —cosa que mejoró mis ingresos—, inscribirme en la especialidad psiquiatría, vislumbrar la posibilidad de presentar mi tesis, y ya cerca de los cuarenta años, terminar con mi estatuto humillante de estudiante atrasado.

Pero apenas había terminado algo que ya emprendía otra cosa, me involucraba en un nuevo proyecto. Esta vez, se trataba del famoso *pase*. El procedimiento de este testimonio, así como Lacan lo había codificado, era enhebrar un discurso frente a dos analistas, ellos mismos en formación, sobre cómo y por qué yo había devenido psicoanalista. En un segundo tiempo, estos pasadores, transmitían mi testimonio, en mi ausencia, frente a un jurado llamado jurado de consentimiento. Esta experiencia no era totalmente desinteresada. La validación de este pase por parte del jurado otorgaba al candidato el título anhelado de Analista de la Escuela, o sea la pertenencia a una elite. Se decía que la cuestión era peligrosa. Algunos de los que la habían atravesado fueron tan conmovidos que se suicidaron. Esta última afirmación me parecía excesiva y, en todo caso, no me impresionaba.

Cuando informé a Lacan de mi proyecto, se quedó en silencio, sin formular ninguna objeción al mismo, pero conservando la más estricta y aparente neutralidad.

Llamé pues a Jean Clavreul, el analista organizador del extraño ceremonial, quien me citó a su consultorio, plaza Vosges. Clavreul estaba sentado al lado de su chimenea, distante, y removiendo entre dos pitadas de cigarrillo, la ceniza apagada del hogar.

Me acercó dos sobres arrugados, que contenían papelitos plegados. Yo había imaginado dos urnas más dignas. Luego, cambiando de opinión, sacó algunos papelitos y agregó otros. Todo este movimiento me intrigaba.

Con mi incurable ingenuidad, yo pensaba que más allá de las legítimas ambiciones de cada uno, era prioritario el interés supremo del psicoanálisis. En realidad, descubriría muy pronto que cada uno de los barones del laconismo, teniendo en cuenta el final del maestro, de edad ya avanzada, trataba de colocar a sus hombres en en los puestos clave de la Escuela. Ahora bien, por mi propia constitución psíquica nunca serví ni pude servir a los intereses de nadie. La estrategia de formación de cuadros en vista de una toma de poder no me interesa.

Finalmente, saqué de los sobres sendos nombres; de uno, Pierre M., y del otro Catherine M. Algunos días más tarde, contacté a estas dos personas y acordamos una cita. Pierre M. prefería recibirme en su consultorio, en la calle Rennes, y Catherine M. eligió acudir a mi casa. Tuve una larga entrevista con cada uno de ellos, y debía volver a verlos, cuando yo pudiera, aproximadamente una vez por mes durante cerca de un año. De esta manera, se ponía en marcha el mecanismo de lo que se parecía a un análisis de mi análisis. Relaté a mis dos *pasadores* los momentos claves de mi cura. Insistí sobre aquello que fue la gran sorpresa y la gran lección de mi análisis: el retorno inexorable del hecho religioso, de mi judaísmo, frente al cual no había podido hacer otra cosa que deponer las armas. ¿Acaso la antropología no define al hombre como animal religioso?

Pero pronto se produjo aquello que no había querido creer, a saber el hecho de que el *pase* produce efectos, a veces violentos. Esta segunda etapa del pase, inventado por Lacan, trastornaría el curso de mi existencia, que parecía encaminarse hacia una mayor tranquilidad y comodidad. Como siempre, fue en la escena familiar donde transcurrió el nuevo acto. Mis dos hijos mayores, ya adolescentes, iban a encarnar esta tempestad.

El mayor, aquel que, por su exigencia de *bar mitzva*, había desencadenado mi retorno al judaísmo, comenzó a presentar inquietantes manifestaciones, y en el contexto de mi angustia de padre, me puse a imaginar lo peor. El segundo, que había seguido mis huellas pasando un período de vacaciones en la escuela talmúdica de Aix-les-Bains, deseó seguir sus estudios en la misma escuela. Esto significaba inscribirse en la tendencia ultraortodoxa, orientación que yo no podía aceptar, y menos aun su madre. ¿Acaso no era suficiente seguir cursos del *Talmud* en París? Mi negativa, ese *stop and go* que fue mi conducta habitual, lo descolocó. Mi hijo se replegó en un silencio y una abulia de los que nada parecía poder sacarlo.

Estas preocupaciones reactivaron nuestras tensiones conyugales. Yo acusaba a mi mujer en forma solapada de ser la causa de estos trastornos que ya le provocaban un gran dolor. En aquellos tiempos que presenciaban el triunfo de la postura de Françoise Dolto, la madre, el Gran Otro por excelencia, era señalada por cierta corriente psicoanalítica como causa de todos los males de sus hijos.

La situación se tornó rápidamente insoportable, y el fantasma de la separación, que yo creía haber exorcizado para siempre, sobrevolaba una vez más nuestra pareja. Quizá mi mujer tenía que retomar su análisis, interrumpido por la desgraciada intervención de Melman. Luego de este incidente, ¿a quién dirigirse? Solamente Lacan estaba en condiciones de limpiar este terreno lleno de salpicaduras. Mi mujer lo llamó siguiendo mi consejo. En efecto, a veces Lacan podía recibir a los dos integrantes de una pareja, no para llevar a cabo la llamada terapia de pareja o familiar, tan de moda en nuestros días, sino cada uno por su cuenta, manteniendo entre ambos el tabique más estanco posible.

Lacan me informó del llamado telefónico de mi mujer, y pidió mi consentimiento para recibirla. Acepté gustoso, ya que creía que su intervención nos permitiría salir de este torbellino destructivo.

La primera entrevista tuvo efectos inmediatos e importantes. A. me comentó algunos aspectos. Lacan la recibió con una infinita amabilidad, cosa que la hizo llorar desconsoladamente. Ella había acumulado tanto dolor en esta diabólica vida conyugal. Además, se acusaba a sí misma de todas las dificultades que experimentaban sus hijos y trataba de comprender el motivo. Lacan intervino muy claramente sobre este primer punto: no, ella no era una mala madre, la famosa madre patógena que tantos analistas explotaban para conformar su clientela, sino que por lo contrario, ella era una madre excelente. A. estaba convencida de que nuestro problema, luego de tantos años de conflictos y de incomprensión podía ser en parte resuelto por cierto distanciamiento. Sobre este punto Lacan la sorprendió también. Le aconsejó, por el contrario, que se quedara muy cerca de mí, las cosas se arreglarían. Y luego concluyó con esta frase:

—No se deje impresionar por el análisis de su marido.

Estos comentarios que A. me repitió me conmovieron profundamente. Si los trastornos de nuestros hijos no provenían de la conducta de mi mujer, ¿cuál podía ser su causa? Hicieron falta largos meses de diván para que yo pudiera admitir, en una frase que literalmente tuve que arrancar de mi garganta, desgarrando la coraza de mi narcisismo:

—Soy un padre patógeno.

—¡Le llevó mucho tiempo darse cuenta!

La respuesta de Lacan sonó a bofetada. Sin embargo, era conforme a toda la teoría freudiana: el padre resulta determinante en todos los síntomas de su descendencia. Lacan sabía de qué estaba hablando, como lo supe más tarde, en cuanto a *padre patógeno*. Pero todo analista extrae su saber de su propio síntoma. A pesar del afecto y de la admiración que siento por Lacan hasta el día de hoy, nunca lo consideré como un modelo sino como el operador de mi propio nacimiento subjetivo.

Luego de haberme dejado experimentar varias soluciones, Lacan ya no toleró ningún desplante. El tiempo de concluir había llegado, tal como estaba sellado en mi destino de hombre frente a una mujer. La pareja que formábamos A. y yo constituía el marco fuera del cual yo no podía más que naufragar. Es en esta época que Lacan pronunció su famoso aforismo: *no hay relación sexual*, que se puede entender de distintas maneras. La más simple: toda pareja se basa en una discordancia que hay que aceptar. De ahora en adelante, Lacan se esmeraría, con su diabólica habilidad, para sabotear cualquier aventura amorosa que yo pudiera tener.

Otro día, en una entrevista en que mi mujer hablaba de los problemas de nuestros hijos, ella recibió el siguiente consejo:

—Deje que su marido se ocupe de esta cuestión.

Derivarlos a un colega era imposible; nuestro presupuesto no lo permitía por que ahora había que pagar el análisis de A. a un costo elevado, el doble del que yo estaba pagando.

—El precio tiene que ver con que su marido viene todos los días, y usted solamente una vez por semana.

Entendí el mensaje de Lacan como una invitación para que yo fuese el analista de mis propios hijos. Le pedí una confirmación de mi hipótesis, y la obtuve.

Así todas las noches, una vez que mi último paciente había dejado el consultorio, "recibía" a mi dos hijos, por turno, y les pedía que me hablaran con la promesa formal de que lo que fuera dicho no interferiría en nuestra vida familiar y que yo nunca haría ninguna alusión a eso. La animosidad que mis hijos sentían por mí encontró de esta manera una vía de escape:

—¡Para mí no eres otra cosa que un policía, un nazi! —me dijo un día mi hijo mayor.

Estas conversaciones llevadas a cabo frente a frente tuvieron efectos importantes y positivos. Después de unos meses, los trastornos de aprendizaje y de carácter habían evolucionado considerablemente. Lacan me sugirió concluir la experiencia.

Algunos colegas la consideraron escandalosa. Pero esta reacción no me conmovió de ninguna manera. Después de todo, Freud había sido el analista de su hija, así como Juanito fue analizado por su padre, bajo la supervisión de Freud.

Mi vida transcurría en una suerte de contrapunto entre mi práctica profesional, mis estudios, los seminarios a los que asistía, mis encuentros con los pasadores, mi vida familiar.

Hacía ya un tiempo que Lacan se había apasionado por la teoría de los nudos, y yo trataba de seguir esta orientación asistiendo a los cursos que Michel Soury daba en la facultad de Jussieu. Yo buscaba mi camino, cuando en realidad ya lo había encontrado: mi interés por la cuestión religiosa, por el judaísmo. Pero me encontraba tan aislado en este tema, incluso objeto de sarcasmos, que me había propuesto esforzarme en superar este interés, en considerarlo como un momento transitorio de mi análisis. Sin embargo, Lacan una y otra vez me retrotraía al mismo.

Precisamente, fue mi reflexión sobre lo religioso la que me inspiró rápidamente mi contribución a la teoría freudiana, la más original y mejor fundamentada, probablemente el único verdadero hallazgo que se hizo desde Lacan.

Faltaba todavía un año para el congreso de Lille sobre la identificación. Para preparar el encuentro, dos eminentes analistas de la Escuela, Claude Conté y Mustapha Safouan organizaron un seminario sobre este concepto, que yo ya trabajaba desde hacía varios meses en el cartel con A.D.

Una pregunta planteada en el seminario de Lacan *La Identificación* me intrigaba particularmente, el concepto de identificación primaria. Freud presenta este modo de identificación como anterior al Edipo. Deriva de un amor primitivo al padre, independientemente del sexo del sujeto, y además echa raíces en la oralidad canibalística de la primera infancia. En resumen, este importante proceso psicológico acumula las paradojas y los enigmas. La cuestión parecía tan delicada, incluso para Lacan, que una vez que demostró la complejidad y las aporías del tema, él declaró que este concepto era incomprensible en el estado actual de la reflexión psicoanalítica, y que no lo estudiaría. Habría que buscar por el lado de las culturas semíticas, decía Lacan.

Semejante desafío merecía ser aceptado. ¿Pero cómo? La manera de abordarlo me vino a la mente una noche en el seminario de Conté, al escuchar la presentación de un colega, Eric Porge, sobre la obra de Freud *Tótem y Tabú*. Durante los días siguientes, esta exposición suscitó en mí una intensa actividad psíquica, un hervidero intelectual que conocí en mi vida solamente en tres o cuatro oportunidades.

Lo que llamaba especialmente mi atención era este interés que Freud demostraba hacia la teoría del banquete totémico, vigente desde hacía un siglo, elaborada por Robertson Smith: el animal totémico, supuestamente tabú para un clan determinado, era, una vez por año, devorado por este mismo clan en una ceremonia que adquiría una gran importancia para ese grupo humano. Pero luego, los etnólogos demostraron en forma unánime que este rito no existía, que no se trataba de otra cosa que de un error de perspectiva de la antropología todavía en pañales en aquella época, de un fantasma europeo proyectado sobre los pueblos primitivos. Sin embargo, como le sucedió a Freud, esta comida provocaba en mi memoria un eco insistente.

Tenía en mente el recuerdo de una ceremonia religiosa, de una comida extraña y absurda que hacíamos en Túnez, en el mes de septiembre, en vísperas de la importante ceremonia de *Rosh Ha-Shana* o año nuevo judío. En esta cena, la familia ampliada, el "clan", se reunía alrededor de una mesa sobre la cual se distribuía una serie de pequeñas copas con los manjares más heterogéneos: miel, trozos de manzana, dátiles, turrón de sésamo, granos de granada, dientes de ajo, zapallo, buñuelos de espinacas, pescado... De cada uno de estos manjares, el jefe de familia sacaba una pequeña cantidad y convidaba a cada uno de los comensales. Luego de haber pronunciado cierta fórmula, se tragaba esta pequeña porción. ¿Era ésta la comida totémica que Freud fue a buscar en los pueblos primitivos, una intuición correcta y equivocada a la vez? Pero ninguno de estos alimentos era tabú el resto del año. Además había una buena cantidad de manjares totémicos, y no uno sólo como afirmaba la teoría.

Estas reflexiones me agitaron así durante varios días. Pregunté a mis padres, a interlocutores supuestamente expertos en judaísmo, el significado de este rito. No obtuve más que respuestas confusas, insatisfactorias. La ley de la etnología según la cual los pueblos ignoran generalmente la significación de sus ritos estaba, pues, confirmada. "Son símbolos —me contestaron—. Es para desearnos un buen año." ¿Pero cómo el ajo o el zapallo serían augurios de un año feliz?

De repente, en una especie de iluminación, se me apareció la solución del problema. Comprendí que entre el manjar simbólico y la fórmula ritual, o más bien el verbo de esta fórmula en calidad de significante principal, había *homofonía*. Aquello que se comía, era la palabra sostenida por el alimento, su escritura. El banquete totémico consiste en comer cierto texto. Este fue el primer germen de lo que desarrollaría más tarde en una obra, *Comer el libro*. Inmediatamente entendí la importancia de mi hallazgo, las nuevas perspectivas que abría, la solución a algunas de sus paradojas, como las que presenta la teoría del superyó. En efecto, esto último se manifiesta en la conciencia a través de órdenes, de palabras; al mismo tiempo, nos dice Freud, que este superyó se arraiga en la fase oral de la primera infancia. Se entiende mejor la metamorfosis del alimento en palabras, si justamente son palabras que se han comido, palabras materializadas, por lo tanto, una escritura.

Hablé de mi hallazgo con Claude Conté, en una supervisión. Me demostró un interés cortés, y me propuso exponer mi idea, en forma breve preferentemente, en una próxima clase de su seminario. A través de su reacción, aparentemente benévola, percibí hasta qué punto estas historias judías molestaban a todo el mundo, incluyendo a los psicoanalistas judíos. "No tienes que seguir removiendo estas historias", me dijo un día un colega. Sin embargo, tenía la convicción de disponer de una novedosa teoría.

Me puse a trabajar, y redacté una nota de tres páginas. El día anterior a mi intervención, le informé a Lacan que tomaría la palabra en la Escuela. Durante la noche, tuve un sueño angustiante. Ya estaba en esta famosa clase del seminario. Pasaban las horas, y los organizadores no me daban la palabra. La gente empezaba a dejar la sala. Sentí en el sueño una atroz frustración, y me desperté.

Relaté este sueño a mi amiga A.D., que también participaba del seminario. El sueño resultó ser extrañamente premonitorio. Efectivamente, se otorgó en primer lugar la palabra a un colega que hizo una larga exposición cuyo contenido nadie pareció entender. Luego, otro orador tomó la palabra para sostener un discurso confuso y entremezclado con temas que estaban de moda en nuestros círculos. Ya eran las once de la noche, y la asistencia empezaba a abandonar la sala cuando Claude Conté recordó de repente que yo también tenía que tomar la palabra. Me incliné hacia A.D. y le susurré al oído, con mi garganta cerrada por la frustración:

—Lo ves, mi sueño fue efectivamente premonitorio.

Luego, dirigiéndome a Conté, le pedí que postergáramos mi exposición para otro día. Pero Conté se negó: yo debía llevar a cabo mi exposición en escasos minutos. Empecé, pues, a hablar en medio del ruido de sillas que se movían, de gente que se levantaba y comenzaba a retirarse. Pero apenas había pronunciado las primeras frases de mi exposición, se hizo un gran silencio en la sala, el público ya parado se volvió a sentar. Tengo el recuerdo de Jacques Hassoun, con la mano dispuesta a empujar la puerta de salida, que se detiene y me escucha parado durante los diez minutos de mi exposición. Terminada la misma, se fue sin dejar de exclamar:

—Tu exposición me excitó.

—En su boca, era un halago. Era demasiado tarde para discutir la tesis que acababa de presentar, pero varias personas, entre ellas Porge, se acercaron para decirme el interés que habían experimentado al escucharme.

Yo esperaba sobre todo, con gran ansiedad, la reacción de Lacan. Pensaba, sin ningún fundamento, que mi discurso llegaría a su conocimiento. Fui a mi sesión del día siguiente angustiado por la espera de esta probable reacción. Y Lacan me recibió con una terrible frialdad. Parecía fuera de sí. Cuando abandoné la sala de espera, respondiendo a su llamado, y pasé a su lado, me sopló violentamente en la cara, como si estuviera escupiéndome el rostro.

Este mal humor no podía tener otra causa que mi exposición del día anterior, que él rechazaba, condenaba sin posibilidad de apelación. Mi sesión fue muy breve. Salí completamente derrumbado.

Esto era demasiado. Destrozado, decidí interrumpir mi análisis con Lacan. Había sido despreciado, y sin embargo seguía convencido de haber hecho un descubrimiento de cierta importancia. El fin de semana fue siniestro. Ya no iba a mis sesiones de análisis, y Lacan no me llamaba. El martes siguiente, daba su seminario. Lo ví muy afectado, muy irritado contra los que no comprendían la dimensión indestructible del deseo. Así, citó el último párrafo de *La interpretación de los sueños*. Luego, decidió de repente que ya era suficiente por ese día, resumió su exposición y se fue. ¿Me estaba dirigiendo un mensaje? Me hubiera gustado creerlo, pero no me decidía a verlo de nuevo.

Consideré la posibilidad, antes de tomar alguna decisión, de hablar todo esto con Claude Conté, con quien me encontré al día siguiente. Se quedó sorprendido por la actitud de Lacan. Él mismo había apreciado mi exposición, y me propuso retomar el tema en el próximo congreso de Lille. Por lo tanto, él no había lanzado ningún anatema contra mí. El sentimiento de persecución estaba muy anclado en mí en aquellos años, y no carecía de fundamento, ya que mi actividad en la escuela molestaba a varios analistas.

Propuse a Conté que me tomara como paciente. Estaba harto de las sesiones que duraban algunos segundos, y me hubiera gustado tener a mi disposición aunque fuera media hora de sesión. Conté tuvo entonces estas palabras que me conmovieron por su sinceridad:

—No, vaya a verlo. Las cosas ocurrieron con él. No se puede cambiar así de analista, sobre todo cuando las cosas llegaron a este punto.

El mismo día, A. tenía su sesión semanal con Lacan. Le comentó el estado deplorable en el cual me encontraba.

—¡Así es! ¡Su marido! ¡En efecto, anda muy mal! —Lacan le contestó a mi mujer.

Quise entrever una señal en estas palabras. Llamé a Lacan, y me atendió Gloria:

—Le paso con el doctor.

Escuché entonces la voz de Lacan, que parecía siempre llena de bronca.

—¿Cuándo lo puedo ver?

—Enseguida.

Apresuradamente, me metí en mi coche. Nunca anduve a tanta velocidad por París. Lacan me recibió con mucha calidez. Su humor había cambiado de repente.

—Entonces, ¿qué es lo que le pasa?

—Me toca a mí hacerle la pregunta. ¿Por qué me trata con tanta brutalidad, cuando usted conoce el afecto que le tengo?

—Precisamente. Encuentro este afecto totalmente excesivo.

—De acuerdo, pero usted eligió un mal momento para poner eso de manifiesto, el día siguiente a una presentación en la Escuela, a la que le daba mucha importancia.

—¿Y cómo iba a saber yo que usted haría la presentación?

—Porque se lo dije.

Mi respuesta lo hundió en el silencio. En realidad, que él hubiera pasado por alto la información brindada el día anterior a mi exposición me tranquilizaba. Su desagradable hostilidad no estaba relacionada con mi exposición. Sobre todo, sus primeras palabras me habían aclarado el sentido de tantas actitudes y actos agresivos. Era necesario reducir esta transferencia desmedida, distorsionada, que estaba en mí y me obstruía el horizonte. Fui a la sesión tranquilizado, reconfortado por estas palabras. Pero Lacan nunca otorgaba un favor durante la cura sin cobrarlo inmediatamente.

—Usted me tendrá que abonar *algunas* sesiones correspondientes al período en el cual faltó.

—¿Qué quiere decir con *algunas*?

—Y bueno, digamos tres sesiones, para que usted sienta el impacto.

Durante las semanas que siguieron a este episodio, decidí no hablar más del incidente, y tampoco de mi teoría de la incorporación del libro como mecanismo de la identificación primaria. De todos modos, mi deseo de conocer su opinión no había desaparecido. Había transcurrido algún tiempo, y en un momento en el cual estábamos atravesando un período tranquilo, me armé de coraje y le pregunté a Lacan si quería leer mi texto. El gruñido que emitió me pareció una aceptación. Le hice una copia a máquina, y se la entregué.

Lacan no tenía habitualmente una reacción respecto a los textos que yo le entregaba, y no me esperaba tampoco esta vez una actitud distinta de su parte. Me quedé pues muy sorprendido cuando, algunos días más tarde, mientras me levantaba penosamente del diván, escuché estas palabras de Lacan, que salían del fondo del sillón del cual no se había movido:

—He leído su texto. Es excelente, notable...

Este halago me desconcertó. Extrañamente, había algo en esta situación que yo no soportaba. De manera tal que traté de atenuar el impacto de sus palabras:

—No es más que un primer esbozo, habría que precisar...

—Es excelente —cortó Lacan bruscamente—, no hay más nada que agregar.

Entonces lo miré. Percibí con tristeza el gran estado de cansancio de mi querido maestro, cuánto había envejecido en estos últimos meses, yo que lo creía inalterable. Su voz se había vuelto más grave, ya no se movía mucho de su sillón. La melancolía que me invadió fue atemperada por la alegría de haber dado en el blanco, por la satisfacción de haber producido una pieza que faltaba en el rompecabezas de la doctrina lacaniana. Mis colegas, hasta el día de hoy, no se han percatado del hecho.

* * *

"He aprendido más de mi alumnos que de mis maestros", declaraba uno de los *Doctores* del *Talmud*. Muchas veces pude apreciar la pertinencia de esta afirmación. En otros términos, la mejor manera de aprender consiste en enseñar. ¿Acaso es esta máxima la que me inspiró? Pronto, tuve el deseo de profundizar mi conocimiento de los textos de Freud, de descubrir a través de qué recorridos estos extraños y a menudo inverosímiles conceptos habían salido a la luz. Estos conceptos forman parte desde hace tanto tiempo de nuestro horizonte cultural que ya no nos percatamos verdaderamente del hallazgo increíble que constituyen. Así armé el proyecto de un seminario de lectura un poco particular, ya que se trataba de leer *todo* de una manera cronológica, empezando por sus primeros balbuceos como estudiante en París junto a Charcot. De este modo, podríamos seguir el nacimiento y la evolución de los conceptos. El instrumento para semejante estudio ya estaba a nuestra disposición: la edición crítica y completa de las obras de Freud en inglés, la única disponible en aquel entonces, maravillosa herramienta de trabajo a pesar de sus defectos, la famosa Standard Edition establecida por James Strachey, a menudo criticada por los filisteos del psicoanálisis. Para que esta lectura fuese estimulante, necesitaba un eje estructurante. El mismo sería la investigación de la neurosis obsesiva en la obra de Freud. Esta categoría clínica fue la única que Freud inventó al desmenuzar toda una serie de nociones confusas alrededor de la neurastenia. Fue uno de los hilos conductores de su clínica. Además, fue la misma que me llevó al psicoanálisis, esta *Zwangsneurose*, ese parasitaje compulsivo sobre el pensamiento.

Sometí este proyecto a la dirección de estudios de la Escuela, que lo aceptó y puso a mi disposición el local de la Escuela. Melman, responsable del programa de enseñanza, me pidió que lo fuera a ver. No nos habíamos visto desde nuestra disputa. Estuvo extremadamente cortés conmigo, al punto de querer ayudarme, con gesto exagerado, a colocarme el sobretodo. Evidentemente, la aceptación del proyecto llevaba el sello de Lacan. Una forma de repetir que la consigna del retorno a Freud seguía vigente.

Unas veinte personas respondieron a mi propuesta de lectura sistemática, y este seminario se mantuvo durante aproximadamente tres años. Así examinamos los textos de juventud de Freud, de los años en que, a través de un increíble esfuerzo intelectual, fundó el psicoanálisis. Para esto, debí atravesar los cinco primeros volúmenes de la Standard Edition, y llegar a la obra magna de *La interpretación de los sueños*. Leer a Freud en inglés, una lengua que entendía con dificultad, me permitió, paradójicamente, gracias a lo arduo de esta lectura, penetrar mejor en el pensamiento de Freud. Allí donde me hubiera deslizado en el texto traducido en francés, la necesidad de detenerme en cada pasaje me obligaba a interrogarme sobre el rigor de los enunciados. Evidentemente, hubiera sido preferible una lectura en alemán, pero mi conocimiento de esta lengua era casi nulo. Este ejercicio resultó finalmente apasionante y formador. Puso de manifiesto para mí el rigor implacable de los trabajos del joven Freud. Siempre lamenté no haber podido terminar esta experiencia.

Ignoraba que la autorización para dar un seminario en la sede de la Escuela iba a provocar serios revuelos. Otros analistas, entre los más renombrados de la Escuela —Serge Leclaire y de Michèle Montrelay—, habían formulado el mismo pedido, y se lo habían denegado. Leclaire planeaba un seminario coordinado por él mismo y Antoinette Fouque, la representante secreta del feminismo. Lacan lo rechazó. Por lo tanto, ¿cómo podía ser que se le diera un aula a este desconocido (yo, en este caso) para llevar a cabo un proyecto tan académico y falto de interés, cuando se había rechazado a Leclaire y Montrelay?

Es en este contexto que en el mes de septiembre de 1977 tuvieron lugar finalmente en Lille las jornadas de la Escuela sobre la identificación. Estas jornadas fueron particularmente agitadas. La reciente disputa entre Lacan y Leclaire conmovía a la Escuela. La corriente cristiana, hasta entonces oculta, supo sacar provecho de esta situación. A partir de ese momento avanzó a cara descubierta, tratando sin lugar a dudas de adquirir el control de la Escuela. Frente a la IPA judía, la Escuela freudiana podría encarnar un psicoanálisis de inspiración cristiana. Françoise Dolto fue la primera en proclamar el color de esta corriente, el del *freudo-cristianismo*, que tenía en la Escuela una cohorte de eminentes representantes, algunos de los cuales pertenecían al orden monástico como los R. P. Michel de Certeau, Bernaërt o Denis Vasse, que acababa de ser elegido vicepresidente de la Escuela; a éstos se agregaban algunos otros personajes, todos ex curas. Frente a este proyecto coherente, no había nadie, salvo los adherentes a un confuso galimatías anárquico izquierdista sin ninguna perspectiva.

A veces pienso que la decisión de Lacan de disolver su Escuela algunas semanas después de haber sacado a Vasse de su función de vicepresidente —lo que provocó violentas protestas— tenía como finalidad evitar que la misma se transformara, bajo la bandera de Dolto y algunos otros analistas, en un oficina de la Iglesia católica.

¿Qué peso tenían mi voz y mi antipático discurso judaizante frente a esa poderosa fuerza? De todos modos, cuando Lacan me alentaba a sostener mi interés por el judaísmo, nacido en el diván, lo que buscaba era encender un fuego opuesto, por más modesto que fuese. El psicoanálisis, tal como él lo concebía, no podía sobrevivir más que en un estricto laicismo.

En las gradas de Palacio de los Deportes de Lille, donde estábamos reunidos, se produjo en secreto un incidente significativo. A. había deseado asistir a este congreso. Tomé la precaución de sentarme lejos de ella, en un nivel más alto del estadio. Evitamos el contacto conyugal, ¡tema clásico del obsesivo! De repente, a cierta distancia, lo veo a Lacan que me mira, fija y severamente. Terminé por levantarme y sentarme al lado de mi mujer. Satisfecho, Lacan desvió entonces la mirada. Si las sesiones eran breves, con Lacan, el análisis nunca terminaba. Había dado, bajo el fuego de esta mirada, por la intensidad de su mirada, un paso importante, el final de un infame desprecio.

Los analistas que intervenían en este congreso eran sumamente numerosos, y se repartían en varias salas. Yo era uno de ellos, perdido entre la muchedumbre. Tomé la palabra frente a una sala casi vacía. El escaso público estaba allí —yo lo sabía— sólo para escuchar a los oradores que venían antes o después de mí. Una serie de incidentes técnicos, cortes de luz, fallas del micrófono, contribuyeron a que mi tarea resultara aún más complicada. "Estoy enfrentando lo real", me decía a mí mismo, alcanzado, de todos modos, por una paranoia legítima. Finalmente, en medio de una indiferencia casi general, pude exponer mi teoría.

¡Tenía tantas ganas de ser escuchado! Al día siguiente, de regreso a París y a mis sesiones, me crucé en el pasillo del edificio de Lacan con uno de sus paciente. Aunque no habíamos habalado, yo lo conocía de vista, Jean Guir.

—¿Quiere tomar un café conmigo después de su sesión? —le propuse.

Aceptó mi curiosa invitación, sin parecer muy sorprendido. Algunos instantes más tarde, estábamos sentados en un bar, y le hablé de la exposición que había presentado en Lille, el día anterior:

—¿Por qué me cuenta esto a *mí*? —me preguntó, muy sorprendido.

—No lo sé, sentí esta necesidad hace un rato, cuando nos cruzamos en el patio.

—Esto es muy extraño. Porque yo mismo, en Lille, hice una exposición muy similar a la que usted hizo. Mostré que al ingerir medicamentos, uno incorpora también significantes, a través del nombre de los medicamentos.

Fue una de estas casualidades, casi telepáticas, que hicieron la puntuación de mi análisis. A partir de ese día, Jean y yo fuimos amigos. Más tarde, él jugará un papel en mi encuentro con Bernard-Henri Lévy, quien editará *Comer el libro*, nacido del desarrollo de este primer germen.

*   *   *

En mayo de 1978 presenté mi tesis, fin de un largo calvario de ocho años. *La locura en el Talmud* era su título. Gracias al rabino Raphaël Israël, había recolectado y seleccionado de la masa de escritos talmúdicos, todo aquello sobre la vida psíquica, su patología, en la búsqueda de ese tesoro del cual el labrador de la fábula habla a sus hijos. Ese tesoro, que yo fantaseaba, podía definirse de esta manera: ¿el psicoanálisis se encuentra, de modo latente, en el *Talmud* y en el *Midrash*? La respuesta resultaba evidente en su hermosa sencillez. Más que el psicoanálisis a la luz del evangelio —como se convenció a los crédulos—, existe el "psicoanálisis a la luz del *Talmud*".

Pero, como en la famosa fábula, mi trabajo me hacía dueño de un tesoro mucho más hermoso, el conocimiento de los métodos de la hermenéutica, que tenían una extraña similitud, con el método de interpretación freudiana de los sueños. Incluso eran a veces más precisos, más ricos, y yo tenía la intención de introducir algunos en el corpus freudiano. Lo haría con uno de estos métodos, el *gezera chava*, expresión que yo traduje por "transferencia significante".[16] Pero me faltaron fuerzas para abordar las otras doce reglas de R. Ismaël, que constituyen una especie de axiomática del discurso midrashico.

La exposición de mi tesis fue más bien una ceremonia gris, con un público formado por algunos familiares de los cuatro candidatos que presentaban sus tesis ese día. Mi trabajo fue considerado bueno, y se me otorgó una medalla. Como yo era el más viejo de mis compañeros, me tocó el honor de pronunciar en nombre de nuestro pequeño grupo el famoso juramento de Hipócrates. No sentí ninguna alegría especial.

Festejamos el acontecimiento con mi familia tomando un café tibio. Mi padre en particular estaba melancólico. Lo invité a almorzar para festejar el acontecimiento. Luego de caminar juntos unos pasos en dirección a un restaurante que él había elegido, me dijo de repente que prefería volver a su casa, y me dejó solo en medio de la vereda. En un texto famoso, Freud relata el malestar que experimentó en el curso de

16. Ver Gérard Haddad, *Comer el libro*, ob. cit.

una visita a la Acrópolis. Interpretó este sentimiento como el afecto que siente un hijo en el momento en que supera al padre. Decía Lacan que Freud siempre intentaba salvar a su padre. Quizá le hubiera convenido a Freud investigar también el sentimiento que experimentan los padres cuando sus hijos los superan socialmente, situación con la cual me tuve que enfrentar ese día. En definitiva, yo era el único que disfrutaba del acontecimiento, en relativa soledad, pero con la satisfacción del trabajo bien hecho, satisfacción que me daba, desde el análisis, la energía necesaria para seguir adelante. ¿Solo? Dos personas más compartieron sinceramente mi alegría silenciosa y mi orgullo. En primer lugar, A., cuya sincera felicidad me conmovió, y luego mi analista, por el mismo motivo que el mío sin lugar a dudas, la satisfacción de la tarea asumida y efectuada hasta el final.

Hasta el día de hoy, el cumplimiento de este largo recorrido sigue provocando asombro en mí. ¿Cómo pude aguantar tantas privaciones, como pude financiar, sin dinero y sin recursos específicos, este cambio total en el recorrido de mi vida? El sostén de Lacan fue decisivo, sostén lleno de paradojas, sin perdonarme ningún pago, ni ningún desprecio de su parte, sin aflojar nunca el ritmo infernal que me imponía. De esta manera, logró templar una personalidad dispuesta a las lágrimas y al desaliento, y a toda clase de culpables y estériles debilidades.

Su humillación preferida era hacerme sufrir largas horas de espera en su biblioteca. Ahora bien, estas horas fueron horas bendecidas, ya que me permitieron consultar gran cantidad de libros. Sobre todo, fui el testigo invisible de su trabajo clínico, experiencia que depositó en mí un aprendizaje valioso. La ubicación de las habitaciones, como ya lo señalé, me permitía, cuando Lacan decidía dejar entreabierta la puerta de su consultorio, escuchar los comentarios de sus pacientes sin identificarlos. Mi memoria conservó algunos fragmentos de estos diálogos:

—Durante todo mi análisis, pensé que usted era judío, y sin embargo, ¡no lo es! —le decía alguien manifiestamente decepcionado.

—En efecto —contestó Lacan.

Otro día, escuché un psicoanalista sostener este extraño discurso:

—El profesor Lucien Israël me aconsejó hacer una consulta con usted. Mi problema es que me duermo profundamente apenas el paciente se recuesta en el diván.

—¿Usted quiere que lo supervise?

—Así es.

Así, desde hacía varios meses, este reconocido analista dormía mientras le hablaban sus pacientes... Ignoraba que esto podía suceder con los mejores analistas. A mí me sucedió también. La voz de mi analizante me llegaba desde lejos hasta que la aparición de una palabra importante me hacía sobresaltar.

Otro día, fui testigo de un extraño diálogo con un paciente, evidentemente de origen africano. Yo escuchaba mal sus palabras. La voz de Lacan, en cambio, se escuchaba perfectamente, como si hablara en voz alta para que se lo escuchara.

—Si usted hubiera estado en su país, habría consultado al brujo para curar el mal que sufre. Pero aquí, en Europa, usted va a ver a un psicoanalista.

A esto siguió una explicación sobre el determinismo inconsciente del síntoma, y luego esta conclusión:

—Lo voy a derivar, pues, a uno de mis alumnos; él lo ayudará a resolver su problema.

La equivalencia entre brujo o chamán y psicoanalista era enunciada por Lacan sin ninguna reticencia, abiertamente.

* * *

Mi vida había encontrado otro ritmo, más bien sostenido. Había dejado el hospital de La Queue-en-Brie, y había encontrado un puesto de interno en el servicio psiquiátrico del hospital de Meaux.

Todas las mañanas hacía un largo viaje en coche que me llevaba de mi casa en París hasta Meaux. El recorrido no me pesaba. Incluso encontraba en él esos momentos de indispensable regocijo que me brinda la música clásica. Volvía a París después del almuerzo para ir a mi sesión. En el camino de vuelta, me detenía una vez cada quince días en un hogar para discapacitados. Empezaba el trabajo en mi consultorio a las diecisiete horas.

Los miércoles y los viernes a la tarde, hacía suplencias en el centro médico pedagógico de Montrouge.

Finalmente, dedicaba mis noches a mi formación, a los seminarios de la Escuela o los cursos nocturnos del hospital Saint-Antoine, para así obtener mi diploma de psiquiatra.

En aquellos tiempos, lo religioso era tabú en el ambiente psicoanalítico. Se hablaba mucho de lo real, sin percatarse ni siquiera por un instante de la aparición del terrible real que iba a invadir pronto la escena: precisamente el resurgimiento de lo religioso, y bajo sus formas más inquietantes. Los analistas tienen tan poca fibra científica que, para ellos, el estudio de un fenómeno implica la adhesión a éste. Consecuencia de un stalinismo de juventud nunca analizado. Por otro lado, un analista es forzosamente ateo, lo que resulta bastante cómico cuando se considera la cantidad de curas y de antiguos curas nostálgicos que poblaban los pasillos de la Escuela, preparando solapadamente la síntesis entre el diván y la hostia. ¿Pero qué significa el concepto de ateísmo? ¿En qué representación de Dios se decía no creer? ¿En el dios de Baal-Peor, cuyo culto consiste en defecar al pie de su ídolo, o en la teología negativa de Maimónides? ¡Hay que reconocer que entre ambas representaciones existe una diferencia! ¿Acaso la trinidad cristiana mantiene alguna relación con el monoteísmo celoso del Islam? Esta profesión de fe del ateo provocará varias veces la risa sardónica de Lacan, quien lanzaba la frase desafiante que postulaba que los únicos verdaderos ateos están en el... Vaticano. El ateísmo verdadero implica, en efecto, algunos sólidos conocimientos teológicos. Lacan agregó en uno de los seminarios al cual yo asistía: "La religión es el complejo de Edipo." Pero nadie quería escucharlo, lo que constituye la posible marca de una torpeza, una incapacidad para manejar esta concepción renovadora.

Ahora bien, el asunto principal de mi análisis, su revelación más importante, fue precisamente el descubrimiento del hecho religioso en el inconsciente.

En este cielo falsamente tranquilo, la publicación de la obra de Françoise Dolto, *El Evangelio a la luz del psicoanálisis*, título que ella lógicamente hubiera debido invertir, fue una sorpresa.

En aquella época yo tenía una gran admiración por Dolto, por "Françoise", personaje central de la Escuela, la maga, la que, según se decía, hacía milagros con su escucha. Los analistas jóvenes la apreciaban particularmente, ellos que tenían que remar desesperadamente para salir del pantano. En efecto, Dolto "dejaba que los niños pequeños fueran a ella". Este prestigio aumentó a partir del congreso de Lille, cuando anunció públicamente que se jubilaba para dedicarse al ordenamiento de sus notas. En realidad, era para lanzar la fantástica operación mediática que "doltoizó" a toda Francia, y la convirtió en sacerdotisa incontestable de cierta vulgarización psicoanalítica. Esta admiración no resistió la prueba de los hechos.

En primer lugar, sucedió que la magia de su clínica perdió efecto. Yo nunca dejaba de escuchar, en el camino de vuelta del hospital de Meaux a París, la emisión que ella tenía todos los días con Jacques Pradel. Estas emisiones estaban llenas de consejos que yo me proponía poner en práctica, ya que ahora atendía a niños en el centro de Montrouge.

Los dos cómplices evocaron un día la cuestión de la enuresis, este mal que alcanza a los niños ya grandes que mojan todavía sus sábanas durante el sueño.

—Es un trastorno fácil de tratar —anunció Dolto—. ¿De qué manera? Colocando al lado de la cama del niño un vaso de agua. Si así la cosa no funciona, se reemplaza el vaso por un bocal con pez rojo.

Yo estaba tan fascinado por la maga que no me hice ni siquiera por un instante la pregunta: ¿qué tenía de freudiano, de psicoanalítico, este bocal mágico con el pescado rojo? ¿Pero acaso yo no estaba en los comienzos del largo camino de mi formación?

Al día siguiente, un miércoles, día de mi consulta con los niños, recibí a un niño de seis años, un pequeño portugués que padecía de enuresis. Me restregaba las manos, expresando así mi alegría frente a semejante oportunidad. Luego de una larga charla con la madre y el niño, saqué a relucir mi arma secreta: el vaso de agua al lado de la cama. Mi intervención no tuvo ningún efecto, y tampoco el bocal con el pez rojo, al cual tuve que recurrir ya que el vaso de agua era ineficiente. Durante el sueño, el niño terminó volcando el bocal sobre su cama, mojándola esta vez abundantemente. Había llegado el momento de detener el dispositivo. Hablando con mis colegas a propósito de mi aventura fallida, me comentaron el rumor que corría por los pasillos de la Escuela:

—Los trucos de Françoise funcionan solamente con ella.

Nosotros, analistas, especialistas en suprimir la alienación, nos quedamos a menudo alienados en nuestros ídolos del momento. ¿En qué otra disciplina podrían haberse tragado semejante barbaridad? Lacan tuvo el mérito de decirme un día:

—¡No soy un demiurgo!

Extrañamente, el prestigio de "Françoise" se mantuvo intacto para mí. Creía en su gran generosidad, y sobre todo veía en ella una aliada. Ella por lo menos había entendido la importancia del hecho religioso en la clínica. Ya que ella se había atrevido a transgredir el tabú de la cuestión religiosa, mi estudio del *Talmud* le iba a interesar seguramente. Había pensado, por lo tanto, entregarle un ejemplar de mi tesis.

La Escuela organizaba frecuentemente jornadas de estudio en la Casa de la Química. Yo pensaba aprovechar las que tendrían lugar durante las vacaciones de verano, un mes después de la presentación de mi tesis, para llevarle mi ofrenda. En un pasillo que llevaba a alguna de las salas, me crucé con Dolto. Temblando de emoción, me acerqué a ella.

—Señora, me gustaría entregarle un ejemplar de mi tesis.

Balbuceaba, confundido, tratando a pesar de todo de indicar el contenido y la orientación de la misma. Doltó tomó en sus manos la copia de mi tesis, y miró durante algunos segundos el título, *La locura en el Talmud*, y de repente me devolvió la copia.

—No, estoy demasiado ocupada en este momento.

Y siguió caminando. Me quedé parado, petrificado. Nuestra psicoanalista jubilada, algunos días antes de las vacaciones de verano, no tenía tiempo. En mi vida, ni antes ni después, me encontré frente a semejante grosería. Generalmente el obsequio de un manuscrito por parte de un joven colega se acepta; uno después es libre de abandonarlo en un estante polvoriento o bien de entregarlo a alguien que tenga interés en él. Nunca Lacan, sumergido, sin embargo, en medio de textos que le entregaban por todas partes, tuvo semejante actitud. Yo fui testigo.

Años de esfuerzo habían desembocado en este texto imperfecto pero testimonio de mi análisis. ¿Acaso iba a tener por todo destino los archivos de la facultad? Envié un ejemplar a las ediciones del Seuil, luego de haber comentado el hecho a Lacan, que me gratificó con una sonrisa cómplice. Me encontré con el rechazo argumentado por François Wahl. Su texto, me escribía, es una mezcla heterogénea de una erudición a medias, y de tesis sin bases ciertas. Puede ser. Otro ejemplar, dirigido a Gallimard, me permitió tener una larga charla con Pierre Nora. Este último me confesó su confusión. "Este texto debe ser publicado —me dijo Nora— pero no tiene lugar en mis colecciones." Lo derivó a Pontalis, quien a su vez me ofreció un discurso parecido: hay que publicar este libro, pero no en mi editorial. Mi frustración estaba por lo menos atenuada por la cortesía de mis interlocutores.

Fue finalmente A.D., mi buena estrella, la que puso término al derrotero de mi texto. Había encontrado una joven editora, Françoise Cibiel, que había empezado a trabajar recientemente en la sección literatura de Hachette. Ella manifestó su interés por mi trabajo, y aceptó publicar mi libro "desembarazado" de su estilo de tesis. Propuse conservar el título de mi tesis, pero éste no era del agrado de los editores.

—¿Qué se propone demostrar en este texto? —me preguntó Gassiot-Talabot—.

—Deseo ante todo presentar documentos.

—Pero estos documentos significan algo efectivamente, de lo contrario ¿por qué haberlos juntado?

Este hombre tenía toda la razón del mundo. Me inducía a superar ciertas inhibiciones, y sobre todo mi temor a caer en lo ridículo en la escena analítica.

—Digamos que Freud, en ciertos aspectos, aparece como un heredero, pero un heredero hereje, de los maestros del judaísmo, su hijo ilegítimo.

—Bueno, hemos encontrado el título: *El hijo ilegítimo*, con un subtítulo más explícito, como por ejemplo *Fuentes talmúdicas del psicoanálisis*.

La propuesta no me seducía pero no tenía otra mejor. Fue con este título entonces que mi libro hizo su ingreso en la escena de la teoría freudiana. Y yo con él, hijo ilegítimo del psicoanálisis, hereje también.

Mis visitas a Hachette tuvieron otra consecuencia importante. En efecto, conocí al historiador Laurent Theis que acababa de crear una revista, *H Histoire*, y deseaba dedicar el próximo ejemplar a los judíos de Francia. Me propuso participar, dejándome carta blanca respecto a la elección del tema. La propuesta me resultaba atractiva, pero al mismo tiempo me causaba cierta incomodidad. Ya estaba sobrecargado de trabajo con mis estudios de psiquiatría, mi trabajo en el hospital, la redacción de *El hijo ilegítimo*, mis pacientes, cuyo número aumentaba. Por otro lado, no tenía la más mínima idea del tema que podría tratar. De repente, como me sucedía a veces, se impuso a mi mente una idea que no admitía discusiones, urgente, necesaria. Elegiría el tema de la extraña historia, tan poco conocida por el público francés, de Aimé Pallière, este seminarista de la ciudad de Lyon, que quiso convertirse al judaísmo a principio de siglo, y de larelación con su maestro, el rabino de Livorno Elie Benamozegh. Propuse como título del artículo: "Aimé Pallière y la verdadera religión." Este título encerraba varias alusiones y una fuerte carga emocional. En la nebulosa de mi adolescencia, luego de mi rebelión contra los esquemas familiares, insoportables y debilitantes, una rebelión que me dejaba solo en un campo raso, sin referencias, en aquella época una lectura me había permitido recuperarme por un tiempo. Las huellas profundas de esta historia nunca se habían borrado. Se trataba del *Santuario desconocido*, autobiografía de Aimé Pallière. El título mismo de la obra, sin que yo lo supiera, tenía cierta resonancia compartida con mi fantasma del velo del Santuario.

En su búsqueda dolorosa e incomprendida del judaísmo, búsqueda en realidad del padre, Pallière encontró a Benamozegh. Hubo entre los dos un intercambio epistolar, y un solo encuentro en Livorno. Este encuentro fue suficiente para sellar el destino del seminarista. Desde el vamos, Benamozegh lo hizo a Pallière, que apenas conocía, su heredero espiritual, y le otorgó a través de un testamento la edición de su *opus magnum*, un voluminoso borrador de mil hojas, que aparecerá bajo el título *Israel y la humanidad*. Benamozegh quiso que Pallière fuese su representante en el mundo cristiano, y quiso empezar con él una obra de reconciliación entre cristianos y judíos, obra que dará sus frutos solamente un siglo más tarde.

Sin embargo, el accionar de Pallière iba a evolucionar en una dirección sorpresiva. No militaría tanto en el mundo cristiano sino que iba a tener una militancia importante en el interior del mundo judío francés, cuyo judaísmo era profundamente descolorido. Él, el proselitista, nunca se cansará de alabar las bellezas del judaísmo, de los textos de los profetas, de la lengua hebrea que él dominaba.

A pesar de que no se convirtió formalmente al judaísmo —aconsejado por Benamozegh— Pallière ejercitará durante varios años la función de rabino en la sinagoga liberal de la calle Copérnico. Pero su mensaje fue recibido fríamente por el mundo judío francés. "¿Usted quiere que volvamos al ghetto?", fue el reproche que se le endilgó. Frustrado, lleno de amargura, conmovido por los horrores de la Segunda Guerra Mundial, Pallière volverá a su cristianismo de origen, y terminará su existencia en un monasterio del sur de Francia, mientras practicaba los principales ritos del judaísmo.

Leyendo este testimonio, descubrí que el judaísmo podía ser portador de otro fervor que el de los ritos llevados a cabo con disgusto.

Algunos meses antes de que Laurent Theis me propusiera escribir en su revista, tuvo lugar una memorable presentación de enfermos en Sainte-Anne, a la que ya me referí antes, la presentación de este joven concebido en un campo de concentración y a quien sus padres habían ocultado su origen judío. La lectura del libro de Benamozegh, conocido por unos pocos iniciados, le había permitido organizar su delirio y otorgar un contenido a su psicosis. Para mí, el descubrimiento fue sobre todo el hecho de que Lacan conocía este libro, y que éste había tenido alguna influencia en su derrotero intelectual.

La propuesta de Theis provocó la cristalización de esta corriente de recuerdos. El título mismo de mi artículo: "*El caso* Aimé Pallière" contenía también otra resonancia, remitía a la famosa paciente de la tesis de Lacan, *El caso Aimée*. En efecto, acariciaba la suposición siguiente: ¿quizá Lacan había otorgado este seudónimo a su paciente Marguerite Anzieu en homenaje a Aimé Pallière? Theis aceptó mi proyecto, pero le cambió el título.

La redacción de este artículo fue para mí una apuesta de gran importancia, y le dediqué todas mis energías. Leía todo lo que Pallière había escrito, pasaba días enteros en la Biblioteca nacional, pedía prestado todo aquello que quedaba de los archivos, en muy mal estado, del templo de la calle Copérnico, en el cual la historia de Pallière ya no despertaba el interés de nadie. Compré a un precio muy elevado en una librería la edición original de *Israel y la Humanidad*, dos veces más importante que la edición abreviada que había sido reeditada desde aquel entonces.

Lacan seguía mi investigación con mucho interés. En semejantes momentos de extrema pasión —conocí algunos en mi existencia— yo me transformo en monomaníaco y agobio a mi familia a cualquier interlocutor que encuentre, con mi obsesión del momento. Tanto que A. se quejaba en sus sesión:

—Mi marido me harta con su Benamozegh y su Pallière.

Para su sorpresa, Lacan la interrumpió con un tono de reproche:

—Lo que su marido está haciendo es muy importante.

A. me transmitió las palabras de Lacan, que me reconfortaron. El resultado quizá no haya estado a la altura de las energías investidas. Aquel tiempo era el tiempo de mis reencuentros confusos con el judaísmo, y la exaltación siempre perjudica a la escritura. Retomé la redacción de este texto quince años más tarde, y me esforcé en borrar las fallas más evidentes del mismo.

El nombre, el mismo significante *Pallière*, llevaba una parte de mi neurosis, de mi estructura. Pallière había elegido como seudónimo de periodista el nombre de *Loetmol*, traducción al hebreo de "no ayer" [*pas hier*]. Este juego de palabras entraba evidentemente en resonancia con este rasgo de mi estructura que se manifestaría en mi vida amorosa como síndrome de Solal.

Tenía cita con Lacan el martes siguiente al lunes de Pascuas, día en el que Lacan no atendía. Le hice un resumen de la evolución de mi artículo sobre Pallière. Me estaba yendo después de haberle pagado la sesión cuando Lacan me detuvo:

—¡Usted me debe la sesión de ayer!

—Pero ayer…

—Ayer lo esperé y no vino.

—Pero no nos teníamos que encontrar, era día feriado…

—¡Usted me la pagará! —concluyó, y entrechocando sus dientes bajo el efecto de la bronca, me echó literalmente del consultorio.

Le pregunté a Gloria: ¿el doctor había atendido ayer a algún paciente? No, no se había movido de su casa de campo, en Guitrancourt.

Me llevó un tiempo comprender el sentido de esta intervención, más bien escandalosa: no ayer [*pas hier*], Pallière, no estuve ayer [*pas là hier*], esa cita no advenida de mi destino que me había proyectado en la neurosis. Lacan acababa de hundir en ella un doloroso escalpelo, dolor que se transformó en risa: el chiste y su relación con el inconsciente.

Las ediciones Hachette despertarían en mí una nueva esperanza. Françoise Cibiel me habló de su proyecto de crear una colección de libros de psicoanálisis, y pensó en confiarme su coordinación. Esta propuesta movilizó en mí la ambición, hasta ahora desconocida, de ser un editor. Esto se explicaba por mi vínculo particular con los libros, con su producción, el poder que otorgaba la función de editor. Pero semejante función, en una editorial tan importante, no podía ser desempeñada más que por una de las figuras de la escuela; yo estaba dispuesto a desempeñar un rol más modesto.

—Me gustaría mucho *apoyar* esta colección... —digo en sesión.

—¿Cómo?

Lacan tenía esta voz colérica fingida, una de las armas favoritas y habituales de su mayéutica. Capté inmediatamente el sentido.

—...¡que yo voy a *dirigir*!

—¡Eso es!

La bronca se transformó inmediatamente en sonrisa, con la satisfacción que experimenta cualquier analista digno de llamarse así cuando logra levantar una inhibición de su paciente. Ese día tuve el privilegio de recibir el apretón de manos efusivo, esos que sucedían a largos períodos de indiferencia, incluso de hostilidad. El efecto de estas manifestaciones de mal humor, fingido o verdadero, era inmediato. Yo debía poner en tela de juicio mi posición, mis adherencias imaginarias. Pero esta tensión, que a veces se acercaba al terror, evidentemente no se podía soportar mucho tiempo. Luego de tres o cuatro sesiones que se parecían a desplantes, tenía derecho al apretón de manos apaciguador y reconfortante.

—Yo mismo dirigiré la colección —dije a Françoise Cibiel—.

Aceptó y me pidió que le preparara un proyecto. Lo hice. Lamentablemente, el asunto no prosperó.

Mi retorno al hebreo, al *Talmud*, había llamado la atención de algunos colegas judíos en busca de su identidad. Una colega, Perla D., quiso organizar un grupo de estudios de los textos hebraicos. Entre los participantes se encontraba Jean-François Steiner, autor de *Treblinka*. Este grupo demasiado heterogéneo no funcionó mucho tiempo, pero permitió que yo me vinculara amistosamente con Steiner, cuyo libro no había leído todavía. Esta amistad naciente me dio la oportunidad.

La lectura de *Treblinka* me conmovió mucho. Me hundí, durante toda la travesía del texto, en una desesperanza absoluta. Toda una parte reprimida de mí volvía a perseguirme: la *Shoah*, el genocidio judío, causa de esta angustia sin fin, de esta tristeza infinita que estaba en mí desde mi infancia, y que había olvidado conjuntamente con el judaísmo. Algunos se imaginan que los judíos del Maghreb, por no haber sido alcanzados directamente por esta tragedia, serían un poco insensibles a ella. Mi experiencia personal, y luego mis observaciones en la práctica clínica, me demostraron ampliamente la falsedad de esta suposición. Incluso más allá de los judíos, mi actividad de psicoanalista me ha permitido observar en varias oportunidades de qué manera la barbarie del genocidio imponía su marca a toda la subjetividad moderna. (Quizá algún día tendré la fuerza de demostrarlo.) La imagen de esta mujer árabe argelina, medica exiliada, que hizo el viaje a Auschwitz organizado por el Movimiento Judío Liberal del que yo participaba, es para mí inolvidable. Recuerdo su rostro hermoso inundado de lágrimas mientras recorríamos las alamedas de Birkenau, mezclando quizá en su desesperanza el martirio judío con el martirio de su pueblo, el de todos los pueblos. ¿Cómo podría yo adherir alguna vez a esos odios étnicos cuidadosamente fomentados, Moloch moderno a quien sacrificamos nuestros hijos?

Lacan me acompañó con su escucha atenta en esta travesía del horror. Estaba allí parado a mi lado, interesado, suspirando angustiosamente, acompañando mis llantos con esta simple puntuación: "Eso es, eso es", decía.

Recuperé cierta compostura luego de varias semanas, pero conservé una marca indeleble de esta confrontación con el genocidio. La *Shoah* no formaba parte todavía de esa falsa moda que se impuso más adelante. Aquel momento que atravesé resultó ser muy valioso en el futuro. Me permitió detectar en el discurso de mis pacientes, hijos, nietos, parejas de deportados, pero también simples sujetos sin vínculo biográfico y familiar con la deportación, hasta qué punto este mal era profundo y esencial para comprender el mal existencial del hombre moderno, y para elaborar una práctica clínica actual. Por otro lado, la explotación perversa del genocidio se convierte, a su vez, en un factor patógeno.

Bajo la presión de un colega, supuestamente con gran experiencia, y que negaba la importancia patológica de la *Shoah*, establecí un día una grosera estadística de pacientes en los que esta cuestión constituía el núcleo de su síntoma. Encontré, con gran regularidad, la proporción considerable de un tercio.

Desde hacía un tiempo, la duración de mis sesiones, de por sí muy corta, se había reducido aún más. Apenas podía decir tres o cuatro palabras. A veces la sesión estaba levantada antes de que yo abriera la boca, a través de uno de esos "hasta mañana" que no me dejaban ninguna opción. Yo había observado antes que Lacan utilizaba esta técnica en momentos excepcionales, cuando quería quebrar una ola de angustia excesiva, un momento de depresión, o cuando percibía algún ocultamiento, por ejemplo cuando yo intentaba esconderle algún episodio de mi vida amorosa. Estas interrupciones brutales actuaban entonces como una corriente eléctrica administrada. Pero ahora se habían transformado en la regla habitual. ¿Por qué motivo? En ningún momento sospeché que esta conducta estuviera vinculada con mi pase, frente al cual, yo creía, Lacan era indiferente. Descubrí meses más tarde hasta qué punto mi proceso del *pase* le interesaba, y la importancia que otorgaba a mi testimonio sobre este fenómeno que había visto desplegarse en su presencia: *la importancia de lo religioso en el inconsciente*, y más precisamente aún, la importancia del judaísmo como lugar de nacimiento y de conservación del monoteísmo.

A través de la brutalidad de sus cortes, Lacan deseaba acelerar el procedimiento de mi *pase*. Pero yo estaba ciego frente a todos estos desafíos, que encaraba con mi ingenuidad habitual. Recuerdo perfectamente una serie de sesiones, muy significativas de este período.

Comienzo de sesión:

—Al cortarme la palabra, usted quiere…

—¡Eso es! —final de sesión.

Comienzo de sesión:

—Que mi análisis debe concluirse.

—¡Esto es! —final de sesión.

Comienzo de sesión:

—Fijemos una fecha para la conclusión.

¡De acuerdo! —(estábamos en el mes de marzo) final de sesión.

Comienzo de sesión:

—Le propongo que concluyamos en las próximas vacaciones de verano.

—¡De acuerdo! —final de sesión.

¿Pero por qué Lacan me echaba de esa manera? Mi posición en la Escuela se hacía cada vez más incómoda, y yo tenía que enfrentar una antipatía manifiesta. Antipatía por parte de la corriente cristiana cada vez más poderosa, así como Dolto la desplegó abiertamente; antipatía de los psicoanalistas judíos, como Melman, en el contexto de la más pura tradición freudiana, para la cual la cuestión judía era de mal gusto; antipatía de la corriente anarquista atea con Clavreul a la cabeza, para quien yo era un delirante entre tantos otros. ¿Cuál era, pues, la posición de Lacan en esta lucha de corrientes en donde la ambición personal ocupaba un lugar importante? Era imposible saberlo. Sin embargo, yo había terminado por extrapolar a su persona la hostilidad para conmigo. Lacan necesariamente tenía que condenar mis elucubraciones freudo-religiosas. Decidí conocer de una buena vez su opinión.

—Usted quiere que me vaya para no avalar más mis tonterías.

—Es exactamente por esto —final de sesión.

—¿Pero puede ser otro el motivo?

—No veo ningún otro —final de sesión.

Después de tantos años de análisis, me resultaba cómica la violencia aparente de sus respuestas, golpes de hacha que desanudaban sin contemplación el increíble vínculo transferencial que me unía a él.

Habíamos, pues, fijado una fecha para la clausura de esta larga aventura. Yo era todavía médico interno del hospital de Meaux, mi tesis había sido presentada y estaba en curso de publicación, había llegado a la mitad del camino para conseguir mi diploma de psiquiatra. Esta perspectiva del próximo final de mi cura me brindaba un delicioso sentimiento de libertad. Mis recursos iban a aumentar considerablemente.

Durante los cuatro meses que me separaban del "final", me pareció que mi análisis avanzaba a pasos acelerados. El peso de la neurosis disminuía, mi estado anímico no experimentaba ya estos huecos depresivos que siempre me habían acompañado.

—¡Esto será más emotivo que los adioses de Fontainebleau! —me decía A. riéndose.

Habíamos llegado a la última semana de julio con su cuenta regresiva, y finalmente la última sesión.

—¿Cuándo lo vuelvo a ver? —preguntó Lacan, antes de que yo pudiera terminar la frase que empezaba a articular.

Me quedé mudo durante algunos segundos. Era pues un falso final, otra maniobra más. No opuse ninguna objeción.

—¡Y bueno! En septiembre, como de costumbre.

Desde Freud y su famoso paciente *el hombre de los lobos*, fijar un término al análisis para movilizar la energía del paciente y quebrar sus resistencias se había vuelto un gran clásico del psicoanálisis. Sabemos que esta técnica resultó más bien catastrófica para este paciente. Lacan había pues introducido una variante original a la maniobra: un fin de cura engañoso. Ignoro si utilizó la misma maniobra con otros pacientes. ¿Quizás yo mismo la fomentaba con mis preguntas, en un momento en que Lacan, de su arsenal infinito de maniobras, había echado mano a este recurso: estar siempre de acuerdo con el discurso del paciente. "¡Eso es!" "¡Absolutamente!" "¡Pero sí!" "¡Tiene toda la razón!" Uno comenzaba a dudar de su posición, de su posición, de sus creencias.

Mi función de médico interno no me permitía más que cuatro semanas de vacaciones. Volví solo de Italia, y me encontré en mi departamento con mi única compañía, Manuela, una persona que venía algunas horas por semana para hacer la limpieza y abrir la puerta a mis pacientes.

Un tarde del mes de agosto, de regreso del hospital, Manuela me informó de un llamado telefónico. No recordaba el nombre del interlocutor. Pero había anotado correctamente su número de teléfono. Reconocí inmediatamente el número de teléfono de Lacan, y lo llamé.

—¿Dónde está, Haddad ?

—En mi casa, señor.

—¿Por qué no viene a verme?

—No sabía... No teníamos ninguna cita... Creí que estaba de vacaciones... ¿cuándo quiere que nos veamos?

Estaba balbuceando. Esta llamada, este reclamo me sorprendía. Además, yo estaba viviendo un momento extraño. Una disputa violenta entre mi padre y uno de mis hermanos, el fallecimiento de una de mis tías, la soledad, la canícula de agosto en París, me habían subsumido en un malestar desagradable.

—¡En seguida!

—Muy bien, ya voy a su consultorio.

¿Qué quería Lacan? ¿Por qué esta extraña invitación a la cual había que responder inmediatamente?

Mi fidelidad hacia Lacan estaba fuera de todo cuestionamiento. Había decidido aceptar sus directivas más insólitas. En estos últimos meses algo había cambiado en nuestra relación, pero también en su persona. Ya no era el hombre magnífico que yo había conocido al comienzo de mi análisis. Ya no daba, en su seminario, esas largas conferencias donde uno no sabía a quién admirar más, si al actor o al pensador genial. La edad lo había alcanzado. Gemía cuando subía la escalera que conducía a su consultorio. Su seminario, desde que él se había embarcado en la teoría de los nudos, no era más que largos silencios frente a esquemas que ya no lograba dibujar. Todo aquello me conmovía, y había transformado mi dependencia para con él en un sentimiento filial hacia un padre en el ocaso de su vida.

Llegué a la cale Lille en algunos minutos. La sala de espera estaba vacía, y pasé inmediatamente a su consultorio. Esperaba una sesión especial. No fue así, y me invitó como lo hacía habitualmente a recostarme en el diván. Hablé de la sensación de confusión que sentía. La sesión se prolongó durante algunos largos minutos.

—Lo sospechaba —concluyó Lacan.

Y agregó estas extrañas palabras:

—He vuelto de las vacaciones especialmente para usted. Estaba preocupado por usted... quiero decir por su análisis.

¿Qué significaba esa declaración? ¿Y esa invitación para retomar en forma urgente mis sesiones? Semejante preocupación por mi persona no podía aparecer sola. Había que equilibrar el efecto con alguna medida desagradable.

—Ya que estoy aquí especialmente por usted, usted me va a pagar el doble de lo habitual, es decir 400 francos. Lo veo nuevamente el miércoles que viene a la misma hora.

Lacan se veía contento. Cuando me iba, noté la presencia de otro paciente en la sala de espera. Si Lacan había interrumpido sus vacaciones por mí, yo compartía pues este privilegio con algunos otros pacientes.

La semana siguiente, a pesar de que pasé directamente a su consultorio, observé que la sala de espera estaba empezando a poblarse. Hubo una tercera sesión de este tipo, la última del mes de agosto. En esta oportunidad, el consultorio había recuperado su cantidad habitual de pacientes.

Lacan disfrazaba a menudo sus actos otorgándoles la apariencia de algo grotesco, fingiendo sobre todo la atracción por la ganancia. Este disfraz no resistía ningún examen profundo. ¿Qué necesidad tenía, a su edad, luego de haber logrado constituir una sólida posición económica, de estos pocos honorarios recogidos en el calor intenso del mes de agosto? En realidad, a pesar de que Lacan amaba mucho el dinero, no había en él ninguna rapacidad, y podía mostrarse sumamente generoso. Su secretaria Gloria me contaría, luego del fallecimiento de Lacan, esta anécdota. Gloria le pidió a Lacan un día autorización para faltar a la tarde. Él le preguntó la causa. "Estoy buscando casa", le contestó Gloria. La dueña del departamento donde vivía le había pedido que se fuera. Algunas horas más tarde, Lacan le informó que Sylvia, su mujer, le había encontrado un departamento.

—¡Pero nunca podré pagar un alquiler en esta zona!

—¿Quién habla de alquiler? Si el departamento le viene bien, se lo regalo.

He recogido otros testimonios conmovedores de la verdadera generosidad, discreta como corresponde, de Lacan, generosidad de la que yo mismodaré cuenta más adelante.

La razón de esta vuelta sorpresiva de las vacaciones era, pues, otra, y sin duda era trágica. Según mis averiguaciones, es en este período que Lacan descubrió el cáncer de colon que decidió no someter a ningún tratamiento, y que lo arrastraría a la muerte algunos años más tarde. J.A. Miller me daría este testimonio: a los familiares que le preguntaban por el motivo de su negativa a la intervención quirúrgica, Lacan contestó con esa insoportable sonrisa que exhibía oportunamente:

—Es mi capricho.

Sin embargo, debía terminar la tarea emprendida, o por lo menos intentarlo. Entre otras cuestiones, concluir algunos análisis pendientes, entre ellos el mío. Ésta es mi interpretación del extraño episodio veraniego.

Si mi cronología de los acontecimientos no falla, decidí algunas semanas más tarde terminar mis entrevistas con los pasadores. Ya no tenía nada más que agregar a lo que ya les había dicho. De ahora en más, le tocaba al jurado emitir su juicio respecto a mi testimonio.

Yo ignoraba cómo continuaba el procedimiento. Esta ignorancia duró poco, y fue interrumpida por un nuevo incidente. Estaba justamente en la sede de la Escuela cuando la secretaria me informó que Clavreul estaba intentando comunicarse conmigo urgentemente. Cuando volví a mi casa, A. a su vez me informó que Clavreul me pedía que lo llamara en cuanto antes. Cuando lo llamé, su secretaria me anunció que se habían extraviado los nombres y coordenadas de mis dos pasadores. Era una cosa muy extraña, ya que los nombres y coordenadas me habían sido suministrados por el mismo Clavreul, gran sacerdote de la ceremonia del pase. ¿Cómo podía haberlos extraviado? ¿Y cuál era el motivo de la urgencia? La respuesta se imponía por sí misma. El jurado de aprobación, encargado de examinar mi testimonio, estaba convocado para una fecha cercana. Mi dolorosa y tortuosa historia, la metamorfosis que el psicoanálisis había operado en mí, todo esto iba a ser expuesto en este concilio. Por motivos desconocidos esta noticia desencadenó en mí una emoción violenta. Un texto bíblico se impuso a mi mente, el libro de Job. Ciertos pasajes, que leí y releí con lágrimas irrefrenables, me parecieron describir mi destino de modo mucho más acertado que todas las palabras que yo había depositado en los de mis dos pasadores. Me vino a la mente la idea de llamarlos por teléfono, de agregar algo, un último toque a mi testimonio. Aceptaron. Pierre M. estuvo sumamente distante, Catherine M. muy cálida. Ella me confirmó que el jurado estaba convocado para pasado mañana, un día miércoles. Teóricamente yo debía ignorar esa información. Le supliqué que leyera, antes que la reunión tuviera lugar, los fragmentos del libro de Job que yo le indicaba. Mientras le hablaba, los sollozos me oprimían la garganta.

Esta emoción contradecía el valor que yo creía otorgar a mi iniciativa, el de un primer intento. Contaba con presentarme de nuevo al pase una vez finalizado mi análisis. De hecho, ser aprobado en el procedimiento del pase, convertirse en Analista de la Escuela (se decía A.E.), era obtener el bastón de mariscal, y yo recién estaba dando mis primeros pasos.

En los dos días que siguieron, mi emoción decayó, y yo ya no otorgaba importancia a ese fatídico miércoles por la noche, en el que se iba a debatir mi suerte. Llegué tranquilo a mi sesión del jueves, sin importarme la deliberación del día anterior, ya que la conclusión me era conocida de antemano. No era cuestión de molestar a Lacan por semejantes insignificancias. Si yo tenía que ser informado de los resultados, iba a ser seguramente por otra vía.

No guardé ningún recuerdo de las pocas palabras que dije ese día sobre el diván. Pero cuando me despedía, Lacan me detuvo. Se quedó sentado con ese rostro grave y cansado que era ahora su rostro habitual. Las palabras que me dirigió, sin embargo, quedaron grabadas en mi memoria de forma imborrable.

—El jurado de aprobación se reunió anoche para examinar su pase. Como usted mismo lo había percibido, su elaboración está imperfecta...

—Sí, lo sabía...

Pero Lacan me interrumpió, ya que lo esencial no radicaba allí, y agregó estas palabras:

'—Per *aun así está bien*. Sus pasadores tuvieron un desempeño notable.

Y luego llegó la frase más extraña:

—*Siga con los mismos*. Lo veo mañana.

¡Pues entonces "aun así está bien"! O sea que para Lacan yo había atravesado el famoso pase. Pero las últimas palabras me hundían en una gran perplejidad: *Siga con los mismos*. ¿Cuáles *mismos*? ¿La misma Escuela? Esto era evidente, ya que fuera de la misma no había pase. ¿El mismo analista? Por supuesto. Pero el pase se lleva a cabo no con el analista de quien se somete al proceso, sino con pasadores. El contenido del mensaje era seguramente el siguiente: con los mismos pasadores. Ahora bien, esta prolongación del pase no estaba prevista en el dispositivo que el mismo Lacan había inventado. Me preguntaba a qué complicaciones me empujaba Lacan.

De vuelta a mi casa, la actitud de A. me sorprendió:

—¿Entonces? —me dijo simplemente.

—No. No fui admitido.

Su rostro expresó la más profunda decepción. ¡Y yo que pensaba que todo el asunto le resultaba indiferente! Ella manifestaba más tristeza que yo frente a lo que parecía un fracaso. Le conté lo que me había dicho Lacan, y estas palabras adquirieron en este instante toda su dimensión.

Llamé por teléfono a algunos "amigos", colegas, tratando de entender con ellos las palabras de Lacan, este enigmático "siga con los mismos". Tuve que soportar entonces los discursos vacíos de moda en aquel entonces. Los discursos dominantes son por otro lado siempre huecos. Cambia únicamente su forma. El refrán era: "¡Te dice simplemente que tienes que seguir trabajando!" "Trabajar" es la palabra fetiche de quienes precisamente no hacen nada, o más bien dan vueltas en el vacío, desde un coloquio mortalmente aburrido a un grupo de trabajo estéril. El relieve de la palabra de Lacan se encontraba, pues, anulado.

También escuché otros rumores, menos placenteros. La deliberación del jurado, tal como el sumario en un juicio, era supuestamente confidencial y sin embargo hubo algunas infidencias. "H. —decían— se quedó adherido al padre ideal, H. es delirante." Esto me afectó profundamente, y conversé al respecto con Claude Conté, también miembro del jurado. Con su típica discreción me hizo partícipe de su propio abatimiento:

—Ocurren cosas extrañas en este ambiente psicoanalítico.

Con esta palabra "extrañas", Conté estaba pensando en lo oscuro de las relaciones entre colegas de la Escuela. Él mismo había estado interesado en mi testimonio, aunque no me ocultó que para él, contrariamente a Lacan, "no estaba bien". Guardó silencio respecto a la expresión "siga con los mismos".

Todos estos "miasmas" me provocaron tristeza, abatimiento. Decidí otorgarme un período de reflexión; más tarde vería. Así, en la sesión siguiente, creí haber concluido el asunto diciendo:

—Decidí dejar para más tarde...

Nuevamente, para mi gran sorpresa, pues Lacan se había vuelto cada vez más parco, me interrumpió inmediatamente:

—No es cuestión de dejar para más tarde. Hay que seguir inmediatamente...

El mandato no admitía réplica, era de esos a los que únicamente se puede únicamente contestar, parafraseando la expresión bíblica, con estas palabras: "aquí me tiene". Ya no era cuestión de evadirme frente a este llamado, que encubría, yo lo percibía confusamente, una apuesta de gran importancia.

Un amigo psicoanalista de otra corriente, Benno Rosenberg, me preguntará algunos años más tarde:

—¿Usted no cree que Lacan intervino demasiado en su análisis?

En otros términos, ¿acaso Lacan no había transgredido la santísima regla —vacía de contenido concreto— de la *neutralidad benévola*? Sin lugar a dudas. Sin su intervención, ¿habría yo emprendido la carrera de medicina que, entre otras cuestiones, me puso a resguardo de la dependencia del clientelismo, y aseguró mi libertad de pensamiento? ¿Se hubiera despertado mi interés por los textos hebreos? Sin mencionar el divorcio felizmente abortado y cuya necesidad parecía estar inscripta en los astros. Estas intervenciones, sabiamente repartidas a lo largo de los años darían por resultado un estilo, mi estilo. Siempre tuve una inclinación por la expresión clara, la sintaxis clásica, la frase breve, sujeto, verbo, atributo, en resumen lo opuesto al "estilo Lacan". Me contaron que un colega, interrogado sobre una conferencia que yo había dado, respondió: "H. es demasiado simplista." Es que en la Escuela todo el mundo imitaba a Lacan, priorizaba la confusión, daba los cursos con frases que imitaban supuestamente a Mallarmé. Yo mismo incurrí en esta tendencia y creí obrar como un psicoanalista y así complacer a Lacan; torcía mi sintaxis y enfatizaba mis enunciados. Fue el mismo Lacan quien muy rápidamente, a través de ese gruñido de oso colérico, puso brusco término a estas monerías. Soy simplista y permaneceré simplista. Por lo menos, seré unos de los pocos analistas de mi generación que produjo algunos conceptos nuevos que resisten al tiempo. Del mismo modo, Lacan supo interrumpir mis tendencias a adoptar la apariencia de los miembros de esas capillas de segundo orden, muy de moda en la Escuela: cabello largo *cool* post Mayo Francés, o bien moño y cigarro curvo. Todas estas intervenciones de Lacan me remitían a mi propio estilo, más bien gris y sin muchos artificios. Él me ayudó a superar los efectos de identificación que se desarrollan en todas las instituciones. Contesté, pues, al amigo Rosenberg que experimentaba mucha gratitud por esas intervenciones que ejercían una especie de contrapeso a los efectos grupales.

Así cuando Lacan me invitó a proseguir sin demora el procedimiento institucional del *pase*, esta indicación se inscribía dentro de las maniobras que tenían que poner un final a mi cura, y no era cuestión de evadirme. No había escapatoria a esta *experiencia total* que era la cura con Lacan, salvo su desenlace. Otros pacientes han testimoniado lo mismo.

Llamé, pues, a mis dos pasadores y les conté las palabras de Lacan. Mi modo de proceder los incomodó mucho. Iban a reflexionar, me contestaron, o sea consultar la pequeña red en la cual estaban atrapados, y sobre todo pedir consejo a Clavreul, en la función de cancerbero que él mismo se había atribuido. Pasaron las semanas. Finalmente, Catherine M. me llamó para informarme de su negativa a seguir con el proceso. Fui notificado. El otro pasador tuvo una reacción mucho más extraña. Ya que no me contestaba, finalmente lo llamé yo. Me contestó con este tono distante que se atribuye a un analista digno de este nombre:

—Lo que usted necesita es un analista. Pienso que es esto lo que me está pidiendo.

Demoré unos instantes para descifrar estas palabras incoherentes. Lo que este buen hombre había "escuchado" era que yo le pedía a él, precisamente a él, un análisis.

—Pero ya estoy en análisis, con Lacan.

Mi interlocutor seguía insistiendo. Entendí que los dos "notables pasadores" se habían extralimitado en sus funciones.

Por lo tanto, de ahora en más estaba sin pasadores ya que "los mismos" se declaraban fuera del juego. Me quedaba una sola opción: ver nuevamente a Clavreul y extraer los nombres de otros dos pasadores. Conseguí pues una cita.

El recibimiento de Clavreul fue sumamente distante. Una vez más, durante toda la entrevista, sentado en su sillón, atizaba las cenizas en el hogar de su chimenea. Ni siquiera una sola vez tuve el privilegio de una mirada, un fragmento mínimo de diálogo. Cuando le comenté las palabras de Lacan, obtuve la siguiente respuesta:

—¡A Lacan se le hace decir lo que uno quiere!

Esta afirmación me incluía evidentemente. En otros términos más precisos, yo era un confabulador o un mentiroso.

—Usted sabe —le dije—, que esta iniciativa me resulta dificultosa, y hubiera preferido evitarla. Sin embargo, deseo conseguir dos nuevos pasadores.

—Me niego.

¿Por qué este rechazo? Clavreul, en definitiva, era apenas el administrador del procedimiento. Entonces pronunció estas palabras que provocaron en mí una inmensa ola de asco y de desprecio:

—Porque usted nunca estuvo en el pase, usted no está en el pase...

—Lo admito.

—...nunca estará en el pase.

Estaba condenado, en pocas palabras, a la eternidad del infierno, a la alienación irremisible. "Nunca estará en el pase" significaba, en nuestro idioma, que nunca sería un verdadero analista. Era el mayor destierro. Nunca habíamos tenido un enfrentamiento personal. No entendía, pues, la violencia del ataque, la carga de odio, cuya fuente prefería ignorar.

Tuve que comentar el incidente en mi sesión. Lacan suspiró, se quedó en silencio. Llegado a la puerta del consultorio, me di vuelta hacia él, que había permanecido sentado en su sillón, y salieron de mis labios las siguientes palabras, palabras de verdad surgidas como ocurría a menudo en presencia de Lacan:

—¿Qué voy a hacer con esta historia de Clavreul?

Ahora no se trataba del pase, ni de psicoanálisis, sino de un pequeño y oscuro manipulador con sus juegos de poder.

—Y bueno —contestó Lacan retomando mis palabras—, esta historia de Clavreul dela por concluida.

Una vez más, Lacan desacreditaba en mi presencia a uno de sus más fieles lugartenientes. No podía adivinar que detrás de estas palabras estaba sellado el destino de la misma Escuela. La decisión de disolver la proliferación de pequeños clanes rivales en que se había convertido la Escuela seguramente ya había sido tomada.

Algunos días más tarde, en enero de 1978, tuvo lugar en Deauville un congreso sobre el pase. La ciudad, como las mentes, estaba cubierta por una espesa neblina. Se escucharon largos discursos que tuvieron el destino de las hojas muertas. Dolto pensó recargar las energías desfallecientes declarándose ella misma dispuesta a someterse al pase, e invitó a los analistas experimentados como ella a seguir su ejemplo. Lacan le replicó que el testimonio de los analistas de mucha experiencia no le interesaba. Lo que él había anhelado era el testimonio de analistas debutantes, "para saber lo que puede aparecer en la mente de alguien que se autoriza a ser analista. Quise obtener testimonios, evidentemente no he conseguido ninguno... No cabe duda de que el pase es un fracaso total..."[17]

Lacan me pareció ese día particularmente abatido. Me encontré con él algunos instantes más tarde, en el hall del hotel, donde se habían juntado todos los congresistas, un sombrero de piel mal colocado en la cabeza. Gérard Miller estaba muy atento a lo que Lacan necesitaba. Le cedía su propio pasaje de avión a París. El querido anciano me pareció totalmente envejecido; la enfermedad que arrastraría a la muerte cumplía a pasos agigantados su obra mortífera.

17. Boletín interno de la Escuela Freudiana de París, núm. 23.

"Todos al asilo"

Cuando fui por primera vez al número 5 de la calle Lille, en otoño de 1969, Lacan, con casi setenta años, a pesar de su cabellera ya totalmente blanca, no estaba para nada envejecido. Yo estaba impresionado por su energía, su voz aplomada, su modo de caminar. Recibía a sus primeros pacientes muy temprano —tuve citas a las ocho de la mañana y no era el primero en llegar— y cerraba su consultorio después de las ocho de la noche. El momento del almuerzo era breve, ya que a partir de la una de la tarde éramos varios sentados en la sala de espera. En cuanto a las vacaciones, con la excepción del mes de agosto, de una semana en Navidad y en Pascuas, de algunos días en el mes de febrero, estaba siempre allí, presente en su querido consultorio de la calle Lille. Contrariamente a muchos analistas, su profesión no parecía agotarlo, y quizá el uso de las sesiones breves lo ayudaba a sostener la situación. Semejante modo de vida y de funcionamiento era el testimonio de que, si amaba el dinero, éste, evidentemente, no era su motivación principal.

Más adelante, fui admitido a lo que él llamaba su seminario, aunque, la mayoría de las veces, se reducía a un puro monólogo. Durante una hora y media, parado, con sus cóleras y sus bufonerías, su arte consumado del espectáculo, magnetizaba a su público, el que por nada del mundo hubiera faltado a esa extraña preformance que habría agotado a más de un joven orador.

En su presentación de enfermos, yo asistía a otra demostración de energía, que duraba también más de una hora. Allí, en una increíble simbiosis con el discurso del enfermo, Lacan desplegaba la historia de éste, el delirio, y le atribuía al desgraciado una suerte de genialidad, de profundidad metafísica que conmovía hasta el fondo del alma al auditorio sumamente atento.

Una vez terminado el ejercicio, el del seminario o la presentación de enfermos, Lacan se apresuraba en llegar a su consultorio, donde ya lo esperaban numerosos pacientes, que provenían en algunos casos de Italia, de España, o incluso de países más lejanos. Entonces su almuerzo se reducía a un solo plato que comía delante de sus primeros interlocutores. Recuerdo el bife tártaro que comía mientras me hablaba. Si no tengo presente el tema de la sesión de aquel día, recuerdo, por alguna misteriosa razón, el olor a cebolla que acompañaba su palabra. Ningún paciente, en los escasos minutos que le eran otorgados, lo había encontrado ausente, distraído, "en otra cosa", sino, por lo contrario, con una increíble presencia. Ese fue el asombroso fenómeno humano que presencié durante más de diez años.

Sin embargo, de modo imperceptible, Lacan envejecía, su paso se volvía vacilante, yo escuchaba los profundos suspiros que emitía mientras subía la escalera que lo llevaba al consultorio, pero no me detenía en estas señales, y atribuía estas dificultades a malestares pasajeros o fingidos. Para mí, Lacan era eterno así como más adelante creí eterno este otro fenómeno que marcó mi pensamiento y mi existencia, Yeshayahou Leibowitz.

Sin embargo, poco a poco, había que rendirse frente a la evidencia. El deterioro fue evidente en su seminario cuando su interés por la teoría de los nudos ocupó lo esencial de su discurso. Éste pronto se transformaría en largos silencios, mientras que Lacan daba la espalda a su público, esforzándose en trazar en grandes hojas blancas los entrecruzamientos de líneas, cuyo alcance era difícil comprender. Las cosas se complicaban cada vez más, y el seminario se convertía en un diálogo esotérico con dos jóvenes matemáticos, Michel Soury, que se suicidó poco tiempo antes de la muerte de Lacan, y Thomé.

El último seminario en el cual Lacan pudo articular un discurso más o menos coherente fue el seminario dedicado a Joyce, *Le sinthôme*. ¿De qué manera paliar la psicosis en un espacio psíquico donde la metáfora paterna está ausente? A través de la prótesis del yo, o sea logrando hacerse un nombre. Esa fue la nueva tesis, o la confesión del fracaso que puso de manifiesto en este seminario. Sin Nombre-del-Padre, declaró Lacan algún día, vamos hacia un mundo concentracionario, cuyo precursores fueron los nazis. El padre moderno había adoptado esa figura ilustrada por Claudel como *padre humillado*. Pero ya no habrá padre. Así fue, a mi criterio, la visión trágica que ocupó su pensamiento al final de su vida, y que un día resumió en su presentación de enfermos con este "todos al asilo" ya mencionado, que fue acompañado por una risa terrorífica.

Una de las grandes ambiciones de los psicoanalistas en aquellos años —pero la cosa permanecía confusa como todo aquello que emprendíamos— era encontrar un tratamiento para la psicosis. Freud, y luego Lacan, habían insistido en la inadecuación de la cura psicoanalítica para este fin. Lacan había puntualizado la falla que por el momento convertía en estériles y hasta nefastos semejantes intentos: la no inscripción del símbolo paterno en la estructura. ¿De qué manera prescindir del padre, ese padre tan odiado como símbolo por parte de toda nuestra civilización moderna, científica? Ahora bien, nada importante ha sido producido en la cultura sino *en nombre* de este padre simbólico.

¿Acaso Lacan había buscado por el lado de su objeto *a*, objeto pulsional en tanto ausente, y luego por el lado de su teoría de nudos, un refreno a esa carencia cada vez más acentuada? Puede ser. Puede ser también, y es lo que yo creo, que el final de su vida estuviese marcado por la lúcida constatación del fracaso de su intento. En el curso de una sesión, cuando yo acababa de pronunciar los nombres "cuestión paterna", me interrumpió con un suspiro:

—¡Todo está allí!

Escuché allí la confesión definitiva de un fracaso, el fracaso del intento de superar la cuestión del Edipo en calidad de basamento del dispositivo analítico. El psicoanálisis sin el Edipo no es otra cosa que un puro delirio. En esta afirmación había una profunda tragedia, que un día me enunció con estas palabras "usted está jodido", pasajero de un inmenso *Titanic* en el cual la orquesta sigue tocando mientras el iceberg ya desgarró su proa. Si Lacan tuvo un interés particular en mi cura, por lo menos así lo creo yo, más allá de la simpatía que puede acercar a dos seres humanos, es porque yo, sin saberlo, le proveía de esta materia judía, que él interrogaba desde hacía tantos años de una manera solapada; porque Lacan se había dado cuenta a partir de sus primeros escritos sobre la familia, que allí, a lo largo de una filtración de siglos, había cristalizado finalmente el operador paterno.

Después del seminario *Le sinthôme*, la palabra de Lacan se hizo cada vez más infrecuente, y luego dejó su lugar a un penoso silencio que se prolongaba durante toda la duración de la hora de seminario. Incluso a veces, luego de esta meditación fúnebre, Lacan rompía las grandes hojas sobre las cuales había fracasado en dibujar no sé qué esquema del nudo.

La moda Lacan empezaba a deteriorarse, y el público era escaso. Me parecía curioso que después de tantas declaraciones de amor, se abandonara al hombre viejo en dificultades. De todas maneras, Lacan seguía yendo a su presentación de enfermos del día viernes, que mantenía a pesar de todo. Pero los largos y apasionantes diálogos se habían reducido a tal punto, que entonces eran simples entrevistas con silencios de Lacan cada vez más largos y penosos.

Corrió el rumor de que Lacan era afásico, que padecía un tumor en el cerebro. Pero yo no daba ningún crédito a estos insistentes rumores. Yo veía en estos diálogos mudos con lo que Lacan llamaba sus "hilos redondos", que fueron los últimos objetos que despertaron su interés, la expresión de una auténtica tragedia intelectual, un mensaje mudo que había que descifrar.

Lacan podía haberse retirado varios años atrás, rodeado por su prestigio y el afecto casi religioso de sus alumnos. No lo había querido de esta manera, prefiriendo oscurecer su imagen, a la cual, a pesar de las apariencias, no daba mucha importancia. Deseaba mantenerse allí, en calidad de teórico y de practicante, en calidad de clínico, hasta el límite extremo de sus fuerzas, al servicio de esta disciplina, el psicoanálisis, que sin duda lo había vuelto más adinerado, como los espíritus mediocres se complacían en recalcar, pero que fue para él un verdadero sacerdocio.

Incluso sus pacientes eran menos numerosos. Algunos alumnos preferían poner fin a su cura antes que ver la decrepitud de su antiguo ídolo. Esto provocaba en él violentas cóleras, que expresaba a través de actos; golpes de puño que atestaba sobre las espaldas del desertor. ¿Esto era acaso la expresión de su senilidad, o bien la puesta en escena de esa práctica zen cuyo interés él había subrayado tiempo atrás, o sea el golpe con el bastón que el maestro usaba en contra de algún alumno cuya mente se escabullía?

Por mi parte, había tomado mi decisión tiempo atrás, inspirado por esos textos de Platón que quería tanto: acompañaría a mi maestro hasta el final. Además, me parecía que mi análisis en este último período avanzaba a pasos agigantados. Mi vida en todos los órdenes experimentaba una primavera tan tardía como inesperada. Vivía y trabajaba en un departamento grande y confortable, a dos cuadras del Trocadero, bien decorado, sin gastos excesivos gracias a la amistad de una decoradora encontrada algunos meses antes.

Mis hijos habían cumplido con su *bar mitzva*, este acontecimiento que desencadenó mi retorno al judaísmo, que no fue una simple especulación sino una inscripción en lo real de mi vida. Mi interés por el hebreo, por el *Talmud*, no había decrecido con el final de mi tesis. Por el contrario. Todos los domingos a la mañana, asistía al curso del *Talmud* en la sinagoga de la calle Montevideo. Volví a estudiar hebreo. Había adquirido elementos de esta lengua en los movimientos de jóvenes sionistas, durante la secundaria en la escuela de la Alianza Israelita. Todo aquello era muy lejano, cubierto por una espesa capa de olvido. Y este saber olvidado reaparecía en la superficie. Siempre me gustó el hebreo, su extraña vibración, las inflexiones de su frase, y más tarde me apasionaría por vida del hombre que lo resucitó como lengua viva, Eliécer Ben Yehouda.

Este fervor, que no se detenía, creyó encontrar su exutorio natural en el nacionalismo judío, el sionismo, del que me hacía una representación ideal. Me harían falta años y una experiencia directa y vivenciada, para extirpar esta ilusión al punto de execrar la mayoría de sus expresiones. Temporalmente, me entusiasmaba por Israel. Iba frecuentemente durante las vacaciones, y las semanas que pasaba allí me causaban una felicidad verdadera. Cuando debía tomar el avión a París, una penosa tristeza me invadía. El imperioso deseo de vivir algún día en Israel empezaba a emerger en mí.

Durante el verano de 1978 hice un magnífico viaje al desierto del Sinaï, una excursión caminando, un *trek*, en las montañas que rodean el monasterio de Santa Catarina. Dormir al aire libre, bajo de las extraordinarias constelaciones del cielo del desierto; comer sobre una roca un pedazo de pan hecho por los beduinos, preparado en el momento, y acompañado por aceitunas negras; descubrir de pronto una fuente de agua fresca; bañarse cerca de los maravillosos corales del Mar Rojo; A. y yo vivimos así diez días de gran felicidad y de hermosa amistad, en compañía de un grupo de acompañantes israelíes, amantes del desierto. ¿Cómo olvidar que en este lugar se había producido el extraordinario acontecimiento registrado en un pliego secreto de mi alma, la revelación de la ley, ¿esa ley que está en el corazón de la enseñanza de Lacan?

Ahora bien, este concepto de Ley, tan repetido por los psicoanalistas lacanianos, pero vaciado de todo contenido concreto, resultaba ser más engorroso que esclarecedor. ¿Qué hacer con él? El discurso habitual de los adeptos de Freud estipulaba que un analista tenía que ser ateo. Pero la Escuela de Lacan tenía entre sus miembros a monjes jesuitas, a adeptos al catolicismo de Dolto y una buena cantidad de antiguos curas. ¿Y qué hacía el judaísmo en este contexto? Esta ambivalencia del discurso, esta posición obsesiva colectiva terminaría con la Escuela.

Yo mismo sufría este paralizante y neurótico dilema. Ya tenía una práctica consistente del judaísmo, frecuentaba la sinagoga, ayunaba en *Yom Kipur*, comía el pan ácimo en *Pessah*, no consumían especies prohibidas ni la mezcla leche-carne. Sin embargo, no me reconocía como creyente. Entonces, ¿por qué me imponía ese respeto al rito? Mi análisis me dejará hasta el final en esta incómoda posición (aunque cómoda, hay que reconocerlo, en otros aspectos). Solamente más adelante, con el descubrimiento de la teología de Maimónides, y el encuentro con el maravilloso Leibowitz, daría un paso adelante y encontraría una flexible coherencia en mi búsqueda desordenada de la verdad. La búsqueda de Dios, incluyendo la representación fantasmática de mi mirada depositada en el velo del Santuario, ¿acaso no era, conjuntamente con la del sexo, la gran cuestión de mi vida?

Éste era el testimonio que el jurado de aprobación de la Escuela no quiso ni supo escuchar. Lacan me incitaba a alzar la voz, a perforar la sordera de la horda que él mismo había procreado.

En el mes de diciembre de 1979, en la sesión del seminario que precedía a las vacaciones de Navidad, estaba sentado al lado de Eric Porge. Lacan dibujó en el pizarrón dos nudos borromeos muy sencillos, cada uno formado por tres círculos de soga fina intricados entre ellos de manera singular. Cada uno de los círculos representaba o bien lo simbólico, o bien lo imaginario, o bien lo real. Una vez más, Lacan repitió aquello que durante años había machacado, a saber que la caída de uno de los círculos devolvía la libertad a los otros dos, y por lo tanto suprimía el nudo, cosa que todos sabíamos perfectamente. Entonces me di vuelta hacia Porge, y pronuncié estas palabras que se habían impuesto a mí, una suerte de revelación inexplicable, como me sucedió algunas veces en mi relación con Lacan:

—Ese dibujo es la Escuela. Está acabada.

No creía haber expresado tan certeramente la verdad. Durante los primeros días de enero, cada miembro de la Escuela recibió una carta en la cual Lacan anunciaba que dejaba la Escuela, su Escuela, o sea, según la topología del nudo borromeo que había establecido, la disolvía. El asunto tuvo mucha repercusión en los medios de comunicación, verdadero acontecimiento nacional y manifestación del lugar eminente que el psicoanálisis ocupaba en aquel momento en la vida cultural del país.

Este texto, yo me enteraría más tarde, había sido redactado por Jacques-Alain Miller, su yerno, pero, según la opinión de todo el mundo, por iniciativa de Lacan. Era él y solamente él quien había querido la disolución, apasionadamente, con la rabia dolorosa de destruir su propia obra. ¿Por qué? Quizá para no dejar que pesara sobre el psicoanálisis, pasión de toda su vida, la carga de una nueva institución perversa, con un poder desmedido. Las instituciones lacanianas perversas —¿acaso todas las instituciones no son perversas por naturaleza?— proliferarían seguramente después de su muerte. Pero ninguna de ellas podría pretender ser la legítima heredera de su obra y de su controvertido prestigio. Cada una de ellas tendría que legitimarse por sí misma. Veinte años después, ninguna llegó a este punto. Las preocupaciones por el poder superaron la necesaria reflexión sobre el estado actual del psicoanálisis, reflexión epistemológica en primer lugar, razón por la cual yo no adhiero a ninguna de ellas.

Viví esta disolución como una liberación. Todos los grandes barones del lacanismo, envueltos en su orgullo, se encontraban desmentidos. Los enfrentamientos que los dividían respecto a una ilusoria sucesión se veían devueltos a su única vanidad. El yerno se apoderaría de la sucesión. Pero esta vertiente no me concernía ni me interesaba. Luego de las humillaciones y las vejaciones sufridas, por mi pase, por mi interés en el judaísmo, por mi tesis sobre la incorporación de la escritura en el proceso de la identificación primaria, respiré aliviado.

Durante las semanas que siguieron a la disolución de la Escuela, tuve un extraño y siniestro sueño que, relaté a Lacan. Un camión con un toldo, como los que utiliza el ejército para el transporte de tropas, estaba estacionado en el medio de la avenida de Champs-Élysées. Algunos hombres descargaban su horrible cargamento, pedazos de cuerpos humanos sangrientos que formaron un pequeño montículo sobre la vereda. Una voz en *off* me informó, en el interior del sueño, de su significación: "Se trata de la Escuela Freudiana de París".

—Es así —me dijo Lacan abatido—, un pequeño montículo [*petit tas*].

Sin duda, él jugaban con las palabras: pequeño montículo [*petit tas*], objeto pequeño *a* [*petit a*] el único concepto nuevo que, según él, había agregado a la teoría de Freud.

Lacan retomó su seminario, según el ritmo bimensual de siempre. El balbuceo y los silencios sobre los nudos llegaron a su fin. Lacan leía un texto que entrecortaba con observaciones, intervenciones improvisadas. Se había reencontrado con su elocuencia y su humor, a pesar de un cansancio cada vez más evidente, y sobre todo con esa gran dignidad, que será la imagen que yo conservaría de él.

Mi amiga Laurence Bataille, la hija política de Lacan, me informará más tarde que estos textos habían sido escritos por J.A.Miller, ya que Lacan se encontraba incapaz de escribir. Habiendo estado presente en cada sesión de este controvertido seminario, yo nunca tuve la impresión de encontrarme frente a un robot manipulado sino frente a un sujeto que se hacía cargo de su palabra.

La carta de disolución había abierto otro frente de batalla, inesperado, un enfrentamiento jurídico. En efecto, esta disolución no había sido realizada según las formas legales, con la convocatoria a una asamblea general y el voto de la mayoría de dos tercios de los presentes. ¿Pero que podía significar una Escuela Lacaniana de la que el mismo Lacan renegaba? Sin embargo, un grupo importantes de opositores, liderado por Françoise Dolto, había interpuesto un recurso en la justicia, y la disolución quedaba bloqueada, como así también la creación de una nueva institución, la Causa Freudiana, que tomaría el relevo de la difunta Escuela.

Algunos observaron que el nombre dado a esta nueva institución, la *Causa* Freudiana, recordaba el nombre de una organización política anterior, la Causa del Pueblo, grupúsculo maoísta, cuyos dirigentes fueron los hermanos Miller y Alain Geismar. La mano del yerno se hacía cada vez más evidente en este juego de máscaras arrojadas, y nuevas máscaras en aparición. En verdad, yo no entendía nada de todo lo que se tramaba. Rápidamente vimos aparecer en la dirección de esta "revolución cultural" a un quinteto formado por J.A. Miller, Colette Soler, Catherine Millot, Eric Laurent y Michel Silvestre (amigo mío hasta su muerte prematura), con el "hermano" Gérard Miller, en segundo plano. Algunos años más tarde, esta pequeña compañía estallaría en mil pedazos, arrastrada por repetidas escisiones. Gérard Miller aún no había revelado el talento histriónico que lo convertiría en un inefable animador de juegos de televisión y radio. Puro y duro, encarnaba entonces la causa del lacanismo teñida de una adhesión a Mao. ¡Extraña relación la que unía a los dos hermanos! Gérard sentía por su hermano una admiración infinita. A la inversa, el mayor tenía por el menor, de quien explotaba la elocuencia polémica, sentimientos muy poco indulgentes:

—Usted que conoce la Biblia —me preguntó J.A. Miller un día—, entre Abel y Caín, ¿Abel no era el mayor de los dos?

—No, según los textos, Caín es el mayor. ¿Por qué esta pregunta?

—Es extraño, siempre vivencié a mi hermano Gérard como mi asesino en potencia.

En esa época yo admiraba mucho a Jacques-Alain Miller por su inteligencia y su cultura, sus exposiciones armadas y argumentadas, que se distinguían del balbuceo hueco que se escuchaba en la Escuela, incluso entre sus mejores representantes. Por despecho, estos calificaban en forma peyorativa cualquier exposición articulada diciendo que era *discurso universitario*. Miller encontró una situación propicia para adelantar sus peones dentro del vientre flojo de este vacío epistemológico, y yo me reconocía en su estilo y en su empresa. Me imaginaba trabajando a su lado, partícipe de un esfuerzo colectivo del cual él sería el *primus inter pares*. Lo que yo no podía imaginarme era que esta persona tan inteligente no poseyera la alta ambición intelectual que yo le atribuía. Él no soñaba con otra cosa

que el poder absoluto, solitario, el poder de un *gurú* de secta. Incluso llegué a atribuirle, de una manera un poco chistosa, la ambición desconocida
o reprimida del *rebbe hasídico*, esos rabinos carismáticos de Polonia, país
de origen de su familia, quienes reinaban en forma absoluta sobre las comunidades judías. ¿Acaso no había conquistado el poder según el modo de
transmisión vigente en esas comunidades, al casarse con la hija del *rebbe*
en el poder —Lacan en este caso—, de quien se quería heredar el poder y
la fortuna acumulada, explotando la ingenuidad de los creyentes? Por el
momento, todo esto se me ocultaba, dada mi fidelidad a Lacan. Ignoraba
que el grupo Miller funcionaba como un verdadero aparato de insurrección, con sus reuniones secretas para preparar el *después de Lacan*, en no
sé qué castillo, según ellos mismos lo relatarían en la revista *L'ane*, que
habían creado y en la que colaboré durante dos años.

El bloqueo de la disolución había transformado a ésta en un pugilato.
Se habían formado facciones, se intercambiaban insultos, ya no se hablaba entre adversarios. Lacan había pedido los que deseaban formar parte de la nueva institución, la Causa Freudiana, que en definitiva nunca
se creará, que le escribieran. Un curioso fenómeno postal se produciría.
Cada uno despachó su carta por centenares de ejemplares. Así, cada mañana traía consigo su cosecha de correspondencia.

Miller y su grupo crearon un pequeño boletín, *Delenda*, en donde cada
uno podría descargar sus estados de ánimo El título evocaba la famosa
frase de Catón *Delenda est Carthago*. Había que destruir hasta las raíces a la hermosa ciudad púnica derrotada, mi ciudad natal. Reapareció
el estilo de los grupos "revolucionarios", el de la agitación y propaganda
y de los procesos stalinistas. Por mi parte, yo era un militante activo de
esta disolución. No entendía cómo alguien quería oponerse a la decisión
de Lacan, que se quisiera perpetuar una Escuela lacaniana sin Lacan.
En lo más profundo de mi ser, disfrutaba que esta institución irrespirable, en la cual yo no tenía perspectiva, fuese destruida.

Miller estaba tratando de juntar a los partidarios decididos de esta disolución, y como yo formaba parte de este grupo, hizo algunas intentos
de acercamiento. Un día me propuso colaborar en la nueva revista *Ornicar?*, que él se disponía a editar. Redacté un texto titulado "La transferencia significante", donde planteaba una equivalencia entre la técnica del *midrash* de la *gzera chava*, y la de la interpretación de la transferencia. Este artículo le gustó. Me pidió que lo presentara en una conferencia en el tercer ciclo que dirigía en París VIII.[18] Así él le daba a mi

18.Este texto se encuentra como apéndice en *Comer el libro*, ob. cit.

trabajo sobre el *Talmud* un interés, fingido o real, que no podía provocar otra cosa que mi acercamiento a su grupo. En éste se encontraba Laurence Bataille. Ella se convertiría rápidamente en la primera opositora a su hermano político.

Mi relación con Miller, con Judith, su mujer, hija del maestro, por la cual yo sentía un gran afecto y estima, tomó un giro un año más tarde cuando apareció mi libro *El hijo ilegítimo*. Volveré sobre este tema. Incluso tuve un día un sueño que no pude relatar en mi sesión sin experimentar cierto malestar, una especie de beso extasiado que intercambiaba con Judith. Ella me decía antes que nuestros labios se unieran: "Usted lo ha querido", como si yo cometiera una transgresión irreparable, incestuosa.

Durante esta época, Lacan continuó con su seminario y su presentación de enfermos en el hospital Sainte-Anne, y recibía a todos sus pacientes. Evidentemente, estaba dando garantía por todo aquello que se hacía en su nombre. Su palabra era cada vez más escasa, su cansancio cava vez más evidente. Pero su presencia era incontestable.

Una primera asamblea general de la Escuela se realizó bajo la presidencia de un ujier, señor Zécri. Los partidarios de la disolución eran más numerosos, por cierto, pero no llegaban a la mayoría necesaria. Una segunda asamblea fue convocada dos meses más tarde en la Casa de Química, lugar privilegiado de las reuniones de la Escuela. La justicia había decidido el siguiente procedimiento: doce oradores tomarían la palabra, seis por cada bando. Le propuse a Eric Laurent, mano derecha de Miller, ser uno de los seis que defenderían la disolución. Luego de una breve vacilación, aceptó. El tiempo otorgado a cada uno de los oradores era breve, diez minutos si no me falla la memoria. Mi discurso fue muy violento, tan violento que ahora, retrospectivamente, lamento algunas palabras del mismo. Después de todo, los que se oponían a la disolución daban cuenta de su profunda angustia, la de no dejar que un grupo sectario se adueñara de la herencia de Lacan. En esta época, el terrorismo, en primer lugar el terrorismo palestino, había elegido la toma de rehenes como principal modo de acción. Después de los campos de concentración, respecto a los cuales Lacan había dicho que constituían lo real de nuestro tiempo, ¿acaso la toma de rehenes no sería la emergencia de un nuevo real? En una palabra, luego de Auschwitz vivíamos en un universo de rehenes. Los que se oponían a la disolución, minoritarios, al imponer su voluntad pleitista, ¿no tomaban como rehenes a la mayoría de sus colegas? Este fue mi argumento. Quizá injusto, pero no falto de verdad. Estoy seguro de que contribuyó al desenlace de una crisis que se eternizaba. Esa vez, los partidarios de la disolución casi llegaron a ser mayoría.

En el intervalo entre estos extraños certámenes discursivos, fuimos todos convocados a un gran almuerzo en el Centro de Exposiciones en la Puerta de Versalles. Yo compartía la mesa con algunas personas del grupo de Miller, los jóvenes lobos lanzados hacia la conquista del poder, Eric Laurent, Nicole Kress-Rosen... Estábamos en un costado del inmenso pabellón, pero cerca de la mesa de honor, que estaba reservada a Lacan y a la gente más cercana a él, su secretaria, su hija, los dos hermanos Miller. Al poco rato Gérard vino a nuestra mesa y murmuró al oído de Nicole, y luego al oído de Eric, que el "doctor" los invitaba a su mesa.

Yo estaba frente a Lacan, bajo su mirada fija y vidriosa. Los dos compañeros me dejaron, y por lo tanto me quedé solo en la mesa, en el medio del bullicio de centenares de personas agrupadas en mesas de seis personas. ¿Qué hacer? ¿Dejar mi asiento y sentarme en otra mesa? ¿No moverme y esperar que otros comensales completaran mi mesa? Los pensamientos se agolpaban en mi mente. En realidad, podía pensar que Lacan había querido armar esta situación, que había adivinado mi maniobra solapada de infiltración en el nuevo grupo dirigente, y que la contrarrestaba de esta manera. Me pareció que el momento estaba cargado de símbolos, un signo para el presente y sobre todo para el futuro. Mi destino estaba inscripto en esta postura, esta imposibilidad de integrar un grupo, *outsider* del psicoanálisis bajo la mirada aplastante de Lacan.

Un camarero puso fin a este dilema:

—Señor, no puede quedar solo en la mesa. Fíjese, hay un lugar en la mesa de al lado. Siéntese allí.

Aliviado, acepté la invitación.

Una nueva asamblea general fue convocada para comienzos del verano. Esta vez no hubo realmente un debate. Los opositores a la disolución habían renunciado a su propósito, y lo hicieron saber. Algunos de los integrantes de este grupo ya habían creado su propia organización. Una nueva palabra mágica, un nombre de ciudad, dominó nuestra asamblea: Caracas, capital de Venezuela. Una psicoanalista refugiada en este país, Silvia Rabinovitch, había organizado con J.A. Miller la reunión de los "lacanoamericanos", los analistas sudamericanos, en su gran mayoría argentinos, interesados en la enseñanza de Lacan. J.A. Miller, creyéndose en su imaginario, Napoleón en Austerlitz, había elaborado una estrategia para derrocar al psicoanálisis anglosajón en su bastión de la

International Psychoanalytical Association (IPA), la institución que en 1964 había excomulgado a Lacan y a su enseñanza: establecer una cabeza de puente en el Sur, conquistar América Latina, subir hasta México, y tomar por asalto Nueva York, sede de la IPA.

Más tarde, Rabinovitch se separó de Miller y poco tiempo después sufrió un grave accidente de tránsito. Miller declaró entonces públicamente:

—¡Esto es lo que ocurre a quienes traicionan al Campo Freudiano!

"Campo freudiano" es la metáfora con la que gustaba nominarse a sí mismo. Discurso, en principio, reservado a los rabinos fundamentalistas: esto es lo que ocurrió a los que transgredían al Shabbat, lo cual, más acertadamente que largas polémicas, pone de manifiesto el naufragio *post mortem* de la enseñanza de Lacan.

Mientras tanto, la disolución fue votada por una aplastante mayoría. Para festejar el acontecimiento conocido de antemano se había organizado un cóctel en los salones de la cercana Casa de América Latina. En una magnífica tarde soleada de comienzos de verano, esta disolución adquiría para mí, pobre ingenuo, los colores de una victoria. En los salones, en el jardín vecino, con una copa en la mano, nos felicitábamos mutuamente.

—Ya está otorgado [*c'est aquis*] —decía con júbilo un colega.

—La cuestión ahora —contestó otro colega— es a quién le toca [*c'est a qui*].

Pero la escena más asombrosa se desarrollaba en el jardín. Lacan estaba sentado a la sombra de un árbol, y numerosas personas se acercaban a él para saludarlo y felicitarlo. Para ello, ya que estas personas estaban paradas, tenían que inclinarse frente a él. ¡Extraño ritual! Una risa silenciosa, como una descarga eléctrica, sacudía a veces todo su cuerpo. Dentro de mi ceguera, no me daba cuenta todavía de la gravedad de su estado. Me encontré con Gloria, su secretaria, que había ido a buscar bebidas para Lacan.

—¿Qué espera para saludar al doctor? —me dijo.

En efecto, me mantenía a distancia, torpemente. Por lo tanto, busqué en mí la dosis de coraje suficiente, y me dirigí al jardín para saludar a mi viejo maestro. Le acerqué mi mano, forzándome a mostrar una sonrisa, y balbuceé algunas palabras, algo así como felicitaciones: "¡Es formidable!" Me miró durante un largo rato. En su mirada no había ninguna felicidad, más bien una tragedia infinita, una tristeza de ultratumba. ¿Cómo yo había podido creer por un instante estar participando de un acontecimiento feliz, cuando Lacan, antes de desaparecer, acababa de enterrar su obra con las propias manos? ¿De qué victoria me regocijaba? Esta disolución, que representaba el desastre de una vida y de una obra, era vivenciada como tal por Lacan en ese instante. También yo podía haber leído en ese rostro agotado, en esa mirada apagada, las señales de una muerte cercana. Pero no quería ver otra cosa que su cansancio. Algunas semanas más tarde, Lacan voló para Caracas. En su último seminario, había hablado con alegría manifiesta de este viaje. Incluso había mencionado la posibilidad, a modo de chiste, de que, si la región le gustaba, se instalaría allí. Yo estaba convencido de que a su regreso Lacan inyectaría una nueva energía a esta Causa Freudiana creada hacía poco tiempo, y hasta ahora bloqueada por el rechazo de la disolución.

En estos últimos meses, mi humor, sombrío durante mucho tiempo, había cambiado definitivamente. Había reconocido, con total claridad, la complacencia que implica conservar un estado anímico doloroso, mórbido. Esta constatación fue saludada como se debe por parte de Lacan. Yo ya era un hombre alegre, un verdadero animador de reuniones, e incluso me tocó algún día, en el Palacio de los Congresos, donde yo hacía una ponencia, provocar una enorme risa de toda la sala.

Otro día, mirando por televisión un informe sobre Léopold Trepper y la Orquesta Roja, sentí casi físicamente que mi fascinación para ese tipo de sacrificios había desaparecido. Ya no experimentaba más esos momentos de abatimiento que habían puntuado mi vida y paralizado tantas energías. Pero esta reciente sensación de alegre liviandad, todavía reciente, me empujaba a veces a las pendientes de la bobería, ¡y fue animado por este sentimiento que me acerqué a saludar a este hombre viejo y agotado!

El largo apretón de manos y la mirada trágica de Lacan habían detenido bruscamente mi entusiasmo pueril. Yo no era el único en ese estado. Circulando por los salones, me encontré con una amiga, Nicole Sels, la valiosa bibliotecaria de la Escuela, con quien intercambiábamos a veces recuerdos de nuestro común país natal, Túnez.

—Ya no soporto más este ambiente —me dijo—, ¿tienes ganas de acompañarme al cine?

Acepté la propuesta, y algunos minutos más tarde tomábamos un taxi que nos llevó a Champs-Elysées. Compramos dos entradas para una película que estaba por empezar; un poco al azar, ese azar que a menudo hace bien las cosas. Se trataba de *El padrino II*, de Francis Ford Coppola. En principio yo no tenía ganas de ver esta película; sin embargo, desde las primeras imágenes me quedé fascinado. Esa reunión en el jardín, esos comensales que deambulan con un vaso en la mano, y luego se inclinan frente al viejo padrino Don Corleone, cuya mano besan, mientras la sombra del hijo se perfila detrás de él, creí por un instante que no había dejado la Casa de América Latina. La estructura de las instituciones psicoanalíticas, incluyendo las que pretenden seguir con la enseñanaza de Lacan, ¿tendría alguna característica mafiosa?

En efecto, la Mafia presenta elementos que nosotros, psicoanalistas, conocemos bien: la familia, con sus tragedias incestuosas, sus sangrientas rivalidades fraternas, la pasión por el dinero, y el poder a cuaquier precio, *Cosa Nostra*, nuestra Causa Freudiana, quizá también la transferencia... Hice esta observación a uno de los gurúes del postlacanismo, que por otro lado era experto en manipular a los crédulos. ¿Por qué no organizar un congreso, jornadas de estudio, con el tema "Estructuras freudianas de la Mafia en tanto institución fundamental de las sociedades modernas"? El hombre creyó que era un chiste.

Después de todo, las tormentas institucionales alcanzaban mi vida sólo lateralmente. Tenía tantas cosas que hacer. En primer lugar, transformar mi tesis de medicina en una obra publicable, lo que me obligó a hacer profundos cambios en ella en largas noches de trabajo.

Además debía pensar en mi trabajo de tesis de psiquiatría, con el cual terminaría definitivamente mis estudios. Mi hijo mayor acababa de inscribirse en primer año de medicina y yo veía en esa cercanía algo incongruente. La tesis tuvo como tema mi hallazgo sobre la identificación primaria a partir de los ritos alimentarios. Para enriquecerlo, me sumergí en la lectura de *Lo crudo y lo cocido* de Claude Lévi-Srauss, obra que me resultó apasionante. ¡Felices tiempos en los que una obra tan árida se convertía en un *best seller*! ¡Miseria de nuestra época en la que las ventas acompañan demasiado frecuentemente a los falsos libros! Encontré en la obra confirmaciones sólidas para mi tesis según la cual "comer el texto" es efectivamente un fenómeno universal, siendo este texto, en este caso, una simple tradición oral encarnada en los ritos culinarios.

Mi trabajo terminado adquirió la forma de un pequeño fascículo, del cual entregué rápidamente un ejemplar a Lacan. Algunos días más tarde, al finalizar una sesión, con el fascículo en la mano, Lacan declaró:

—Su trabajo es notable.

Esta vez, el juicio de mi maestro me conmovió profundamente. Mi fascículo con la tapa color arena, mal impreso, quedó en evidencia durante varias semanas sobre su escritorio. Gracias a Bernard-Henri Lévy, el trabajo fue publicado más tarde, con el título *Comer el libro*.

El apuro con que realizaba simultáneamente estos distintos trabajos

—mis días estaban desbordados por la tarea de médico interno en el hospital de Meaux, mis pacientes en el centro médico pedagógico de Montrouge y mis pacientes privados— hoy me parece sintomático. Si conscientemente rechazaba ver las señales del deterioro de mi analista, en el plano inconsciente las había integrado perfectamente. Deseaba, pues, que el intercambio excepcional que había conmovido mi vida a través del diálogo extraordinario con este hombre viejo encontrara su conclusión en estos trabajos.

Mi vida era mucho más confortable, mis finanzas se equilibraban, y empecé a pagar mis deudas, las que había contraído con los bancos y los pequeños préstamos que me había hecho mi padre. De todos modos, mi análisis y el de A. representaban gastos importantes en nuestro presupuesto.

Respecto a A., Lacan había adoptado una extraña actitud. Al finalizar mis sesiones, y cada vez más a menudo, Lacan agregaba a su pregunta ritual ("¿Cuándo lo veo?", que estaba seguida también por mi respuesta: "¡Mañana señor!"), una pregunta más extraña: "Y a ella, ¿cuándo la veo?"

Ella era A., mi mujer. Yo sabía que ella tenía su sesión una vez por semana, el miércoles.

—No lo sé, creo que vendrá el próximo miércoles. ¿No arregló una cita con usted?

Me preguntaba qué sigificaba esta pregunta obsesiva, qué clase de reconocimiento de mi parte quería conseguir Lacan, prolongando a través de la pregunta esa mirada en el Congreso de Lille que me había forzado a sentarme al lado de mi mujer. ¿Qué clase de lazo indisoluble quería fomentar entre nosotros? Gloria, la fiel secretaria, hará la siguiente observación a A., después del fallecimiento de Lacan:

—¡Cuánto la reclamó a usted!

Aquí no había ningún equívoco y yo estaba profundamente conmovido, como por el mensaje de un padre al final de su existencia.

Pronto llegó el final de las vacaciones. Inmediatamente percibí que la situación había cambiado profundamente. Lacan parecía haber dejado sus últimas energías en su viaje a Caracas.Ya no era cuestión de seminario ni de presentación de enfermos. Sus facultades y su memoria parecían profundamente alteradas. Antes de hacer pasar a cada paciente, Gloria le indicaba el nombre de éste y los honorarios que había que cobrarle —variaban hasta el triple—. Se informó a algunos pacientes que ya no podían seguir su análisis con el doctor. Otros, analistas en formación, alumnos según la expresión consagrada, decidieron por su cuenta interrumpir el análisis. No soportaban el deterioro del maestro.

"Así que usted me abandona", dirá Lacan a algunos de sus pacientes.

Había atravesado mi análisis luchando todos los días contra la tentación vana de abandonarlo. En este último período, esta tentación me abandonó. Mi decisión estaba tomada: costara lo que costara, acompañaría hasta el final a mi viejo maestro, al analista que me había enriquecido tanto.

"*Perinde ac cadaver*", dije un día a Eric Laurent, habiéndolo encontrado en la escalera del consultorio de Lacan.

Aun cuando yo conservaba la loca esperanza de que él todavía pudiera recuperarse —aunque fuese para dar una última conferencia a modo de testamento—, la enfermedad de Lacan me hundía en una profunda tristeza.

—Me aflige verlo en este estado —le dije un día—.

Intercambiamos una mirada en la cual se leía algo de nuestro apego recíproco. Yo sabía que la fidelidad de sus últimos alumnos era muy reconfortante para él.

Sin embargo, mi presencia al lado de Lacan no se justificaba sólo por esta piedad filial. Contrariamente a lo que relataban ahora los fieles alumnos de antaño, convertidos en apresurados excavadores de tumba, yo que veía a Lacan todos los días, no tenía la impresión de estar en presencia de un *zombie* o de un objeto inanimado. A veces, por cierto, podía sumergirse en un breve letargo del cual emergía rápidamente. Hablaba muy poco, pero no lo hacía sin pertinencia y no había perdido su maestría en el corte.

Me enfrentaba con tristeza, pero de un modo sereno, a la agonía de quien ocupó, en la transferencia, un lugar paterno. Mi referencia fue la imagen de los alumnos de Sócrates, que acompañaron a su maestro hasta que éste bebió la última gota de cicuta.

Los últimos meses resultaron, para él, espantosos, y para mí fueron una dura lección sobre la bajeza del comportamiento, individual o institucional, de los psiconanalistas, fueran de la corriente que fueran.

Después de aprobada la disolución, nos habíamos separado con la esperanza de embarcarnos luego de las vacaciones en una nueva aventura institucional, la de la Causa Freudiana. La Escuela Freudiana se había revelado como un conglomerado de personas que habían encontrado cierta comodidad en pertenecer a ella, y para quienes la doctrina de Lacan no tenía obligatoriamente un carácter esencial, de referencia. En cuanto a la Causa Freudiana, ella sí reunía a los "verdaderos" alumnos. Una nueva generación de la cual yo formaba parte, había surgido. Llevando a cabo una alianza entre nuestro entusiasmo de debutantes y la experiencia de la vieja guardia, haríamos seguramente grandes cosas. Escribiríamos una nueva página en el psicoanálisis, y daríamos impulso a una vida cultural francesa que manifestaba sus primeros signos de decadencia.

Mi candidez se explica fácilmente. Nunca tuve una inclinación excesiva por el poder, y menos en un contexto donde la reflexión teórica, la producción de conceptos, la verdad, me parecían ideales capaces de unirnos. ¿Qué más hermosa ambición, a mi criterio, que la de trabajar para la creación de una obra que aspiraría a un lugar en el gran Libro del espíritu? Aquel para quien la búsqueda del poder era prioritaria no podía ser sino un espíritu mediocre, sin ambición valedera. La contemplación de mi colosal equivocación me causará, más adelante, un vértigo que nunca pude superar del todo.

El cielo se oscurecería rápidamente. J.A. Miller, y su fiel adjunto Eric Laurent, lanzaron un proyecto curioso: *Delenda*. Aquello que el año pasado era un boletín pequeño, se transformó en grandes reuniones, en encuentros multitudinarios, que tuvieron lugar en la calle Las Cases.

Desde el principio estas reuniones no me gustaron. Habíamos ganado nuestro combate por la disolución, ¿acaso no había llegado el tiempo de la quietud, del trabajo de reconstrucción? Me hicieron entender... que no había entendido nada. El espíritu de la difunta Escuela Freudiana de París seguía presente en las mentes. Estábamos verdaderamente en la agitación y la propaganda, seguíamos esa mortífera afirmación de Stalin según la cual cuanto más avanza y triunfa el socialismo, mayor es la resistencia de sus enemigos. ¡Paranoia!

Miller odiaba con odio verdaderamente patológico la EFP creada por su suegro Lacan. Más tarde, a cada crisis del grupo de psicoanalistas reunidos a su alrededor, crisis que a veces él mismo provocaba, evocará el espectro de la EFP. Este odio encubre quizá el odio paradójico que sentía hacia Lacan, quien, por cierto, no lo trataba siempre con afabilidad. Como prueba, me remito al poco entusiasmo y la escasa responsabilidad con que Miller cumple la función que Lacan le encomendó, publicar el contenido de sus seminarios. Fui un sorprendido testigo cuando se publicó el *Seminario 3. Las psicosis*, al cual aporté a último momento una contribución inesperada. Un día me confesó que él no compartía la admiración de los analistas por los textos de Freud. ¿Pero qué sería la doctrina psicoanalítica sin las obras de Freud?

Este odio hubiera podido resolverse, o por lo menos atemperarse, en la propia cura de Miller, que se analizaba desde hacía ya cuatro años con Charles Melman, su hermano siamés en varios aspectos, el mismo con quien yo había chocado en el momento de mi retorno al judaísmo. Entre los dos hombres, el analista y su paciente, en realidad dos rivales, estalló pronto un odio mortal, insensato, cuyo pretexto fue una oscura historia relacionada con la sede de la antigua Escuela.

Las reuniones de *Delenda* sirvieron como detonador de la terrible explosión que definitivamente dispersó a los cuatro vientos a los alumnos de Lacan. Cada una de estas reuniones tenía en principio como tema una de las grandes cuestiones del psicoanálisis, y las figuras de la vieja guardia estaban invitadas a dar cuenta del estado actual de la cuestión. Semejantes debates se llevan a cabo normalmente en pequeños grupos de trabajo, en medio de la serenidad de una reflexión documentada. Ahora bien, estos debates tenían lugar en una sala totalmente llena, en la cual incluso era difícil ingresar, por los menos durante las primeras sesiones. Dentro de semejante clima, la reunión supuestamente teórica se convertía en un *meeting,* incluso en un tribunal del pueblo. Los analistas experimentados no podían hacer otra cosa que poner de manifiesto sus carencias. Era de hecho un juego mortífero que no duraría mucho tiempo.

La rebelión de la vieja guardia no tardó en producirse. Tuvo una violencia inusitada, y llevó al naufragio a la joven Causa Freudiana. La señal fue dada por Melman. Analista de varios miembros de la familia de Lacan, con J.A. Miller a la cabeza, aprovechó una profusa información recogida en el diván para escribir, en el característico estilo de la época, una larga carta supuestamente confidencial, y dirigida a algunas personas cercanas a él, pero de hecho difundida por centenares de ejemplares, que todo el mundo leyó. Este texto increíble llevaba a nuestro conocimiento los puntos siguientes:

Lacan ya no existía. El cuerpo que se encontraba en el número 5 de la calle Lille (a la noche, Lacan se iba a dormir al domicilio de su hija y de su yerno), que recibía todavía pacientes (entre ellos, a mí), ya no era más que un semicadáver, con la mente extraviada, un demente según el vocabulario médico. Las notas que recibíamos de vez en cuando, con el puro estilo de Lacan y firmadas por él, para proporcionar instrucciones generales en vista del comienzo de la Causa Freudiana, eran de hecho concebidas y redactadas por J.A. Miller. En realidad, eran falsificaciones.

Mientras tanto, cada uno había recibido una carta, igualmente lacaniana en su formulación, que desacreditaba la Causa Freudiana. En seguida nos enteramos de que era una falsificación, una verdadera falsificación en oposición a las falsas falsificaciones, que eran por lo tanto verdaderas. Se comprobaba que el estilo de Lacan era perfectamente imitable, y ya no garantizaba la autenticidad de las notas que nos mandaba. Resumiendo, eramos los juguetes de una maniobra oscura, de un teatro de sombras, cuya puesta en escena estaba organizada por Miller. La atmósfera se volvía digna de Shakespeare, las dagas estaban desenvainadas.

La lectura de esta carta me conmovió profundamente y además me escandalizó. Confirmaba el mal irreversible que no tardaría en llevarse a Lacan. ¿Pero cómo se declara públicamente muerto a un hombre que aún esta vivo? Más cuando se era uno de sus alumnos más cercanos, cuando se le debía la fortuna personal, la posición en el mundo, todo. Independientemente de la veracidad de la información, ¿acaso el pudor y el respeto no imponían discreción, silencio? Semejante barbarie arrojaba sobre el psicoanálisis una luz inesperada. Ya no estábamos en una arena científica, sino en la lucha política más salvaje.

Además, la Causa Freudiana poseía sus cuadros dirigentes, una mesa directiva donde Miller y los suyos estaban en minoría. ¿Por qué no presentar y resolver democráticamente la cuestión en una asamblea general debidamente convocada? Años más tarde, Melman dirá que psicoanálisis y democracia son incompatibles. "¿Acaso es más apropiada la tiranía —le repliqué—, o peor aún las estructuras totalitarias?"

Pronto vimos surgir a los pro-Melman y a los anti-Melman, dos grupos igualmente opuestos a la Causa Freudiana. El conjunto de los barones del lacanismo, que pertenecían a la dirección de la Causa, presentaron su dimisión, salvo uno, su presidente, Claude Conté, quien además era mi supervisor y cuya modestia y discreción yo estimaba particularmente. Durante un tiempo, Conté desmintió los rumores que contenían "la carta": el mutismo, la demencia de Lacan.

Tuve una entrevista con Conté, cuyo contenido él mismo repitió públicamente semanas más tarde. No, Lacan no era el *zombie* que Melman había descripto. Él se encontraba con Lacan, éste hablaba y le daba breve directivas. Por otro lado, me dijo Conté, las reuniones de la comisión directiva de la Causa Freudiana se desarrollaban en forma totalmente democrática.

"Conté, ayúdeme", le dijo un día Lacan, sumido en un total desamparo.

Sin embargo, Conté también se derrumbó. Se encontraba solo en la comisión directiva, todos sus amigos se habían ido y lo presionaban. Finalmente, dimitió también. Me informó de la situación directamente, y me invitó a una reunión que tuvo lugar en el hotel Pont-Royal. Un nuevo grupo iba a constituirse, y fui a la reunión para informarme. Gérard Miller, paciente de Conté, también se encontraba en este reunión.

Para resolver la crisis mortal que atravesaba el lacanismo, se convocó a un "foro" en el Palacio de los Congresos. Los adversarios de Miller no quisieron participar.

En la reunión del hotel Pont-Royal, me atreví inocentemente a formular la siguiente pregunta: ya que estos oponentes constituían la aplastante mayoría de los miembros de la Causa Freudiana, ¿por qué motivo no se presentaban al Foro e imponían la voluntad de la mayoría? Pierre Legendre, un experto en análisis de estructuras de poder, me trató de ingenuo. Yo compartía con él, desde hacía algunas semanas, la tribuna de *Delenda*. Él había estudiado profundamente los estatutos propuestos por la organización de la Causa Freudiana. Decía que nunca había encontrado una maquinaria jurídica tan perversa y tan hermética, en una palabra, tan totalitaria. ¿Pero qué nos impedía, en el momento del voto, al inicio de la institución, rechazar estos estatutos, corregirlos? Al fin y al cabo, Miller no disponía de ejército ni de amuletos mágicos. Sin embargo, algunos meses más tarde, el análisis de Legendre fue confirmado por mi experiencia. Mientras tanto yo había sido elegido para la mesa directiva de la Escuela de la Causa Freudiana. Desde el interior pude apreciar de qué manera "se" habían organizado las instancias dirigentes. "Se" había procedido por estatuto de tal manera que no existiese un lugar, y en todo caso no era esa mesa directiva de la cual yo formaba parte, donde se pudiera discutir los asuntos importantes de la Escuela, su orientación, su política, sus trabajos, el tema de los congresos. En cambio, debatimos largamente sobre el color de la biblioteca, la cantidad de lapiceras y la marca del material de oficina que había que comprar. Nosotros, psicoanalistas distinguidos, estábamos reducidos al papel de compradores. Esta extraña estructura de la nueva "escuela", hecha de círculos vacíos, se repetía a otro nivel. Rodeando la Escuela de la Causa Freudiana (ECF), Miller y su clan habían multiplicado los satélites: el Campo Freudiano, centro de formación pago que recolectaba sumas importantes, un departamento de psicoanálisis en la universidad París VIII, una sección clínica y varias otras instituciones que nacían y desaparecían con las estaciones. Para poder funcionar, estas cáscaras vacías utilizaban como peones pasivos a las mismas personas, miembros de la ECF. El único punto de intersección de todas estas distintas intancias existía, sin embargo, y era...

la persona misma de Miller. Se nos hacía bailar un vals en un torbellino que parecía siempre halagador al principio, pero que resultaba ser nada más que una manipulación de hombres y de explotación financiera. Estábamos muy lejos de la enseñanza de Lacan.

En esa época yo no disponía de ningún concepto para entender este juego institucional. Más tarde, después de haber leído el *Los orígenes del totalitarismo* de Hannah Arendt, tuve la extraña sensación de que su descripción de las estructuras totalitarias —estallido y vacuidad de las estructuras formales de poder, para que éste sea atributo exclusivo de una sola persona, *Führer, duce, big brother* de cualquier clase— coincidían perfectamente con las implementadas en la ECF. No supe al principio entender el análisis llevado a cabo por Pierre Legendre, y tampoco él quiso o supo contestarme.

De ahí en más había tres grupos que se peleaban por los despojos de Lacan. Pero la cosa no quedaría allí. La antigua responsable de la biblioteca de la Escuela, Solange Faladé, hasta este momento muy cerca de Miller, declaró que se quedaría con la biblioteca, y crearía su propia institución alrededor de estas obras. Cada uno de estos grupos estalló a su vez en una explosión, una fragmentación sin fin que sigue hasta hoy. Cada uno de los barones del lacanismo se apresuraba a conformar su pequeño feudo (con su correlato económico) en el antiguo imperio. Espectáculo grotesco e indigno, que se desarrollaba bajo la mirada del moribundo que estaba en el origen de este agrupamiento. Espectáculo trágico también. Es durante estos meses agitados que Michel Soury, quien acompañaba a Lacan en su reflexión sobre los nudos, se suicidó.

Yo mismo fui testigo de una escena asombrosa. Participaba de una reunión de los responsables de la Escuela de la Causa Freudiana, todavía en gestación. Esperábamos a Marcel Czermak, considerado legítimamente como la estrella naciente de la psiquiatría lacaniana, y muy amigo íntimo de J.A. Miller. Habían creado juntos la Sección Clínica. Comenzábamos a interrogarnos por el retraso de Czermak, cuando él apareció, totalmente desencajado. Habiendo escuchado por boca de Melman revelaciones terroríficas, venía a gritar su renuncia a Miller en la cara. (Durante aquel tiempo la dimisión estaba a la orden del día.) Miller conservó una calma impresionante.

—Habla —lo desafió Miller—, dinos esas cosas terribles.

—Los que quieran saber, que me sigan. Les explicaré.

—¿Por qué no hablar delante de todo el mundo?

—¡Conozco tus maniobras, Jacques-Alain!

Czermak estaba irreconocible, como poseído. Nadie lo siguió.

Ya que Conté también había roto con Miller, interrumpí mi supervisión con aquél, para conservar cierta coherencia. Mi recorrido, por el momento, consistía en seguir a Miller, quien parecía encarnar la fidelidad a Lacan.

Mi libro *El hijo ilegítimo. Fuentes talmúdicas del psicoanalisis*, apareció en este período tan turbulento de enero de 1981, alejado de las preocupaciones generales, tanto las de los psicoanalistas como las del mundo cultural. Lo dediqué a Lacan y a su enseñanza, y me apresuré en entregarle un ejemplar. Mi sesión había terminado, y estábamos los dos en el umbral de la puerta del consultorio. Lacan miró durante algunos instantes la tapa del libro, sin reaccionar de manera ostensible. Pero yo ya me había escabullido.

Esta publicación me sumergió en una profunda angustia, que compartía con mi editor, Françoise Cibiel. Nos encontrábamos todas las semanas y seguíamos la curva muy chata de las ventas. El silencio de la prensa era casi total, a pesar de las iniciativas que llevábamos a cabo, el editor y yo. Hubo por cierto una risista irónica de dos líneas en *Le nouvel observateur*, algunas líneas en *Le monde*. Acercar *Talmud* y psicoanálisis, ¡qué idea extraña, blasfematoria, para un ateo de pura cepa! Íbamos hacia el fracaso más rotundo que pondría fin durante mucho tiempo a la experiencia que esbozaba en esta obra propedéutica.

De repente, un artículo inesperado comenzó a cambiar la situación. El eminente psicoanalista Lucien Israël, un alumno de Lacan que había formado generaciones de psiquitras y de psicoanalistas en Estrasburgo, publicó en el pequeño semanario *Tribuna judía*, un largo artículo lleno de elogios. El prestigio del autor y los elogios que contenía el artículo tuvieron por lo menos el mérito de atraer la atención del público judío. Funcionó la transmisión boca a oído, y las ventas empezaron a crecer.

Poco tiempo después, cuando dejaba el consultorio de Lacan, me crucé con mi amiga Laurence Bataille. Desde hacía unos meses, desde que la tempestad había dispersado la aristocracia lacaniana, me había acercado mucho al círculo familiar de Lacan, y Laurence se había convertido en amiga mía. Me informó que mi libro había apasionado a Judith, y no lo había dejado durante todo el fin de semana.

Algunos días más tarde tuvo lugar el foro en el seno del cual nació, sobre las cenizas de la Causa Freudiana, la nueva Escuela de la Causa Freudiana. Mi intervención en el foro fue apreciada. Sin embargo, Miller rechazó categóricamente mi propuesta de participar, como integrante de un grupo de trabajo, en la rápida publicación de los seminarios de

Lacan. El libro es el instrumento del poder, teoricé. No había que entregar ni un pequeño fragmento.

En este foro me interesó particularmente una intervención, la de Charles Méla, especialista en literatura medieval, y amigo de Miller desde la Escuela Normal, quien evocó el *Talmud*. Yo ya no estaba totalmente solo para sostener mi extraño discurso sobre el judaísmo.

Judith Miller acababa de publicar una revista lujosa, *L'Ane*. Me llamó para proponerme un diálogo con Charles Méla, dedicado a mi libro; abarcaría dos páginas de la revista con mi foto incluida. La entrevista estaba precedida de una corta y elogiosa introducción de Charles Méla. Este artículo permitió que mi libro conociera un aceptable éxito de ventas, e hizo callar los sarcasmos de los colegas para quienes mi trabajo no podría pertencer al "Campo Freudiano", ya que no era *cosher* desde el punto de vista lacaniano. Y bien, pudo ser *cosher* por la gracia bautismal de Judith.

Decididamente, el matrimonio Miller me complacía. Pero el apoyo que me bridaban no tuvo siempre el efecto previsto. Por ejemplo, la intervención de Judith para que Catherine Clement, entonces crítica del diario *Le Matin* y colaboradora de *L'Ane*, hiciera una reseña cayó en saco roto. Catherine dijo que mi libro le había llegado tarde. Luego me enteré de la verdadera motivación de este rechazo. Yo era un "canalla sionista". Esta anécdota ilustra la reacción sintomática que yo provocaba en algunos judíos que habían roto con el judaísmo. Hablar del *Talmud* a propósito de Freud los sacaba de quicio. Al fin y al cabo, el famoso tobogán de Canguilhem que conducía a las élites de la calle Ulm hacia el divertido deslizamiento del éxito social,no los depositaba a todos en el basural de la Prefectura de Policía.[19]

Pronto tendría la confirmación de esta extraña reacción. Laurence Bataille, que apreciaba lo que yo escribía, consideró que me serviría compartir una cena con Élizabeth Roudinesco, quien más adelante se autonombraría historiadora del psicoanálisis, una especialista en la recensión mediática de obras freudianas. Mi querida Laurence tenía una simpática y desgraciada manía. Cuando quería a dos personas, era imprescindible que estas dos personas se encontraran y se apreciaran entre sí. Pero esta vez mi amiga fracasó rotundamente. Apenas sentados en el restorán, tuve que soportar la furia de "la historiadora y receptáculo de la memo-

---

19. En la calle Ulm se encuentra la sede la prestigiosa Escuela Normal, formadora de los cuadros superiores de la administración pública francesa. [N. de T.]

ria del psicoanálisis". ¿Por qué molestaba yo a todo el mundo con mis historias de judaísmo? ¡El psicoanálisis no tiene nada que ver con el judaísmo! Lacan no tiene nada que ver con el judaísmo. Palabras descargadas como dictados que no toleraban ninguna réplica. Laurence trató en vano, con su dulzura habitual, de explicar mi proyecto, de limar las asperezas. No hubo caso. La irascible mujer se levantó de la mesa, arrastrando con ella a su compañero que no había abierto la boca frente a este dogmatismo stalinista. Laurence, una vez que se fueron, suspiró y dijo: "¡Ella es así!" Un *así* bajo el cual el psicoanálisis sigue padeciendo, si se tiene en cuenta el poder editorial y mediático del censor. Una vez, a alguien que le preguntaba por qué motivo mi nombre estaba forcluido de su *Historia del psicoanálisis en Francia*, Élizabeth Roudinesco le devolvió esta respuesta exquisita: "Porque lo que dice no tiene ningún valor."

Estas reacciones corroboran aquello que Henri Meschonnic supo expresar tan bien: "Colocar la referencia judía... en el centro de la teoría, resulta para algunos, quizá para muchos, en nuestro paísaje francés, una insoportable prueba de mal gusto."[20]

También escucharía reacciones más sutiles. Por ejemplo, Eric Laurent, primer director de la Escuela de la Causa Freudiana, creyó oportuno hacerme una advertencia:

—¿No te parece que exageras al decir que Lacan se interesaba en el judaísmo? En una obra de decenas de volúmenes la única referencia que hay es la palabra *talmudista* en su "Proposición del 9 octubre de 1967".

—Pero, ¿acaso esta palabra no es ya importante por sí misma? Y esto no es todo, en cada seminario...

Pero el colega ya se había retirado. Una palabra... Desde entonces, una investigación exhaustiva del conjunto de la obra[21] me permitió reunir un archivo compuesto de centenares de notas, sobre las que yo escribiría más tarde.

* * *

La crisis de la institución lacaniana había tenido otros efectos. El cuerpo docente del departamento de París VIII también había sido diezmado porr un gran número de dimisiones. J.-A Miller se había convertido en un leproso, cosa que lo hacía aún más simpático a mis ojos.

20. H. Meschonnic, *L'utopie du juif*, París, DDB, 2001.
21. Realizada durante meses con la ayuda decisiva de Antonietta, mi esposa.

Gérard Miller me llamó un día de febrero de 1981 para ofrecerme un puesto de docente en París VIII, sobre "psicoanálisis y judaísmo". En ese momento creí que se reconocía la validez de la vía de investigación que proponía en la huella dejada por Lacan, de lo que él había dicho en Bruselas en una emisión de radio a propósito de los vínculos del *midrash* y del psicoanálisis.

Estaba demasiado contento, demasiado halagado para entender que yo no era otra cosa que un elemento de relleno en un momento de crisis. Mi error fue creer que se esperaba de mí el ejercicio de una crítica constructiva, y no una función domesticada. Esta equivocación fue el desencadenante para que, dos años más tarde, bajo el primer pretexto posible, yo recibiera mi despido. Me echaron del departamento. Ya en aquel entonces había perdido toda ilusión respecto a esta pseudoescuela, y aproveché esta situación para dimitir, con la ayuda de Laurence Bataille, de mis pretendidas funciones de responsabilidad en la institución, vacías de todo contenido.

Peo aún no habíamos llegado a ese punto. Por el momento vivía una luna de miel inesperada que parecía no tener fin. Estaba en el comité editorial de la revista *L'ane*, donde escribía regularmente artículos. Psicoanalista, médico psiquiatra, escritor, docente en la universidad, miembro de la redacción de una prestigiosa revista, colaborador de la revista *Ornicar?*, ¿qué mayor felicidad se podía esperar? La disolución de la EFP había permitido estos meses radiantes, ensombrecidos, sin embargo por la tristeza y la angustia que el estado de salud de Lacan suscitaba.

A pesar de mi agenda nutrida, me entregué con todo ímpetu a la aventura de la enseñanza. Pronto tendría un pequeño grupo de fieles que me seguiría a lo largo de todo mi período universitario.

Mi reflexión a propósito de esta extraña disolución de la EFP se desarrollaba a partir de los reproches que Lacan hizo a Freud. En primer lugar, el reproche de no haberse atrevido a enfrentar a *El Shaddaï*, el dios de sus padres. De allí mi investigación sobre el judaísmo. En segundo lugar, de haber creado su propia Iglesia, la International Psychoanalytical Association (IPA), a la que Lacan había dado el apodo de Sociedad de Asistencia Mutua contra el Discurso Analítico (SAMCDA). Estos dos reproches estaban quizá vinculados entre sí. Según Lacan, Freud habiéndose percatado de que dos de sus mejores alumnos, sus íntimos, tales Ferenczi y Otto Rank, aparentemente no habían captado la singularidad de su doctrina, prefirió embalsamarla en una institución basada sobre el modelo de la Iglesia, con la esperanza de que algún día un espíritu renovador despertara a la bella durmiente. Lacan, al final de su vida, se daba cuenta de que sus alumnos, como los de Freud, no "caza-ban" verdaderamente su enseñanza —su famosa queja: "¡He fracasado en mi enseñanza!"— y prefirió quizá también embalsamarla. El proble-ma es que su acto de disolución no dio lugar al nacimiento de una o va-rias iglesias, sino a una o varias instituciones totalitarias.

Freud y sus comentaristas, Lacan incluido, escribieron bastante sobre dos formas de organización humana, que consideraban paradigmáticas: la Iglesia católica y el ejército. Ninguno de ellos, a mi criterio, se percató de que una nueva forma de organización se hacía presente en todas las instituciones, a saber el sistema totalitario tal como lo describe Hannah Arendt. Este desconocimiento retornó en lo real.

Quizá también Lacan fue fascinado por la melancolía de Santo Tomás de Aquino al final de su existencia. Ya en el acta de fundación de la EFP, la "Proposición del 9 de octubre de 1967", usó esta cita para caracteri-zar a un final de análisis tal como él la concebía: *sicut palea*, que Lacan traducía "como el estiércol" (en realidad, "como la paja"). Al final de su recorrido, el sujeto considera su obra como una mierda. La disolución de la Escuela fue quizá el *sicut palea* de su existencia.

* * *

Los opositores a Miller se agitaban cada vez más: decían que Lacan estaba demente, secuestrado por su hija y su yerno. Exigían una desmen-tida de esta situación. Entonces la familia de Lacan imaginó una come-dia bastante grotesca. En dos oportunidades, Lacan hizo una aparición en público. La primera vez fue en ocasión de esas "experantosas" reunio-nes de *Delenda*. Se lo vió a Lacan entrar en la sala como Edipo en Colo-no, sostenido por Judith-Antígona. Se sentó en primera fila, el cuerpo a veces sacudido por esta extraña risa silenciosa que había aparecido des-de su enfermedad. La escena que se presenció fue verdaderamente in-sensata. Los que hacía poco tiempo se mostraban como alumnos disci-plinados tuvieron el atrevimiento de reclamar en el instante nada me-nos que una revisación psiquiátrica, allí mismo, en público. La dignidad, el respeto por un maestro ayer adulado dejaba su lugar a un comporta-miento furioso.

La segunda aparición tuvo lugar en un espacio un poco más controla-do, el espacio de la Sección clínica, donde Catherine Millot daba una con-ferencia. Yo estaba sentado no muy lejos de Lacan. Contemplaba, un poco avergonzado, su lucha con la mesita plegadiza que servía de escritorio, y que no podía enderezar. Judith terminó por hacerlo ella misma, y colocó sobre la mesa un cuaderno nuevo y una estilográfica. En realidad, se trataba de un simulacro. Lacan no tomó ninguna nota, no podía hacerlo, y la hoja quedó en blanco. Con mucha pena, yo comprobaba que su hija lo trataba como a un niño a quien se exige que se mantega quieto.

No imaginaba que el final estaba tan próximo. Sin embargo, en la hipótesis de que Lacan hubiera sido todavía capaz de juntar toda su energía, ¿qué hubiera agregado a una enseñanza de treinta años? De todos modos, no me resignaba a verlo desaparecer en medio de semejante desastre.

Estaba a punto de terminar mi formación de psiquiatra. La presentación de mi tesis estaba prevista para el próximo otoño. Ya que el puesto de médico interno en el hospital de Meaux no estaba más disponible, hice mi última pasantía en Aulnay-sous-Bois, en el servicio del Dr. Castets.

En el mes de julio, Lacan y yo nos despedimos, como siempre, por el período de vacaciones. Nos encontraríamos el primer lunes del mes de septiembre. Ese día, a la mañana, recibí una llamada de teléfono de Gloria para informarme que "el doctor estaba enfermo", que yo llamara durante el fin de semana. Hasta el final, la familia había decidido mantener esta puesta en escena. Pero en la mañana del 10 de septiembre, Jacques-Alain Miller me llamó para anunciarme la muerte de Jacques Lacan, mi analista, fallecido el día anterior.

Sentí una inmensa pena, un dolor penetrante como nunca había vivenciado, y que en toda mi vida iba a experimentar dos veces más, por el fallecimiento de Yeshayahou Leibowitz, y luego por el fallecimiento de mi padre. Acababa de perder a quien había sido para mí, en la transferencia, como se lo dije un día, un padre y una madre sustitutos, un maestro amado que me había permitido alcanzar regiones del espíritu que sin él yo nunca hubiera conocido.

Le comuniqué la noticia a A. y rompimos en sollozos antes de recobrarnos. Algunos minutos más tarde, recibí a mis primeros pacientes de la jornada, antes de ir al hospital. Recuerdo la manera con que Lacan me recibió el día que perdió a su hija mayor, atropellada por un coche. Ese día estuvo aparentemente relajado, casi sonriente, mientras que un instante antes, según me lo confió Gloria, se había entregado al dolor. Traté de imitar ese espíritu estoico. Pero no debía decir o o pensar estas tres palabras: *Lacan ha muerto*, porque entonces el dolor escapaba a mi control.

La desaparición de Lacan fue un acontecimiento nacional. Los medios, sobre todo los diarios, pusieron la noticia en primera página. En realidad, y esto se confirmó luego, esta muerte marcaba el final de una época de la vida cultural francesa, en su conjunto más bien brillante. Pronto, la mediocridad se apoderaría de la vida intelectual absorbida por la vanidad mediática.

Se observó un fenómeno curioso, desconocido por los etnólogos y el decoro. En efecto, la norma indica que a la muerte de un gran hombre, hay que mantener, por lo menos hasta los funerales, un momento de silencio y de homenaje, y considerar en primer lugar el aporte positivo llevado a cabo por el fallecido. Ahora bien, inmediatamente la prensa fue invadida de artículos venenosos, que se debían a la pluma de antiguos alumnos que habían roto sus relaciones con Lacan hacía ya mucho tiempo, pero además, cosa que resulta más extraña aún, de discípulos fieles hasta el último momento. El diario *Libération* dedicó, por ejemplo, una página entera a las reacciones de los miembros de la difunta Escuela Freudiana. La intervención de Laurence Bataille me permitió formar parte de este grupo. Rendí homenaje a la obra de mi maestro, a todo lo que yo le debía. A la mañana siguiente, me quedé consternado al constatar, cuando leí el diario, que mi intervención era la única que sin ambigüedades ni reservas honraba la desaparición de quien nos había dado tanto. Alumnos que fueron muy cercanos él consideraron adecuado, en las pocas líneas que les concedían, criticar al desaparecido.

Mi texto, por su singularidad en este extraño concierto, conmovió a la familia. Laurence Bataille me llamó para comentarme la reacción favorable de aquella, y para informarme que también Judith había apreciado mi comentario y esperaba mi visita.

Si hubiera sido por mí mismo, nunca habría tomado esta iniciativa. A pesar de los vínculos de los últimos meses, no me sentía, legítimamente, miembro del círculo de los íntimos. Fui entonces, con mi mujer, al domicilio de los Miller, calle d'Assas, allí donde Lacan había pasado su último año de vida. Fuimos recibidos con mucha calidez.

—Gracias por su artículo en *Libération* —me dijo inmediatamente Judith, cuyo rostro, muy enflaquecido, estaba destruido por el dolor.

—Desde la muerte de su padre, ya no come —me dijo Gloria.

Jacques-Alain Miller estaba presente, también Pierre Martin, presidente de la nueva Escuela de la Causa Freudiana, antes que se alejara algunos años más tarde, como hicieron tantos otros analistas, de Miller.

Luego de intercambiar algunas palabras, Miller nos llevó hasta el dormitorio, donde descansaba el cuerpo de Lacan. Ya hacía tiempo que el espectáculo de un cadáver había dejado de impresionarme. Sin embargo, frente a este cuerpo que de repente me pareció empequeñecido, tuve como un espasmo, quizá un sollozo abortado. De hecho, este cadáver no era Lacan, sino un simple despojo. Lacan ya no estaba, y era él a quien yo lloraba. Luego fuimos conducidos al salón, para tener una pequeña conversación.

Los funerales serían al día siguiente, un día sábado, en el cementerio de Guitrancourt, en donde Lacan poseía una bóveda. Quise asistir. Miller se opuso terminantemente a mi deseo. Girando su rostro en dirección a Pierre Martin, invocó su testimonio.

—Durante el viaje que hicieron a Tokio, ¿no le dijo Lacan: *sin flores ni coronas*?

¿Qué tenía que ver esa historia de flores y coronas? ¿Acaso estábamos reducidos, nosotros los últimos alumnos de Lacan, al estatuto de planta ornamental? Fuimos varios los que no perdonaron a Miller el habernos negado este último acto de duelo y de fidelidad. Pierre Martin y una pequeña terna de fieles (que pronto también se separarían de Miller) fueron los supuestos representantes de la Escuela.

Dos semanas más tarde, A. y yo fuimos solos a Guitrancourt. El pequeño cementerio y la tumba fueron fáciles de ubicar. La tumba de Lacan estaba cubierta por un montón de plantas y de coronas ya marchitas. Recordé entonces la ironía del comentario de Miller, *sin flores ni coronas*. Entre las coronas marchitas, envueltas en un papel de celofán arrugado, y aplastadas por las fuertes lluvias de otoño, una llamó mi atención. Llevaba una banda, semioculta, con una inscripción en hebreo.

Tuve ganas de separar la gramilla marchita y leer la incripción, pero allí, en ese momento, me pareció un sacrilegio. ¿Quién pudo haber enviado esa corona? ¿Era el homenaje de una de estas personas con quienes, discreta, casi secretamente, sin que sus íntimos lo supieran, Lacan estudiaba los textos hebreos, algo que yo descubriría más adelante por azar?

Frente a esta tumba que ninguna piedra todavía recubría, mi dolor encontró nuevamente todo su ímpetu, y me sorprendí murmurando las primeras palabras del *kaddish*, la oración para los muertos, yo, el descreído, pero cuyo descreimiento se volvía cada vez más sospechoso.

La campaña de prensa no se detenía. *Le Monde* publicó un venenoso artículo de André Green, quien durante años asistió fielmente al seminario. De todos modos, semejante conducta parece habitual entre los analistas: odiar ferozmente aquello que hasta ayer mismo todavía se adoraba. Será más adelante la conducta de la "biógrafa" Roudinesco, miembro de la Escuela durante años. Para Green, sencillamente, Lacan no era un clínico, es decir, en definitiva no era un analista. Pues bien, este es otro hábito de la profesión: el asesinato mental de colegas. "¡Usted ni siquiera es uno de nosotros!" En mi modesto nivel, yo debí escucharla misma ejecución simbólica por parte de Clavreul. Lacan, sin embargo, había formado a más de la mitad de los analistas renombrados de esta generación: Anzieu, Laplanche, Pontalis, Wildlocher y *tutti quanti*. J.-A. Miller me llamó al día siguiente de la publicación de este escandaloso artículo.

—Usted habrá visto, como yo, estos comentarios infames en la prensa. ¿Podrá usted redactar, a partir de su propia experiencia, un texto de tres páginas? Usted firmará con su nombre, psicoanalista, autor de *El hijo ilegítimo*, y lo dirigirá al diario *Le Monde*.

—Lo voy a intentar.

—Es urgente. Trate de dejarme el artículo en mi casa antes del domingo a la noche.

La tarea no era fácil. Puse manos a la obra inmediatamente, escribiendo y reescribiendo esas tres páginas, cuyo título fue *Lacan, un clínico*. Dos días más tarde, a la tarde del domingo, dejé una copia de mi texto en el domicilio de Miller, y entregué el original al diario *Le Monde*.

Sin embargo, a pesar de que mi artículo agradó a Miller, el diario se rehusó a publicarlo. Se había decidido de repente, luego de haber publicado un torrente de insultos contra Lacan, clausurar el debate.

—Ya le encontraremos uso a su texto —me dijo Miller.

Nuestra relación estaba en su apogeo. Era de noche, y Miller me pidió que lo acompañara al *drugstore* de los Champs-Elysées para comprar los diarios.

—Tendría que leer la obra de Paul Ricoeur sobre la interpretación —me aconsejó—. En lo que respecta a su trabajo sobre el *Talmud*, fíjese en lo que dice Aristóteles sobre la analogía.

En realidad, me quería informar de otra cosa más importante.

—Usted sabe —terminó diciéndome—, he tomado un gran decisión, empiezo a recibir pacientes en calidad de analista.

—¿Es decir que usted esperó la muerte de Lacan para decidirse?

Mi reacción lo sorprendió por su espontaneidad.

En efecto, durante años, J.-A. Miller fue la encarnación de un símbolo que Lacan había querido plantar en la Escuela, como una vigía para los analistas, el símbolo del *no analista*, advertido por su saber, su cursus psicoanalítico, de la problemática freudiana. La presencia del no analista impediría al psicoanalista ceder a su inclinación natural por un autismo esotérico, un dialecto exclusivo. Así, el analista estaba obligado a dar cuenta de su práctica. Pero ese símbolo, que me había fascinado, desaparecía. ¿Cómo habría considerado Lacan la decisión de su yerno, él que había machacado que "el analista se autoriza solamente de por mismo"? Evidentemente, nadie está en condiciones de responder la pregunta. En cualquier caso, era la clausura de una experiencia, el final de una tensión fecunda.

Acompañado por Eric Laurent, Miller partía al día siguiente a la Argentina para brindar una serie de conferencias; Argentina, el nuevo coto de caza y de expansión. Miles de oyentes se amontonaron para escucharlo. En aquel momento, el interés de los argentinos por el psicoanálisis y por Lacan era verdaderamente increíble. Yo mismo, diez años más tarde, fui invitado a la Universidad de Buenos Aires. Cuando entré en el anfiteatro que me habían destinado, creí haberme equivocado de lugar, ya que estaba frente a centenares de personas amontonadas, sentadas en el suelo, en los costados de la sala, parados.

Judith me invitó a cenar con A. Comimos en la amplia cocina de su departamento. Me habló de la gira triunfal de "Jacques-Alain y Eric". ¿Estaba probando mi grado de fidelidad a su esposo? Seguramente mi actitud la tranquilizó, ya que tuve el honor de ser invitado nuevamente, en ocasión del retorno de los dos misioneros. Cuando dejaba su casa, le pedí autorización para volver a visitar el consultorio de la calle Lille, ese lugar en el cual había vivido momentos tan esenciales. Ella aceptó:

—Me gustaría tanto hacer de este lugar un museo en memoria de mi padre. Lamentablemente, tenemos serios problemas con Thibault y Sybille, mis hermanos.

Volví pues una mañana al consultorio de mi querido doctor, ya vacío. Gloria me recibió. Volví a ver la pequeña sala de espera, la gran biblioteca, el espacio que separaba a ambas, ocupado también por una biblioteca, el consultorio en cuyo diván me recosté durante más de diez años, y donde todos los días creía jugar mi vida en una tirada de dados.

Esta visita me trajo algunas sorpresas. El lugar contenía una gran cantidad de hermosos objetos, pintura, entre las cuales había un cuadro grande de Balthus, y sobre todo muchas chucherías, objetos pequeños, que yo nunca había notado. La crispación y la angustia durante aquellas largas horas de espera me habían impedido reconocer su existencia.

Pero otra curiosidad un poco malsana me carcomía. Una puerta se mantenía cerrada, la parte privada del departamento, a través de la cual se escabullían Lacan y su secretaria cuando no debían ocuparse de los pacientes; la puerta estaba cerrada. Pude superar mi sensación de vergüenza, y pedí a Gloria que la abriera. Gloria vaciló unos segundos, y luego accedió a mi pedido.

—Dejo entrar allí solamente a las personas que le eran muy cercanas; sé cuánto lo amó usted.

Detrás de la puerta había solamente un pequeño espacio que Gloria utilizaba para llevar a cabo su trabajo. Es en este espacio cerrado y oscuro que la secretaria fiel ocupó tantos años de su vida en tipear textos, recibir y filtrar los llamados, y también en fumar permanentemente. Al lado de este reducto de dos o tres metros, estaba el pequeño dormitorio de Lacan, ocupado casi totalmente por una amplia cama, una verdadera celda de monje.

—A veces trabajaba hasta las tres de la mañana. Más de una vez, lo encontré dormido en medio de los papeles en los que estaba trabajando.

El aspecto modesto del lugar me conmovió profundamente. Me pareció adecuado a lo que yo había captado de la verdadera persona de Lacan, más allá de la conducta que exhibía en el mundo, barroca, provocadora, arrogante, en ese mundo del espectáculo vano. Pero yo conocía —la había percibido en varias ocasiones— su profunda humildad, sin la cual ninguna vida auténtica del espíritu es posible; esa humildad se encarnaba en ese lugar donde vivió en soledad lo esencial de sus últimos años.

Agradecí a Gloria por el testimonio de confianza, y abandoné, por última vez en mi existencia, el número 5 de la calle Lille, que retornó de pronto a su banalidad de departamento burgués. Sí, dejaba realmente pero también simbólicamente ese lugar que fue el consultorio de Lacan.

Llegó el día de la gran cena en casa de los Miller. Entre los invitados se contaban compañeros de la Escuela Normal, y también, con su mujer, Ahmed Sinaceur, en aquel entonces embajador de Marruecos en la UNESCO, antes de convertirse en ministro del rey Hassan. Yo estaba sentado frente a Miller. Estábamos hablando de Canguilhem, de filosofía, cuando Miller, mirándome fijamente, hizo en voz alta esta observación sorprendente:

—He encontrado entre los papeles de Lacan una cierta cantidad de documentos que usted le mandó. Ahora están en mi poder.

Efectivamente, yo había entregado a Lacan la novela escrita en mi adolescencia, dos poemas, textos varios, y sobre todo algunas cartas, mi pequeño cúmulo de secretos, que en realidad solamente Lacan, sabedor del contexto, podía entender. ¿Pero qué significaban estas palabras? ¿Encerraban alguna amenaza velada? Esta modalidad no me podía impresionar. No tenía nada que esconder, salvo algún dolor íntimo. Por otro lado, al dejar frecuentemente abierta de par en par la puerta de su consultorio, Lacan había acostumbrado a sus pacientes a esta situación en la cual no había secreto. Pero en principio, estas palabras eran verdaderamente escandalosas, una violación a una norma elemental de mutuo respeto.

—Haga con eso lo que le parezca —le contesté—, todo lo que encontró pertenece a un pasado ya caduco.

Sicut palea, ahora me tocaba a mí.

Más adelante me enteraría por Laurence Bataille, cuyas diferencias con su hermana y su hermano político empezaban a agudizarse, que J.-A. Miller no quiso restituir, a una persona que se lo pedía, los documentos y las cartas que había dirigido a Lacan durante su análisis.

Pero yo seguía todavía en la inercia de mi recorrido junto a Miller, y no otorgaba mucha importancia a estas mezquindades. Al contrario, por amistad y por cortesía, decidí retribuir la invitación. Pensaba también que era conveniente invitar al hermano Gérard, con su hermosa mujer. ¿Acaso no era mi superior en la Universidad Saint-Denis?

—¿Será razonable? —preguntó Jacques-Alain, que siempre fingía estar peleado con su hermano. Finalmente aceptó, y la cena fue acordada para principio de noviembre.

Mientras tanto, dos acontecimientos importantes concentraron mi atención. Las primeras jornadas de estudio de la Escuela de la Causa Freudiana tuvieron lugar a finales de octubre en el Palacio de los Congresos, frente a varios centenares de oyentes. Ya que toda la vieja guardia había desertado y arrastrado con ella la reputación de experiencia clínica de la Escuela, nos encontrábamos entre analistas principiantes, recostados hacía solamente pocas semanas en el diván de Lacan, con pocas "horas de vuelo" en nuestro haber. Teníamos que contrarrestar el discurso despectivo de nuestros antiguos colegas. Estas jornadas tuvieron entonces como lema "Jornadas Clínicas". Yo presenté un caso que me había llamado mucho la atención, un mujer de cuarenta años, no judía, que estaba experimentando serias dificultades en su vida conyugal, ya que su marido de repente había revelado su homosexualidad, y había elegido asumirla.

Esta mujer visitaba un día una exposición en Beaubourg, cuando se vio confrontada con imágenes de la deportación, en particular la foto de un montón de cadáveres femeninos. Un poco más lejos, una vitrina exponía objetos que habían pertenecido a hombres famosos —hechas las averiguaciones, se trataba de objetos falsos, una suerte de ironía macabra—. De repente, la mirada de esta mujer se fija en un objeto particular, *la estrella amarilla* de Max Jacob. Esta visión despierta en ella una angustia infinita, que la lleva a querer arrojarse al Sena. Algo la frena al borde del acto último, la idea de consultar previamente un psicoanalista, Claude Conté, para el caso, que finalmente me la derivó. Fue una cura apasionante. Contribuyó, entre otras cosas —cuestión que se convertirá en una característica de mi propia clínica—, a enseñarme la importancia del genocidio judío en la formación de la subjetividad del hombre moderno, en su profundo malestar existencial, incluyendo a los que no son judíos. En Auschwitz no se asesinó solamente a judíos y gitanos, fue el ser humano mismo el gravemente herido. Nada en la biografía de esta mujer la predisponía a semejante desamparo. Era la hija de un modesto maestro del centro de Francia que no había militado en la resistencia ni había sido colaborador de los nazis.

Tomé la palabra al final de estas jornadas de estudios, agotadoras, aburridas, como todos los congresos, teniendo que soportar además toda la perorata lacaniana, que parecía necesaria para afirmar una fidelidad hacia la doctrina, y que Lacan mismo un día me había ayudado a suprimir. Hacía algunos minutos que yo estaba hablando cuando una increíble ola de risa se apoderó de la inmensa sala. No había en la misma ninguna hostilidad, pero no entendía el motivo de semejante fenómeno. Además, el caso que presentaba era particularmente trágico. ¿Acaso era mi estilo sencillo, que se diferenciaba de todo aquello que se había dicho, el que provocaba semejante risa? El auditorio parecía evacuar, a través de esta risa enorme, que no se detenía, toda la angustia acumulada en estas jornadas. Apenas retomaba la palabra, la risa estallaba. Hizo falta un llamado al orden de J.-A. Miller, que presidía las jornadas, para que yo pudiera llegar al final de mi exposición. Más tarde releí la versión publicada. Nada explicaba la actitud de la muchedumbre. De todos modos, me sentía confundido.

Miller y otros responsables de la Escuela me felicitaron por mi desempeño. Miller me dirigió estas palabras:

—Usted tiene un estilo que merece ser cultivado.

Algunos días más tarde, en ocasión del inicio de año lectivo en la universidad, Miller organizó, dos meses luego de la muerte de Lacan —dos meses tan llenos de acontecimientos—, una gran velada de homenaje al maestro desaparecido. Bajo su presidencia, tres oradores tomarían la palabra y desarrollarían ciertos aspectos importantes de su obra. François Regnault habló de la relación entre Lacan y el teatro, Eric Laurent intentó plasmar el retrato de *Lacan, el teórico*, y yo mismo, retomando el texto que *Le Monde* había rechazado, hablé de *Lacan, el clínico*. De los tres oradores, yo era el único médico psiquiatra, título que había conseguido dos semanas antes y que estaba trámite. Mi intervención sencilla, testimonio emotivo de mi propia experiencia, fue particularmente apreciada por el auditorio. Yo había sido el único orador que había evocado al hombre real, en su práctica cotidiana. Me tocó entonces el supremo honor de haber pronunciado el elogio fúnebre de Lacan en relación con la actividad más importante de su vida, la que lo mantuvo ocupado hasta el umbral de su muerte, más allá de los sufrimientos del cáncer: su *clínica*. Además, ¿acaso no era este significante, en su ambigüedad, en la comprensión equivocada-acertada del mismo, el que me había conducido hacia Lacan, y por intermedio del cual, cerrando el circuito, saludaba su tumba?

Sintomáticamente, J.-A. Miller, desde la muerte de Lacan, no había escrito nada ni dicho algo que diera cuenta de su deuda con Lacan. La misma, quizá infinita, lo aplastaba.

Nos volvimos a encontrar, al finalizar la velada, con Judith, que me agradeció el homenaje que había hecho a su padre. Recordó a su esposo que dos días más tarde, un día jueves, cenaban en mi casa. Aproveché este momento privilegiado para pedir a Miller participar en su seminario. Rechazó categóricamente mi pedido. Más allá de las demostraciones formales de esos últimos días, en los que yo creía tontamente, Miller no me tenía confianza, no confiaba en la posibilidad de mi sometimiento. Percibía en mí al rebelde insumiso, al incontrolable.

—Hasta el jueves —le dije.

Esa cena fue una mala idea, pero me ayudó a encontrar mi camino. Esa noche, más allá de nuestros esfuerzos para que la velada fuese amena, la falsedad de nuestras relaciones se me hizo evidente. Yo tenía únicamente un papel transitorio en un gran tablero de ajedrez que no veía, pero que empezaba a vislumbrar. Un profundo malestar se apoderó de mí durante toda la velada, quizá el presentimiento de la grave crisis que me llevaría algunos meses más tarde a romper con esa Escuela de la cual yo era uno de los dirigentes, a la vez fundador y marioneta. Le comenté a Miller hasta qué punto me atraía Israel, país que visitaba cada vez más frecuentemente. Él no podía compartir esta atracción ni mi inclinación por los textos hebreos. Nos separamos de un modo muy cortés, pero ésta fue nuestra última reunión amistosa, fuera de las reuniones colectivas de trabajo. Algo en esta cena se había roto definitivamente, o había revelado su fractura. Verdaderamente, no pertenecíamos al mismo mundo, a pesar de nuestro común origen judío.

¡Cuán extraño es el psicoanálisis! En cada crisis que yo experimentaría más tarde, Lacan se me aparecerá en sueños, y esta llamada nostálgica que traería su recuerdo a mi memoria me ayudaría a superar el momento. Así, en la noche que siguió a esta cena, tuve un sueño asombroso.

Lacan —era la primera vez que soñaba con él desde su muerte— estaba sentado en el borde de la cama grande que se transformaba en un sillón de varias plazas, un mueble impresionante que estaba en el dormitorio de mi casa, muy alto, estilo Luis XV, y que usábamos mi mujer y yo como cama matrimonial. Lacan parecía muy envejecido, y sus pies no llegaban a tocar el suelo. Gruesas lágrimas mojaban sus mejillas. Le preguntaba por la causa de su dolor.

—Es porque no arreglé *todos* sus problemas —me contestó.

Traté de tranquilizarlo, de reafirmarle mi afecto y gratitud.

—Pero arregló unos cuantos.

Entonces Lacan pronunció esta última frase perturbadora.

—Usted es mi hijo adoptivo.

Esta obra se terminó de imprimir durante enero de 2009
en los Talleres Gráficos "Planeta Offset", Saavedra 565,
Ciudad de Buenos Aires, Argentina.